I0812459

IMÁGENES
de los Estados Unidos

CALLE OLVERA DE LOS ANGELES

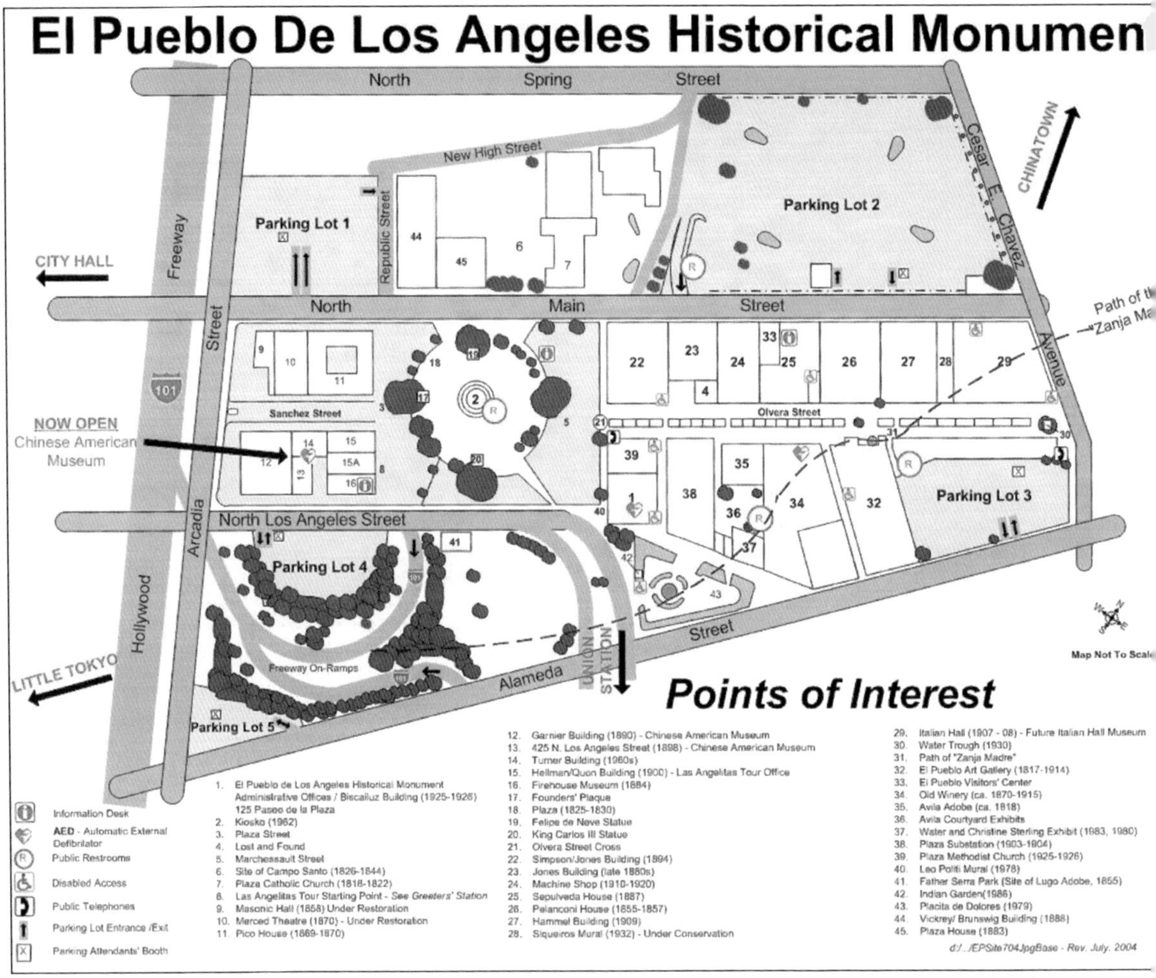

El Pueblo de Los Angeles Historical Monument (Monumento Histórico El Pueblo de Los Ángeles) ubicado en el centro de la ciudad, es el lugar de nacimiento de la ciudad y es el hogar de la mundialmente famosa Olvera Street. El monumento de 44 acres es administrado como un departamento de la ciudad de Los Angeles. (Mapa por Phil Orozco/El Pueblo de Los Angeles Historical Monument.)

En la Cubierta: Artistas mexicanos posan delante de la restaurada Avila Adobe en Olvera Street durante la década de 1930. (Cortesía Bison Archives.)

IMÁGENES
de los Estados Unidos

CALLE OLVERA DE LOS ANGELES

William D. Estrada

ARCADIA
PUBLISHING

ISBN 978-0-7385-2499-3

Publicado originalmente en inglés como *Los Angeles's Olvera Street*

Publicado por Arcadia Publishing
Charleston SC, Chicago IL, Portsmouth NH, San Francisco CA

Impreso en los Estados Unidos de América

Library of Congress número del control: 2006938687

Para recibir información (en inglés), contacte a Arcadia Publishing:
teléfono 843-853-2070
fax 843-853-0044
e-mail sales@arcadiapublishing.com
Para el servicio de cliente y las ventas:
llamada gratis 1-888-313-2665

Visítenos en el Internet: www.arcadiapublishing.com

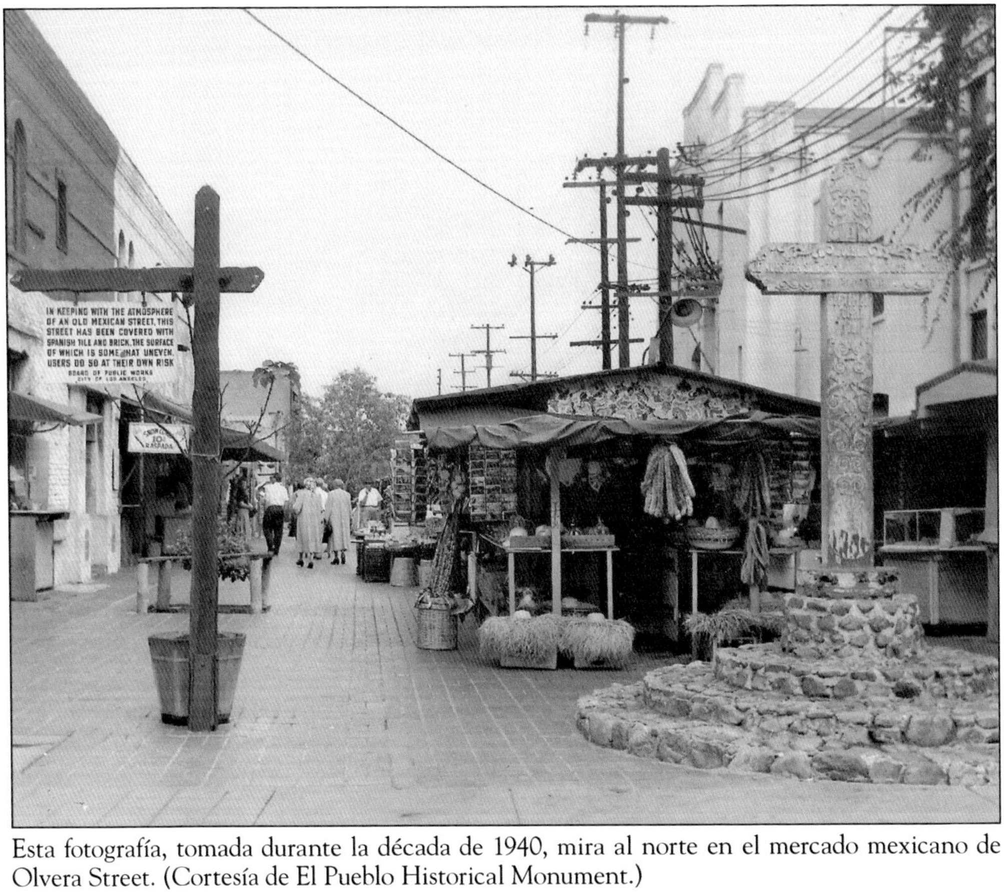

Esta fotografía, tomada durante la década de 1940, mira al norte en el mercado mexicano de Olvera Street. (Cortesía de El Pueblo Historical Monument.)

Contenido

ACERCA DEL AUTOR

William D. Estrada es conservador de Historia de California y de los Estados Unidos en el Natural History Museum of Los Angeles County. Anteriormente fue conservador de El Pueblo de Los Angeles Historical Monument. Él es un historiador social y cultural, y obtuvo sus grados de bachiller en artes, master en artes, y doctor de filosofía en historia en UCLA. El ha investigado y conservado varias exhibiciones y ha dirigido numerosos programas públicos de historia que examinan la rica historia y diverso patrimonio cultural de Los Angeles, especialmente las experiencias de la comunidad mexicano-estadounidense. Entre 1981 y 1989, trabajó como decano asistente en el Occidental College de Los Angeles, y ha enseñado Historia de los Estados Unidos, Historia de California, Historia de Los Angeles, y Estudios Chicano/a en California State University, Long Beach and Northridge, East Los Angeles College, Santa Monica College, y Occidental College. Él es el autor de varias publicaciones; las más recientes dos ensayos en la Oxford Encyclopedia of Latinos and Latinas in the United States (2005). Su próximo libro *The Los Angeles Plaza: Sacred and Contested Space* será publicado por University of Texas Press en 2007.

AGRADECIMIENTOS

Varias personas e instituciones contribuyeron generosamente a la finalización de este libro. Quisiera agradecer especialmente a El Pueblo de Los Angeles Historical Monument por permitirme usar su excepcional colección fotográfica sobre Olvera Street: Rushmore D. Cervantes, Suellen Cheng, Mariann Gatto, Jean Bruce Poole, Caroline Asencio, Linda Duran, John Kopczynski, Phil Orozco, Cynthia Vallejo, Julie Sandoval, Norma García, Diana Robertson, y a todos los empleados de El Pueblo de Los Angeles Historical Monument. Además, otros grupos y personas fueron igualmente solidarios con este proyecto: Las Angelitas del Pueblo, Los Angeles Central Library, Carolyn Cole, Huntington Library, Seaver Center for Western History Research, Los Angeles County Museum of Natural History, Bison Archives, John Bengtson, Patricia Estrada, Amelia Estrada, David Estrada, y las familias comerciantes de Olvera Street. Especiales agradecimientos deben ser dados a Don Sloper, quien proveyó el soporte técnico y estímulo necesario.

Me gustaría también agradecer a Frank Damon y Ezekiel Tarango, cuyas maravillosas fotografías de «Calle Olvera, Hoy y Mañana» nos ayudaron a entender la belleza visual y la rica cultura del lugar de nacimiento de Los Angeles. Finalmente, me gustaría agradecer a John Randolph Haynes and Dora Haynes Foundation y a Historical Society of Southern California por su generoso respaldo a mi continua investigación de la historia de Los Angeles.

Introducción

Los Angeles es conocida mundialmente como la «ciudad de los sueños», el hogar de las películas de Hollywood, por tener sol todo el año—con algún ocasional terremoto—y oportunidades ilimitadas para personas que vienen de todos los rincones del mundo buscando una vida mejor. La ciudad también ostenta algunas de las calles más famosas del mundo, desde las concurridas Sunset, Hollywood, Vine, la «milla milagrosa» de Wilshire, y Whittier Boulevards hasta Rodeo Drive. Pero, para los que realmente desean entender la esencia cultural de Los Angeles, Olvera Street—una estrecha pasarela de 560 pies de largo en la sección norte del centro de la ciudad, conocida por los hispanos como Calle Olvera—quizás es la mejor muestra de las esperanzas, sueños, y el espíritu indómito de la Ciudad de los Angeles. Olvera Street es a la vez el corazón histórico de Los Angeles, sitio turístico popular, y símbolo de la cultura mexicana-estadounidense. La calle ha presenciado celebraciones festivas en los días de los ranchos, ha sido campo de batalla entre los ejércitos de México y los Estados Unidos, y ha observado un gradual ocaso como el indiscutido centro social y cultural de la ciudad. Aun así, la historia de esta pequeña calle, desde los días de Pío Pico hasta su restauración durante la década de 1930 por Christine Sterling, conocida afectuosamente como la «Madre de Olvera Street», es a menudo omitida en el creciente conjunto de libros, artículos, y películas sobre Los Angeles. Cualesquiera sean los términos que podrían usar los críticos contemporáneos para describir esta pequeña calle—«comercializada», «idealizada», o «trampa para turistas»—el hecho es que en ninguna otra calle de Los Angeles se revelan las capas de historia y los relatos de personas reales como en Olvera Street.

En conmemoración del 75o aniversario de la inauguración de Olvera Street como mercado mexicano, este libro intenta capturar algunos de los capítulos y recuerdos personales más importantes de la rica historia de este incomparable hito cultural ubicado en el lugar de nacimiento de la ciudad.

Acerca de El Pueblo de Los Angeles Historical Monument

El Pueblo de Los Angeles Historical Monument está cerca del lugar original del antiguo pueblo de Los Angeles donde 44 colonos de descendencia indígena, africana, y europea luego de viajar más de 1000 millas a través del desierto desde la actual parte norte de México establecieron una comunidad agrícola en Septiembre de 1781. Desde esa época, Los Angeles ha estado bajo las banderas de España, México, y los Estados Unidos y ha llegado a ser una de las áreas metropolitanas más grandes del mundo. En 1953, esta sección, la más antigua e histórica de la ciudad fue declarada parque histórico estatal, reflejando la herencia de muchos grupos étnicos—indígena, español, mexicano, anglo, afroamericano, chino, italiano, y francés—quienes contribuyeron a los comienzos de la historia de la ciudad. Hoy en día como un departamento de la ciudad de Los Angeles, El Pueblo es un museo viviente que continua cumpliendo su inigualable rol como corazón histórico y simbólico de la ciudad.

De los 27 edificios históricos del monumento, 11 están abiertos al público como negocios o han sido restaurados como museos.

Información sobre Visitas Guiadas:

Visitas educacionales gratuitas a El Pueblo son conducidas por docentes voluntarias de El Pueblo, Las Angelitas del Pueblo, de martes a sábado a las 10:00 a.m., 11:00 a.m., y 12:00 p.m. Estas visitas empiezan en la oficina de Las Angelitas del Pueblo, ubicada al lado de Old Plaza Firehouse en el extremo sudeste de la plaza. Para reservaciones e información, llame al (213) 628-1274.

Para Incorporarse:

Las Angelitas del Pueblo (docentes):	(213) 473-5206 o www.lasangelitas.org
Friends of the Chinese American Museum:	(213) 485-8484 o www.camla.org
El Pueblo Park Association:	(213) 485-6855
Historic Italian Hall Foundation:	(323) 257-9400 o www.italianhall.org

Teléfonos Importantes:

El Pueblo Visitors Center (reservaciones para visitas)	(213) 628-1274
Las Angelitas del Pueblo (oficina docente)	(213) 473-5206
Chinese American Museum	(213) 485-8567
El Pueblo de Los Angeles Historical Monument Administration	(213) 485-6855

El Pueblo de Los Angeles Historic Monument
125 Paseo de La Plaza, Suite 400
Los Angeles, California 90012
(213) 628-1274
www.cityofla.org/elp/

Uno

La Plaza de Los Angeles y el primer juez de la ciudad

Olvera Street está ubicada en la sección más antigua e histórica de Los Angeles, la que se convirtió en El Pueblo de Los Angeles Historical Monument. Cuando El Pueblo de la Reina de Los Angeles fue fundado el 4 de Septiembre de 1781, por 44 colonos del noroeste de México, las casas fueron construidas alrededor de una plaza central. La actual es la tercera, o incluso la cuarta, ubicación de la plaza. Fue diseñada entre 1825 y 1830. En el lado norte de la plaza, una corta calle llamada Wine o Vine Street corría en dirección norte-sur. Terminaba en un risco conduciendo a la Zanja Madre, la que corría diagonalmente del noroeste al sudoeste y proveía con preciosa agua al joven pueblo. Las casas fueron construidas sobre Bath Street, Vine Street, y Alameda.

También fueron construidas casas de adobe en los costados sur y este de la plaza. Al oeste se encontraba La Iglesia de Nuestra Señora la Reina de Los Angeles, que fue completada en 1822. La iglesia fue el centro de la comunidad, y su puerta principal marcó el centro de la ciudad para el primer mapa general de Los Angeles, preparado en 1849 por el teniente Edward O. C. Ord del Ejercito de los Estados Unidos.

Después de la guerra entre Estados Unidos y México, y de la fiebre del oro, grandes cambios llegaron al área. Durante la década de 1860, la comunidad de rancheros mexicanos perdió sus riquezas y propiedades a mano de los estadounidenses. También grandes perdidas económicas para los Californios (como los rancheros se llamaban a si mismos) fueron causadas por una sequía severa, que mató miles de cabezas de ganado. En 1876, la Southern Pacific Railroad conecta San Francisco y Los Angeles, causando un flujo masivo de nuevos colonos desde el este. La plaza fue rediseñada con forma circular, reflejando los sentimientos culturales de la emergente ciudad estadounidense. En el lado sur de la antigua plaza, Pico House Hotel y Merced Theatre fueron construidas entre 1869 y 1870 y por un breve periodo ayudaron a frenar el movimiento del centro cívico al sudoeste de la plaza. Aun así, un nuevo centro cívico emergería gradualmente cerca de las actuales Temple Street, y Main Street y el ayuntamiento. Olvera Street estaba ubicada en el centro de este paisaje cambiante.

Referencias al cambio de nombre de Vine o Wine Street a Olvera Street se remontan al primer Los Angeles City and County Directory, que fue publicado en 1872. Figuran en el directorio 11 personas como residentes de Olvera Street (algunas veces mal deletreada como «Olivera» o «Olavera»). Pero el nombre de la calle no fue cambiado oficialmente hasta 1877.

El nombre de la calle fue cambiado a pedido de los ciudadanos locales y por una ordenanza del consejo municipal en reconocimiento a una vida dedicada al servicio publico de la ciudad y del condado por Agustín Olvera, primer juez de la corte superior de la ciudad y del condado de Los Angeles. Olvera una vez fue dueño de una residencia de adobe en el lado norte de la plaza, donde se ubican actualmente Plaza Methodist Church y Biscailuz Building. La residencia fue construida originalmente en 1830 por Bartolo Tapia, quien una vez fue alcalde de Los Angeles. Tapia heredó el edificio a su hijo Tiburcio Tapia, quien a su vez lo vendió al juez Olvera en 1856. Don Agustín Olvera y su esposa, Doña Concepción Arguello de Olvera, hicieron de su hogar en la plaza un centro de actividad social para el pueblo y un lugar donde el juez celebraba sesiones de la corte. Después de su fallecimiento en 1876, se realizó un pedido al consejo municipal para extender Vine o Wine Street hasta Macy Street (actualmente Avenida Cesar E. Chavez) y para renombrarla Olvera Street. Este pedido fue aprobado en forma unánime.

Después del cambio de nombre, Olvera Street permaneció como un callejón sin pavimentar y, con la plaza, continuaron disminuyendo en importancia. Levemente al oeste de Olvera Street, Bath Street se convirtió en 1886 en una extensión de Main Street. Se tomaron 18 pies de las propiedades a lo largo de ambos lados de Bath Street para acomodar la extensión de Main Street. Después de la ampliación de la calle, nuevos edificios (algunos de los cuales existen actualmente) fueron construidos a lo largo de Main Street y sobre la plaza. Estos edificios incluyen Sepúlveda House (1887), Jones Building (fines de la década de 1860), Simpson/Jones Building (1894), Machine Shop Building (1910–1920, y más tarde Gibbs Brothers Electric Building), Italian Hall (1907–1908), y Hammel Building (1909). En el lado este de Olvera Street, Avila Adobe (1818) y Winery Building (1870–1915) permanecieron en su lugar. Entre 1903 y 1904, fue construida Plaza Substation, y Winery Building fue ampliado en 1915. En el extremo sur de la calle mirando a la plaza, Olvera Adobe permaneció en su lugar hasta que fue arrasada en 1917 y fue reemplazada entre 1925 y 1926 por Plaza Methodist Church y Plaza Community Center (actualmente Biscailuz Building).

Al comenzar el Siglo XX, el área de la plaza fue nuevamente transformada y ocupada por industrias ligeras. Su declinación gradual como el centro de la vida cívica comenzó durante la década de 1870, conduciendo a su reclamación por diversos sectores pobres y privados de derechos de la ciudad, especialmente por inmigrantes mexicanos, italianos, japoneses, y chinos de la clase obrera. Muchos de los desempleados de la ciudad se reunían en la plaza, que se convirtió en un inigualable centro de actividad sindical y política—un escenario que a menudo conducía a violentos enfrentamientos con la policía. Conocidos radicales y revolucionarios tales como Emma Goldman, Ricardo Flores Magón, Upton Sinclair, y Dr. Sun Yat-Sen, todos encontraron audiencias comprensivas en la antigua plaza. Los algunas veces elegantes edificios de la plaza, tales como Pico House y Merced Theatre, ahora estaban siendo usados para pequeños negocios y como residencias para trabajadores. La original Chinatown de Los Angeles, en el lado este de la plaza, donde actualmente se ubica Union Station, empezó en 1870 y para el 1900 tenía más de 3000 habitantes. Incomprendida durante mucho tiempo, Chinatown estaba constantemente bajo la mirada crítica de la policía local, la prensa, y los reformadores sociales que injustamente percibían a esta comunidad como la fuente primaria de deterioro urbano.

Éste fue el ambiente que encontró Christine Sterling cuando caminó a través del área de la plaza por primera vez. El lugar de nacimiento de la ciudad era una vibrante comunidad de extranjeros, sin embargo muchos de los edificios más antiguos y más históricos de la ciudad estaban en un estado ruinoso y a nadie parecía preocuparle.

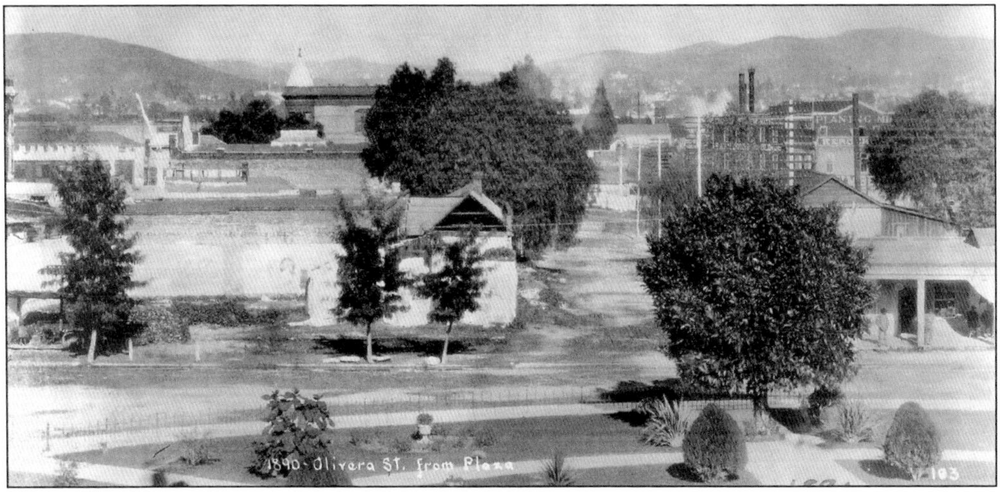

Aquí está Olvera Street (mal deletreado como Olivera) mirando al norte, en 1890. El gran árbol de higo Moreton Bay (*Ficus macrophylla*), en el centro a la derecha, fue uno de cuatro plantados alrededor de 1878. El edificio detrás del árbol es el adobe de Agustín Olvera. Hoy en día los arboles todavía existen y continúan proporcionando belleza y sombra a los visitantes de Olvera Street. (Cortesía de Huntington Library.)

El Juez Agustín Olvera (alrededor de 1820–1876) fue un colono mexicano que arribó a California como parte de la fracasada colonia Hijar-Padres, una compañía mexicana organizada para colonizar las recientemente secularizadas misiones californianas entre 1834 y 1835. Para 1841, fue comisionado de la misión secularizada de San Juan Capistrano, donde también sirvió como juez. Llegó a Los Angeles en 1845, peleó contra los Yankees en la Guerra entre los Estados Unidos y México, y fue uno de los signatarios del tratado de Chauenga en Enero de 1847. Más tarde, Olvera se convirtió en granjero en Los Angeles, en el primer juez de la ciudad y del condado de Los Angeles, en supervisor del condado, e incluso en elector del presidente. Después de su muerte en 1876, Olvera Street fue nombrada en su honor. (Cortesía de California Historical Society/TI collection.)

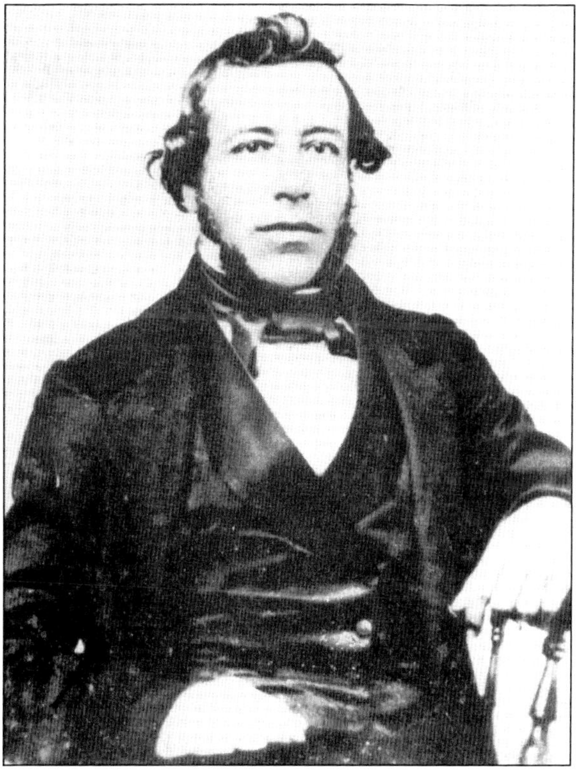

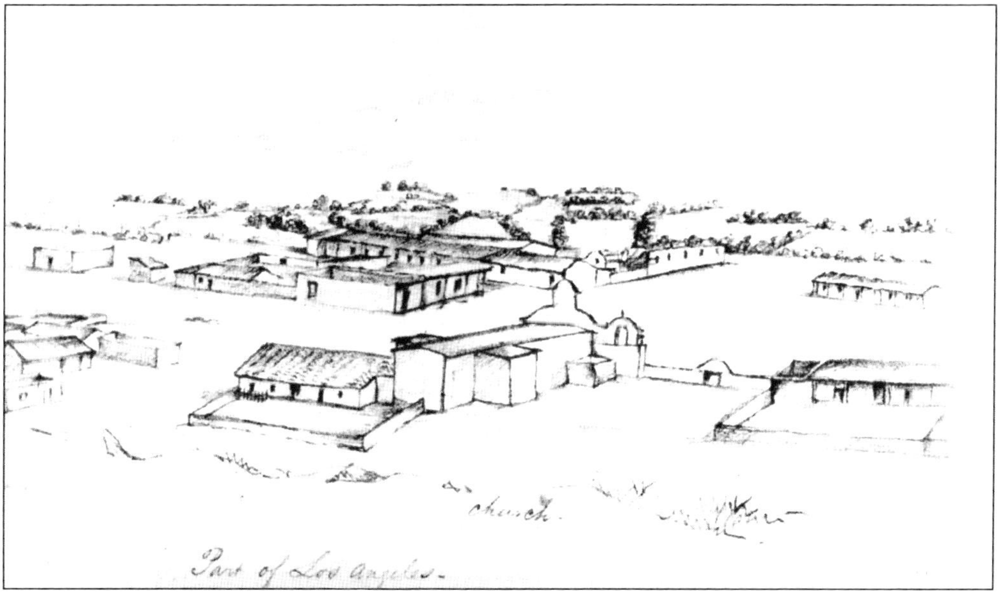

Aquí está una vista de 1847 del pueblo de Los Angeles mirando al este. En el centro está la Plaza Church—La Iglesia de Nuestra Señora la Reina de Los Angeles. Justo por encima del campanario está el adobe de Bartolo Tapia, quien una vez fue alcalde de Los Angeles. Su hijo Tiburcio Tapia más tarde vendería este adobe a Agustín Olvera. La calle que va desde la esquina del adobe a la izquierda o norte de la plaza es la Calle Vino o Wine Street. Más tarde sería renombrada en honor del juez Olvera. (Dibujo por William Rich Hutton; cortesía de Huntington Library.)

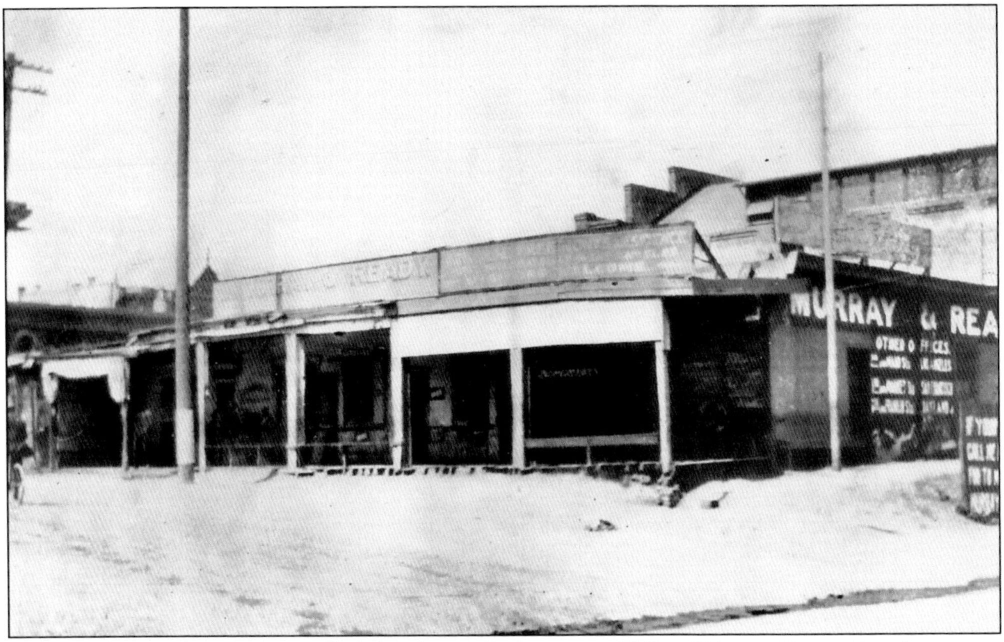

En 1856, el juez Olvera compró el adobe, fotografiado aquí en 1912, a Tiburcio Tapia. Con frecuencia celebraba sesiones de la corte en el adobe. Sobre esta distinguida residencia también presidía la esposa de Don Agustín, Doña Concepción Arguello de Olvera, hija de Don Santiago Arguello, celebre en California del Sur, dueño de La Punta Rancho y las tierras de Agua Caliente, que es la actual ciudad de Tijuana en Baja California. Desde la década de 1850 hasta la década de 1870, el adobe fue un lugar de reuniones sociales para Los Angeles. En 1917, el adobe fue arrasado para hacer lugar a la futura Plaza Methodist Church y Plaza Community Center (United Methodist Church Conference). Actualmente el lugar es el domicilio para la Plaza Methodist Church y Biscailuz Building. (Cortesía de Huntington Library.)

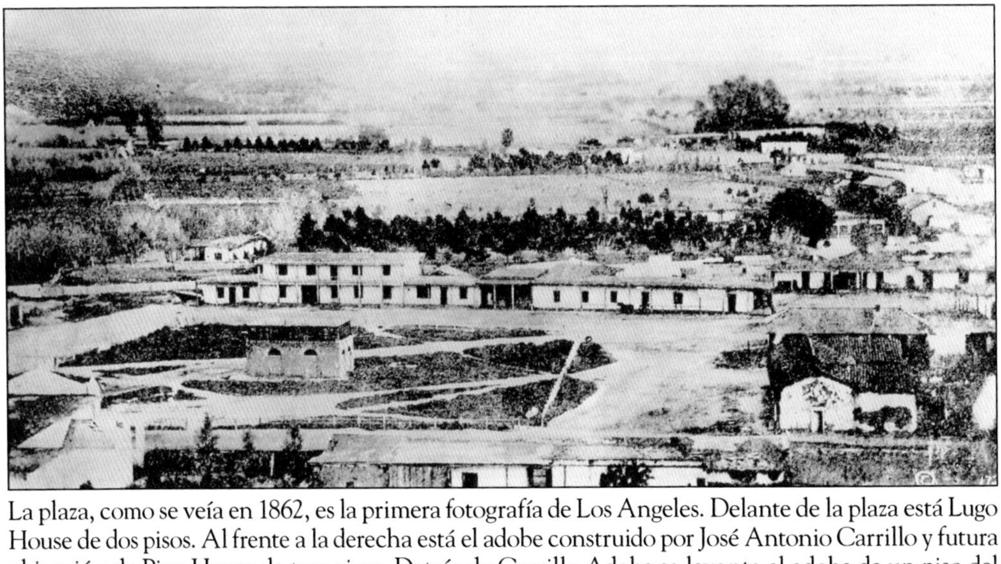

La plaza, como se veía en 1862, es la primera fotografía de Los Angeles. Delante de la plaza está Lugo House de dos pisos. Al frente a la derecha está el adobe construido por José Antonio Carrillo y futura ubicación de Pico House de tres pisos. Detrás de Carrillo Adobe se levanta el adobe de un piso del Gobernador Pío Pico, el cual funcionó como su oficina oficial. El depósito de agua hecho con ladrillos está en el centro. (Cortesía de Los Angeles Public Library/El Pueblo Historical Monument.)

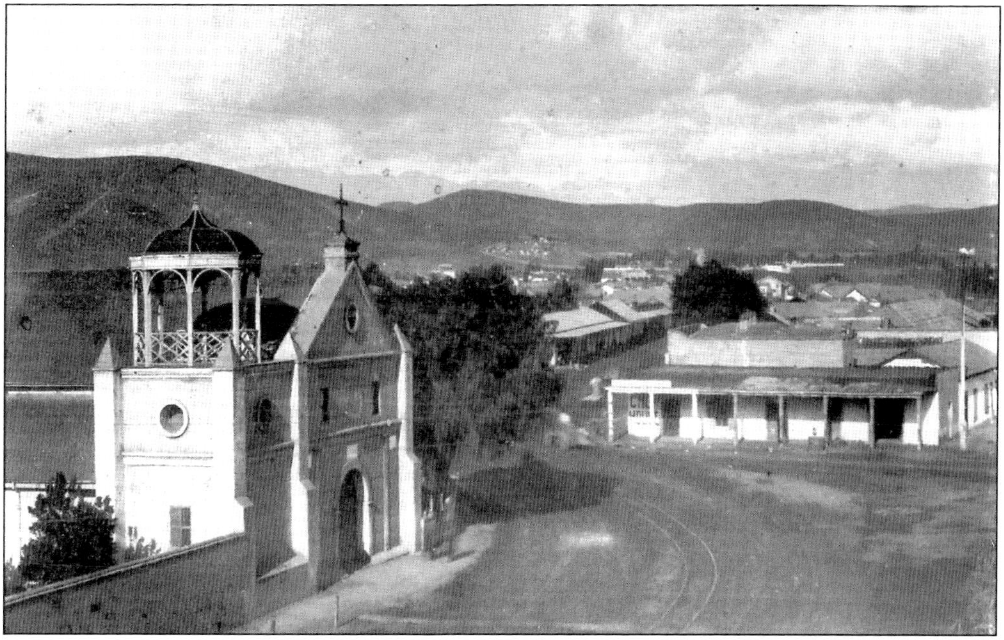

Una vista de 1873 de Our Lady Queen of Angels Catholic Church—La Iglesia de Nuestra Señora la Reina de Los Angeles—mira al norte en Main Street hacia la actual Chavez Ravine, el sitio del Dodger Stadium. Afectuosamente conocida como Old Plaza Church, o La Placita, fue construida entre 1818 y 1822 y es la casa de culto más antigua en la ciudad. La pequeña iglesia es hoy en día un poderoso símbolo religioso y cultural para la gran comunidad inmigrante latina de la ciudad. (Cortesía de Huntington Library and Art Collection, San Marino, California.)

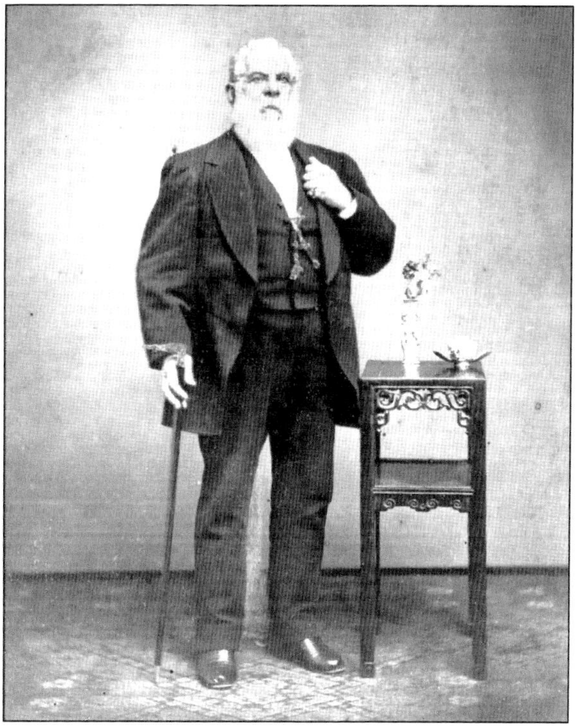

Pío de Jesús Pico (1801–1894) fue el último gobernador de California bajo el dominio mexicano. Nació en San Gabriel Mission y ayudo a formar casi un siglo de historia californiana. El Gobernador Pico fue dueño de un adobe en el lado sur de la plaza que también sirvió como edificio del capitolio de California entre 1845 y 1846. Más tarde vendió sus vastas propiedades en San Fernando Valley para construir Pico House, el primer edificio de tres pisos de la ciudad. (Cortesía de El Pueblo Historical Monument.)

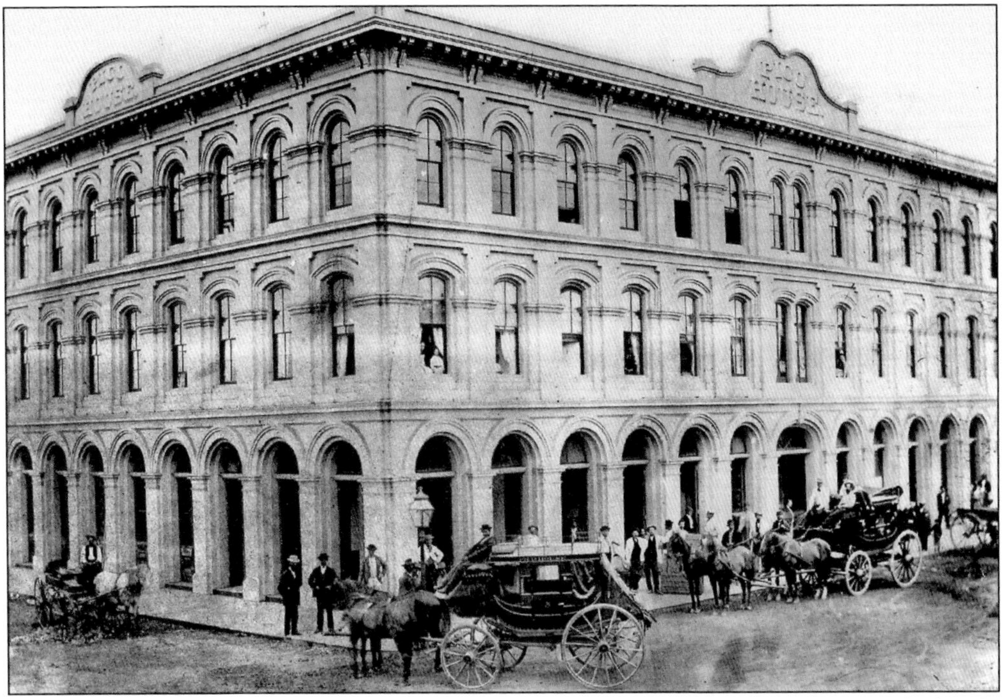

Pico House, el primer edificio de tres pisos de la ciudad, se inauguró en 1870. Durante la década de 1870, diligencias tomarían a los pasajeros en el puerto de San Pedro y los llevarían al hotel en el corazón del pueblo. Cuando el hotel se inauguró en 1870, era considerado el hotel más fino y más elegante al sur de San Francisco. Hoy en día el edificio está siendo restaurado. Desde la década de 1980, el primer piso del edificio se ha utilizado como galería para exhibiciones y eventos comunitarios. (Cortesía de El Pueblo Historical Monument.)

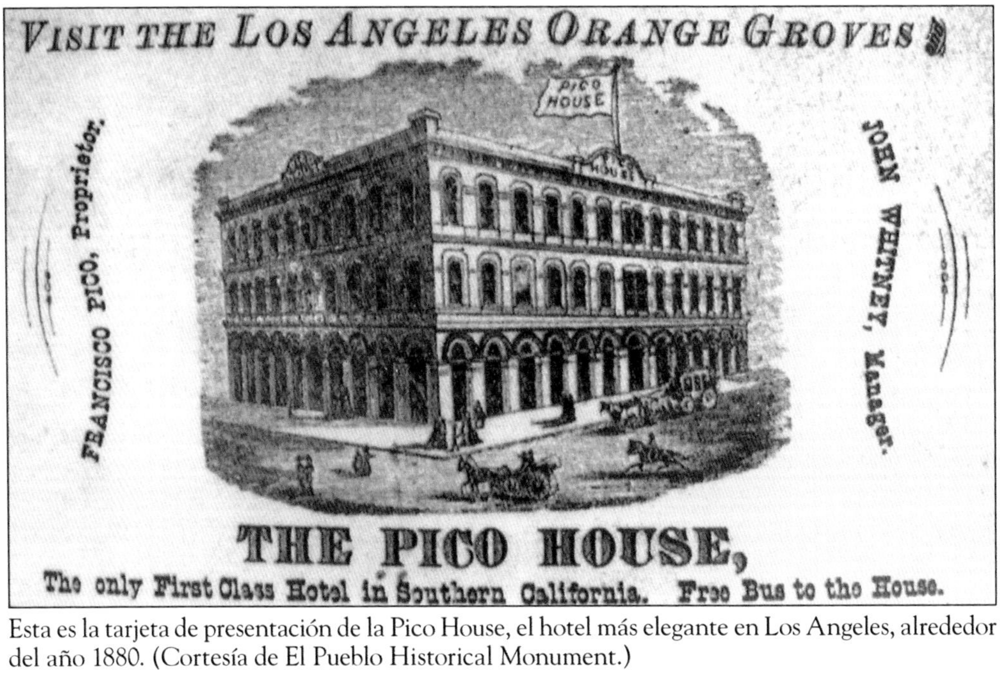

Esta es la tarjeta de presentación de la Pico House, el hotel más elegante en Los Angeles, alrededor del año 1880. (Cortesía de El Pueblo Historical Monument.)

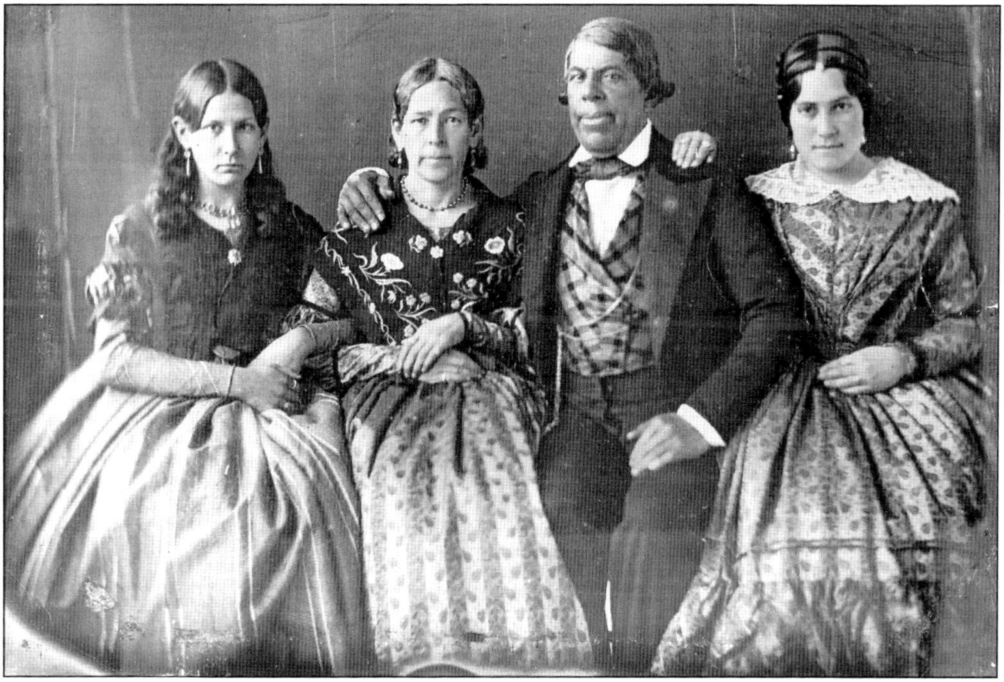

En 1852, Pío de Jesús Pico y su esposa, señora María Ignacia Alvarado Pico, están con sus sobrinas María Anita Alvarado (izquierda) y Trinidad Ortega (derecha). Hoy en día el nombre de Pico en calles y edificios, así como descendientes de la familia, se encuentra a través de toda California. (Cortesía de Seaver Center for Western History Research, Los Angeles County Museum of Natural History.)

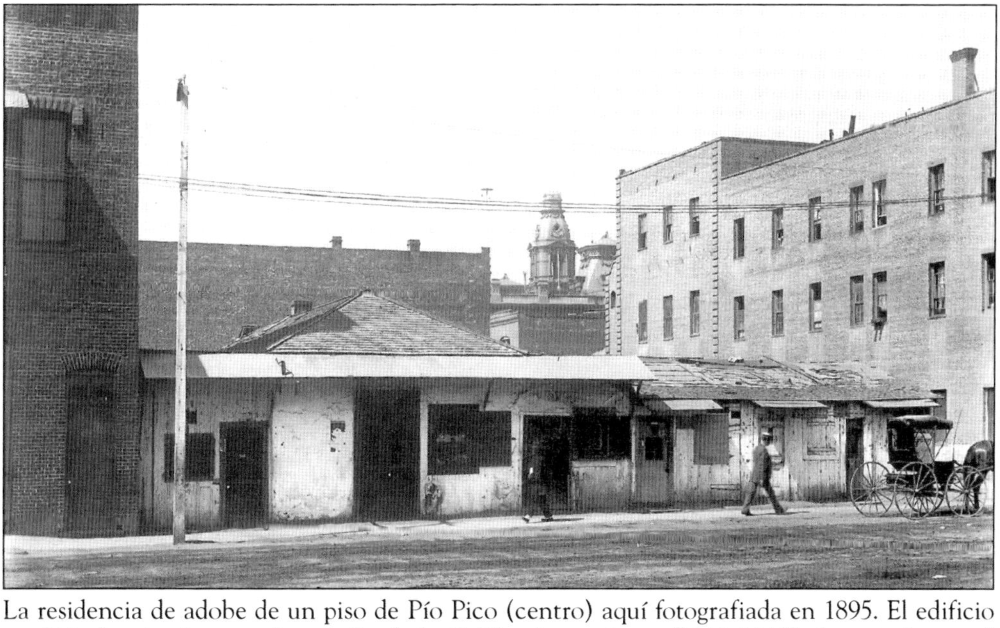

La residencia de adobe de un piso de Pío Pico (centro) aquí fotografiada en 1895. El edificio también funcionó como el capitolio de la California mexicana (1845–1846), después de que el Gobernador Pico decidiera trasladar la capital de Monterrey a Los Angeles. Fue arrasada en 1898 y actualmente es el emplazamiento de Hellman/Quon Building, construido entre 1899 y 1900. (Cortesía de Huntington Library and Art Collection, San Marino, California.)

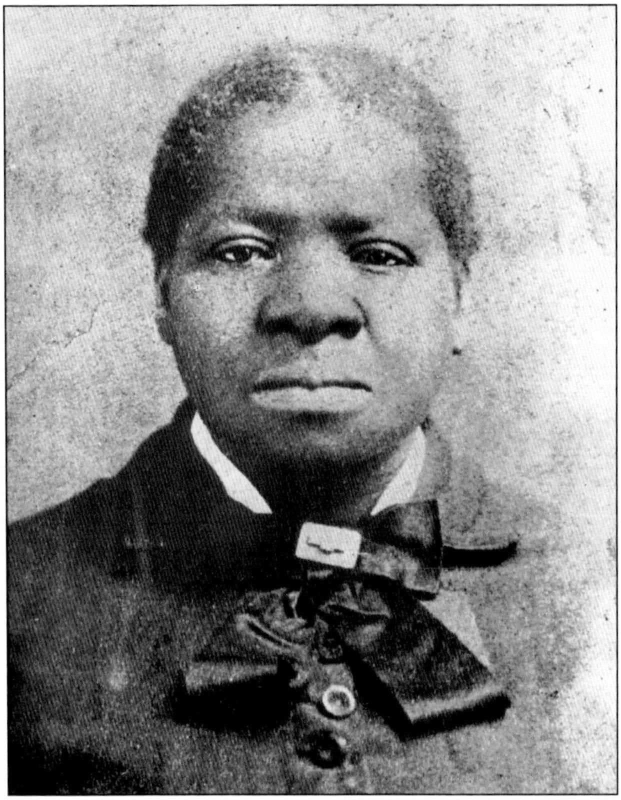

Bridget «Biddy» Mason (1818–1891) vino a California como una esclava. En un celebre proceso legal de 1885, ganó su libertad y la de sus hijos y se convirtió en una exitosa mujer de negocios, dueña de propiedades, filántropa, pionera de la comunidad afroamericana de Los Angeles, y fue bien conocida por su trabajo caritativo con los pobres de la ciudad. Fue la primera mujer afroamericana en poseer propiedades en Los Angeles y durante los últimos años siglo XIX fue una figura reconocida y respetada en la plaza, donde frecuentemente cenaba en Pico House. (Cortesía de Los Angeles Public Library.)

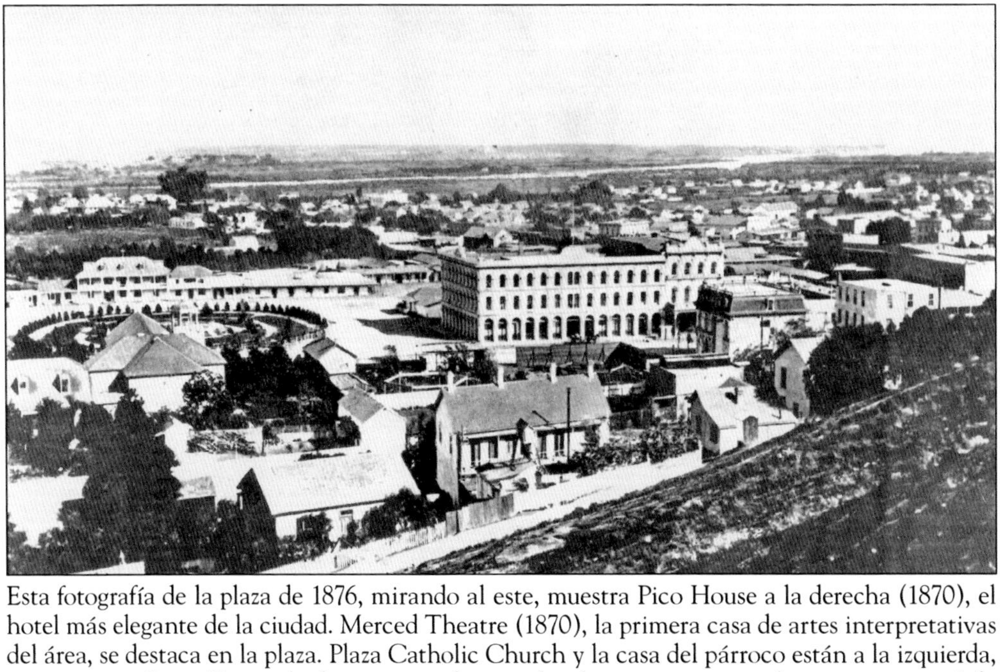

Esta fotografía de la plaza de 1876, mirando al este, muestra Pico House a la derecha (1870), el hotel más elegante de la ciudad. Merced Theatre (1870), la primera casa de artes interpretativas del área, se destaca en la plaza. Plaza Catholic Church y la casa del párroco están a la izquierda, mientras que Lugo House de dos pisos es ahora utilizada como una escuela para varones. A la distancia, el río Los Angeles corre del oeste hacia el océano Pacifico. (Cortesía de El Pueblo Historical Monument.)

La señora Eloisa Martínez de Sepúlveda (1863–1903) nació en Sonora, México, y vino a Los Angeles cuando tenía 11 años de edad. Fue una independiente mujer de negocios y dueña de propiedades de fines del siglo XIX. Fue dueña de ganado, caballos, y terrenos, y registró su propia marca de ganado. En 1887, construyó Sepúlveda House, un edificio comercial y residencial en North Main Street. Diseñada en el estilo Eastlake Victorian, Sepúlveda House tenía 22 habitaciones, incluyendo dos almacenes grandes al frente de Main Street. (Cortesía de Seaver Center for Western History Research, Los Angeles County Museum of Natural History.)

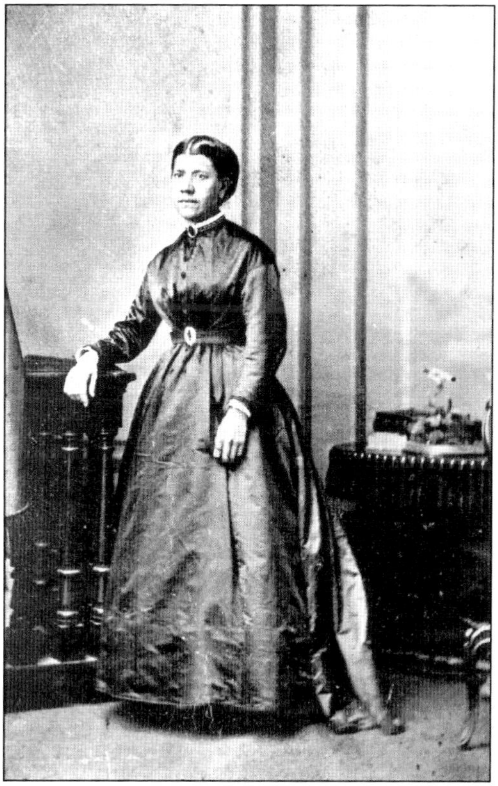

Esta es Sepúlveda House como apareció durante la década de 1920. Actualmente Sepúlveda House es el hogar de El Pueblo Visitors Center y figura en el National Registrar of Historic Places (Registro Nacional de Lugares Históricos). (Cortesía de El Pueblo Historical Monument.)

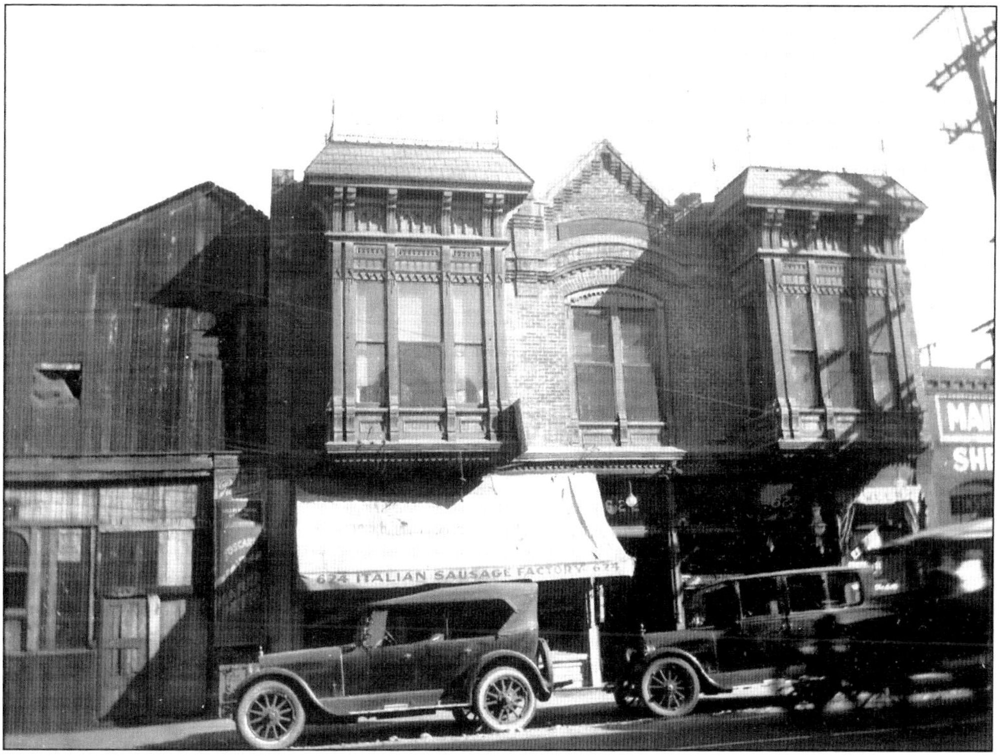

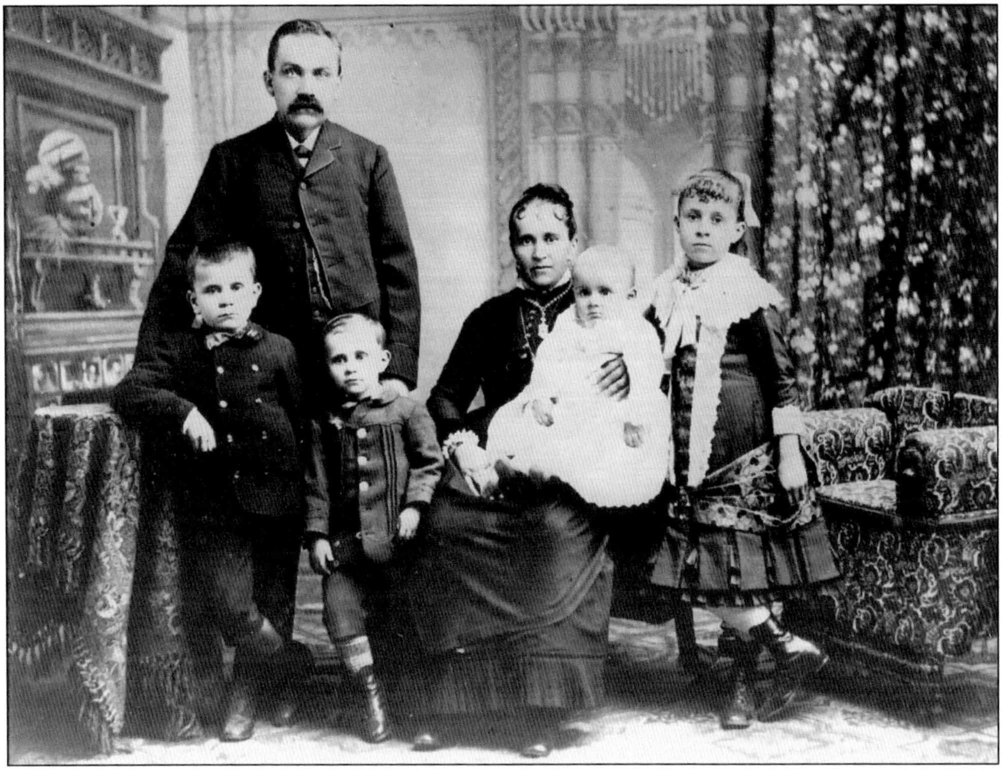

En 1830, los primeros colonos franceses vinieron a Los Angeles. Desde la década de 1860 hasta el final de siglo, una vibrante comunidad francesa se ubicaba en el lado sudeste de la plaza a lo largo de Los Angeles Street hasta Aliso Street. La comunidad comercial francesa en la plaza incluía a Philippe Garnier, constructor de Garnier Block, su esposa, Jeannette, y sus cuatro hijos, alrededor del año 1890. (Cortesía de El Pueblo Historical Monument.)

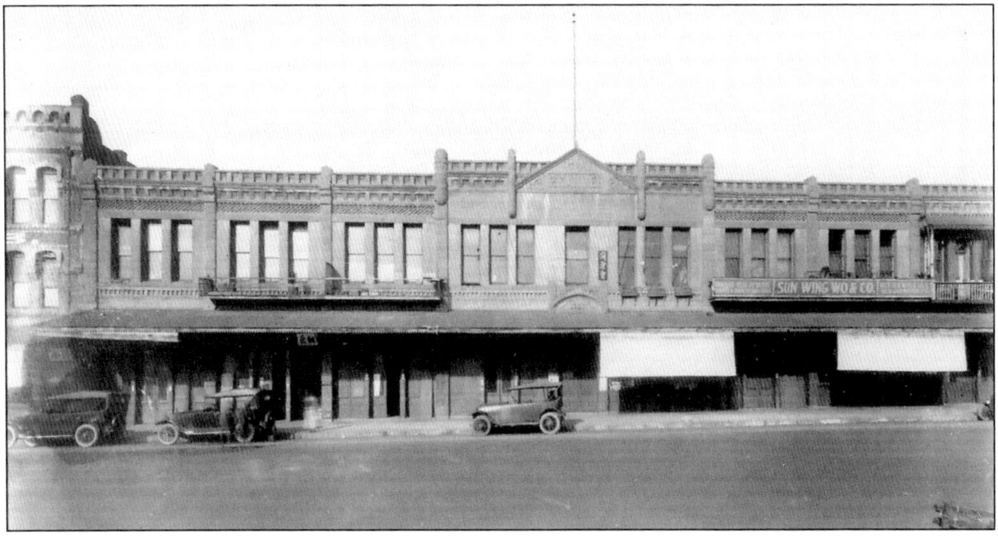

Garnier Block (1890) en Los Angeles Street fue una parte vital de la antigua Chinatown y es hoy en día el hogar del Chinese American Museum, donde se cuentan las historias de la antigua Chinatown y la actual comunidad chino-estadounidense. (Cortesía de Chinese American Museum.)

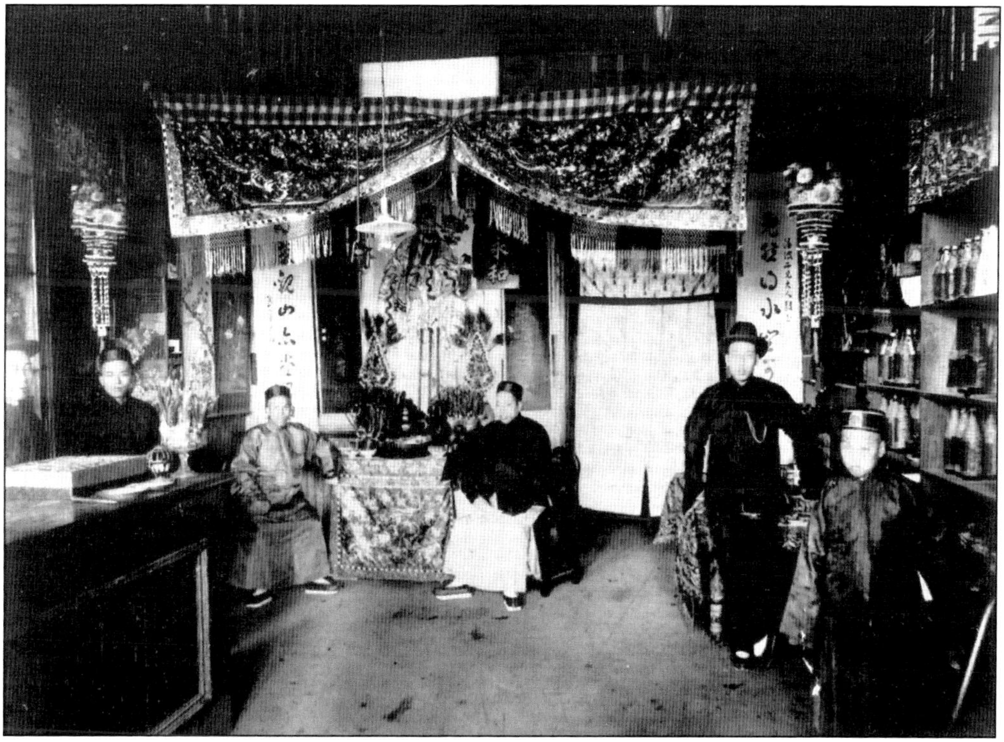

La tienda Sun Wing Wo, vista aquí en 1902, fue albergada en Garnier Block en Los Angeles Street por más de 40 años. Actualmente muchos de los muebles originales de la tienda pueden ser vistos en el Chinese American Museum. (Cortesía de El Pueblo Historical Monument.)

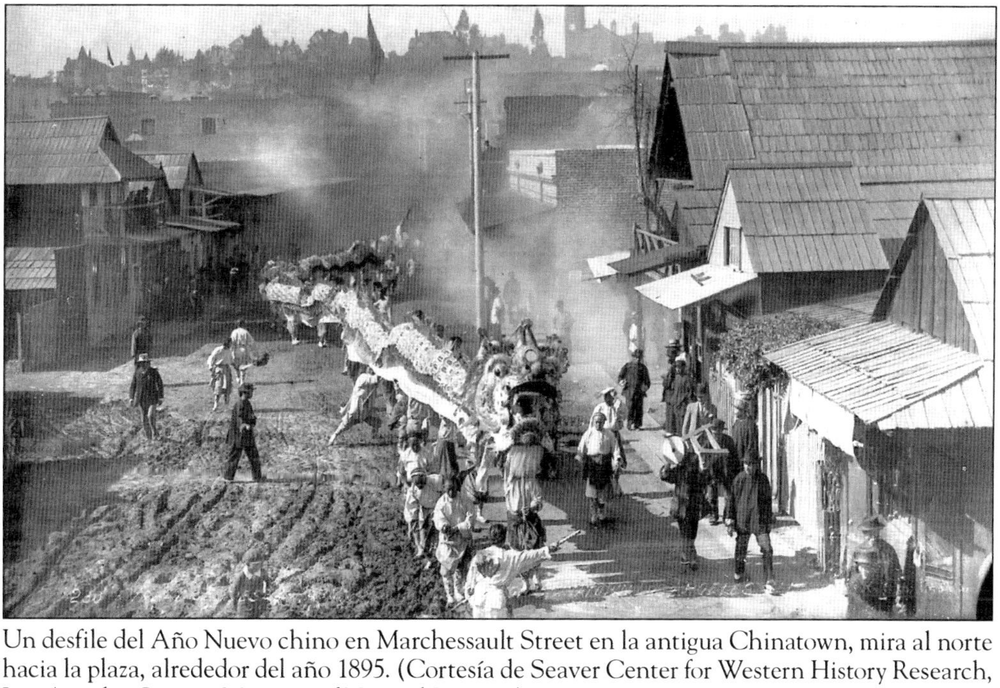

Un desfile del Año Nuevo chino en Marchessault Street en la antigua Chinatown, mira al norte hacia la plaza, alrededor del año 1895. (Cortesía de Seaver Center for Western History Research, Los Angeles County Museum of Natural History.)

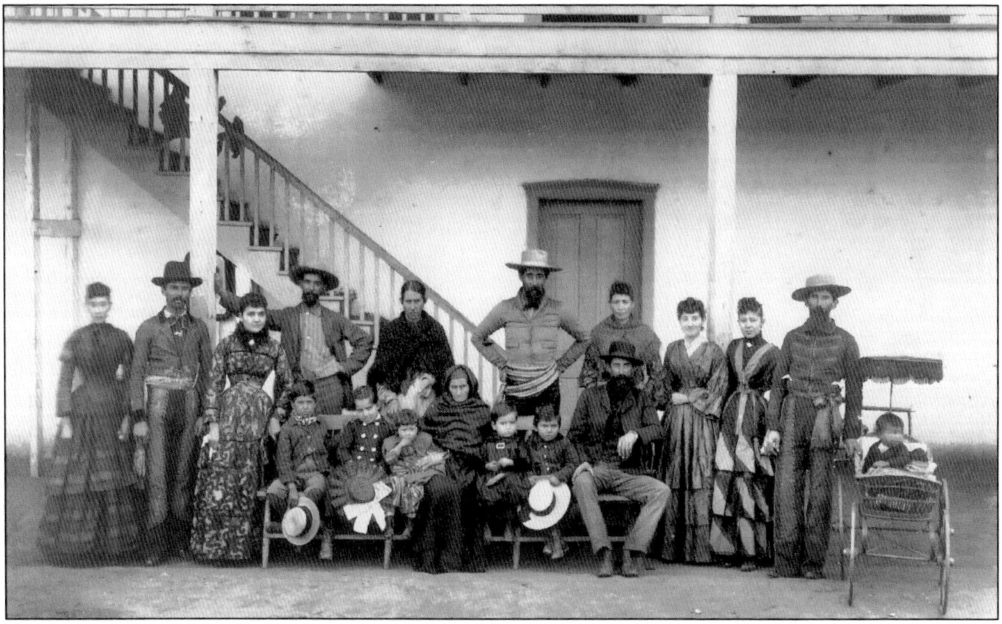

Los Lugo, aquí vistos al frente de su casa de «campo» en el actual Bell Gardens, estuvieron entre las familias rancheras más ricas e influyentes del sur de California. En 1838, Don Vicente Lugo construyó el primer adobe de dos pisos en el lado este de la plaza. Durante la década de 1850, el edificio funcionó como una escuela para varones (actualmente Loyola High School) y después como St. Vincent's College (1865), la primera universidad en el sur de California, que es la actual Loyola-Marymount University. Para la década de 1880, el edificio estaba sirviendo como un templo budista y centro comercial para la antigua Chinatown. (Cortesía de Seaver Center for Western History Research, Los Angeles County Museum of Natural History.)

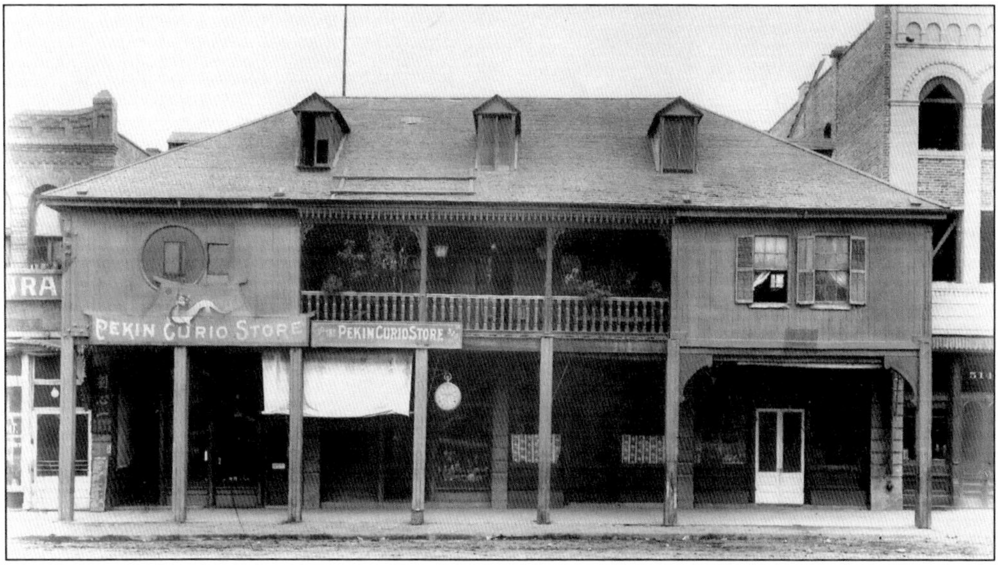

En esta fotografía, alrededor del año 1890, Lugo House sirvió como un importante centro comercial y religioso para la antigua Chinatown. A pesar de las protestas de ancianos chinos vistiendo ropas budistas y los padres jesuitas de Loyola University, el adobe, que había presenciado gran parte de la historia de la ciudad, fue demolido en 1951. (Cortesía de El Pueblo Historical Monument.)

A la derecha en esta fotografía de la plaza, alrededor del año 1880, mirando al oeste, está Plaza Church. A la izquierda de la iglesia, está la pequeña casa hecha con ladrillos que en otros tiempos fue propiedad de Andrés Pico, hermano menor de Pío Pico. General Andrés Pico fue un ranchero rico durante el periodo mexicano y primeros tiempos del periodo estadounidense, comandante de las fuerzas mexicanas en California durante la guerra con los Estados Unidos, y senador estatal en California durante los primeros tiempos de la era estadounidense. (Cortesía de J. Paul Getty Museum, Los Angeles.)

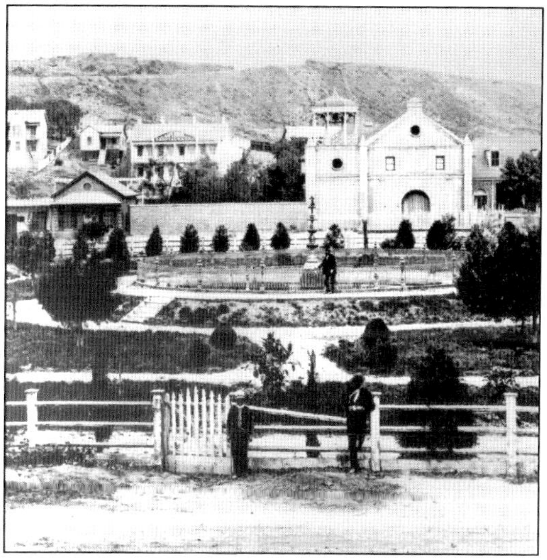

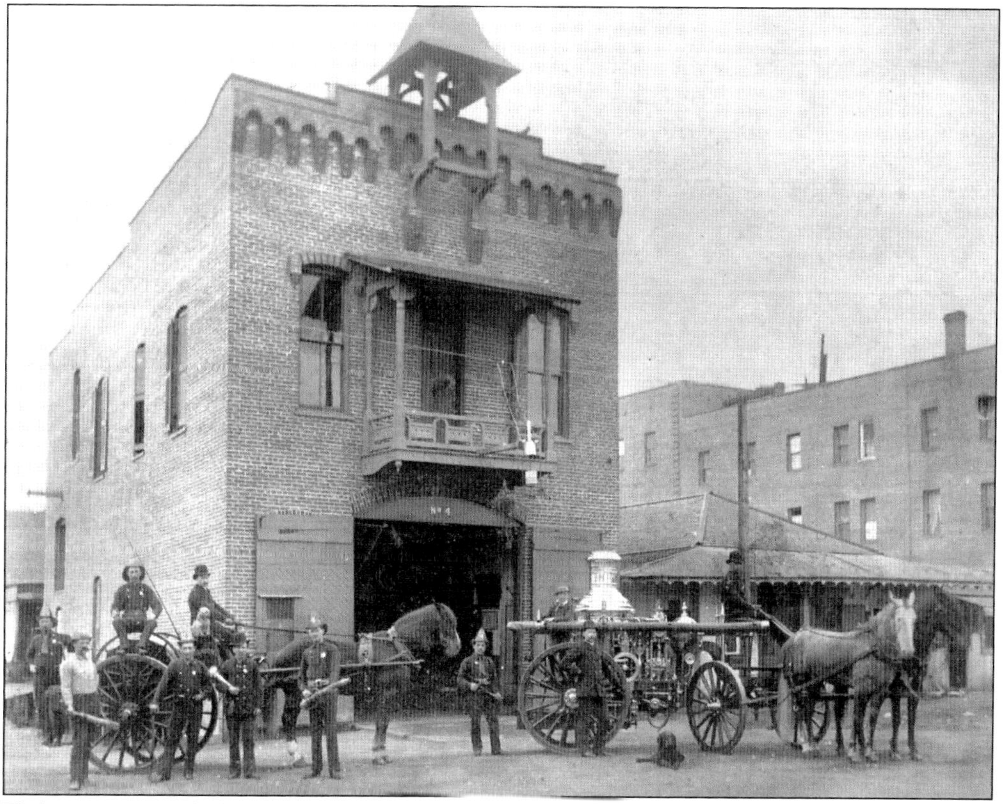

El departamento de bomberos de la ciudad comenzó en 1871 y fue compuesto por voluntarios. En 1884, fue construida Plaza Firehouse, el primer edificio en Los Angeles diseñado para albergar equipamiento y personal de lucha contra el fuego. Engine Company No. 1 fue equipado con un coche de bomberos a vapor, una carreta y tres caballos, y una dotación de 38 voluntarios. El edificio también tenía una plataforma giratoria que permitía a los caballos tirar del coche de bomberos detrás de ellos y meterlo en el edificio, y después entrar directamente a sus establos. El segundo piso de la estructura de ladrillos era el alojamiento para el personal, que se deslizaba por un poste de bronce al primer piso cuando sonaba la alarma de incendio. (Cortesía de Los Angeles Public Library.)

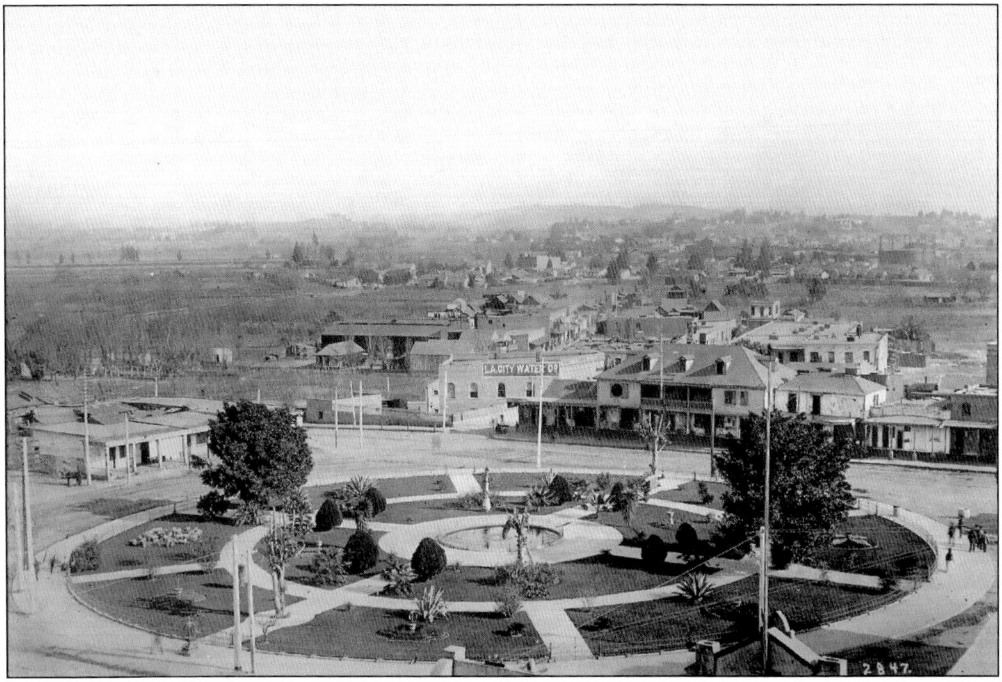

A la izquierda en esta fotografía de la plaza alrededor del año 1880, mirando al este, está el adobe de un piso que anteriormente fue propiedad de Agústin Olvera. En el centro está L.A. Water Company (Compañía de Agua de Los Ángeles) la compañía matriz de la actual Los Angeles Department of Water and Power (Departamento de Agua y Energía de Los Ángeles). A la derecha de la compañía de agua está Lugo House de dos pisos. (Cortesía de Los Angeles Public Library.)

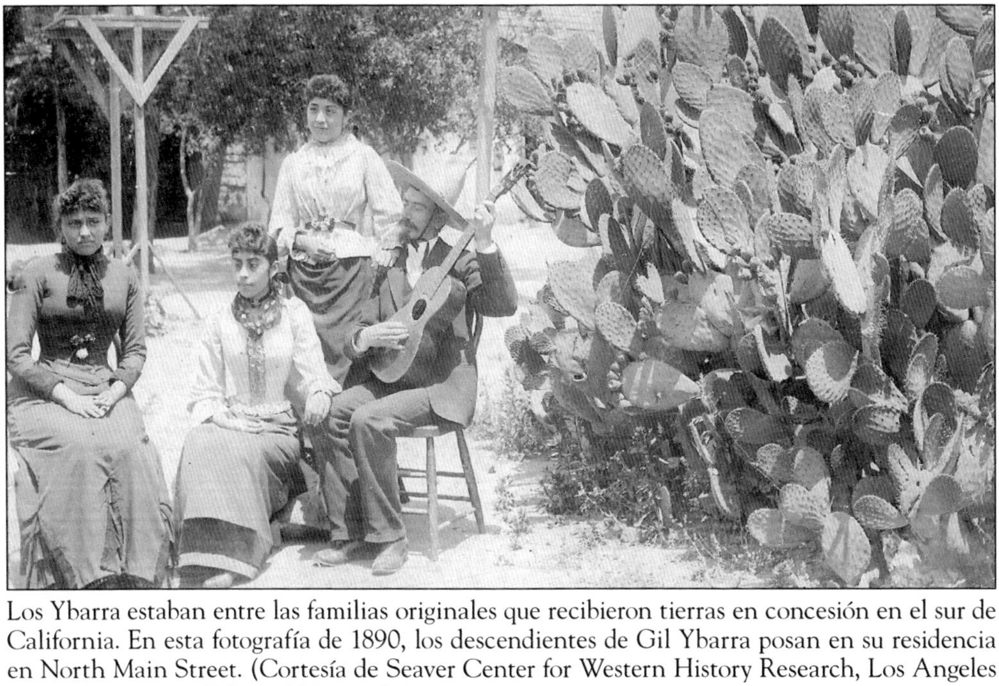

Los Ybarra estaban entre las familias originales que recibieron tierras en concesión en el sur de California. En esta fotografía de 1890, los descendientes de Gil Ybarra posan en su residencia en North Main Street. (Cortesía de Seaver Center for Western History Research, Los Angeles County Museum of Natural History.)

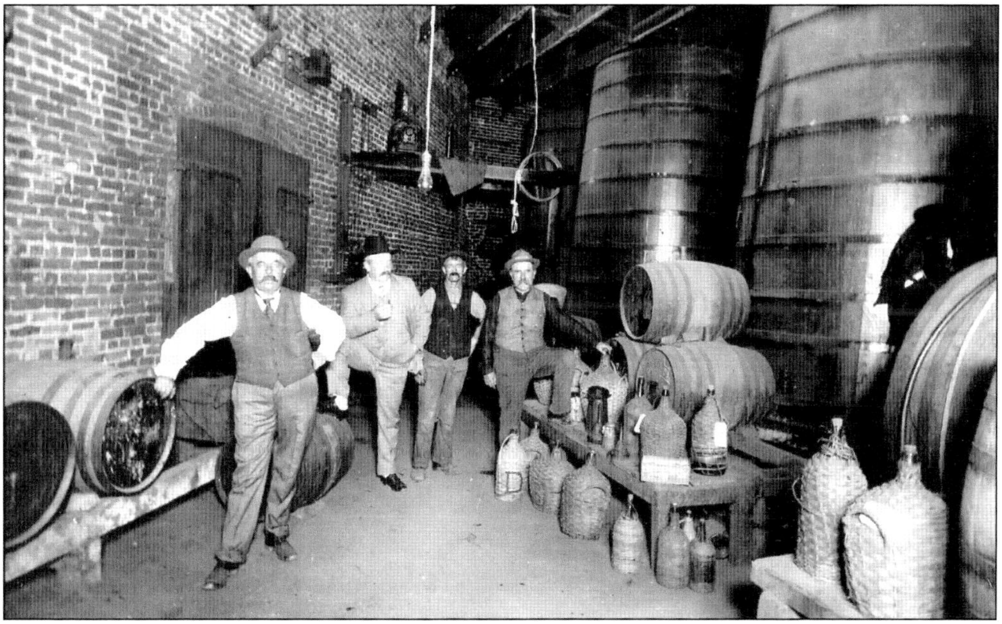

Los italianos han tenido una larga historia en Olvera Street (antes Wine Street), especialmente como productores de vino. Carlo Demateis (a la izquierda) y su hermano Giovanni Demateis (al extremo derecho) alquilaron la antigua bodega para su negocio desde 1901 hasta 1910. El edificio es hoy el domicilio de El Pueblo Gallery. (Cortesía de El Pueblo Historical Monument.)

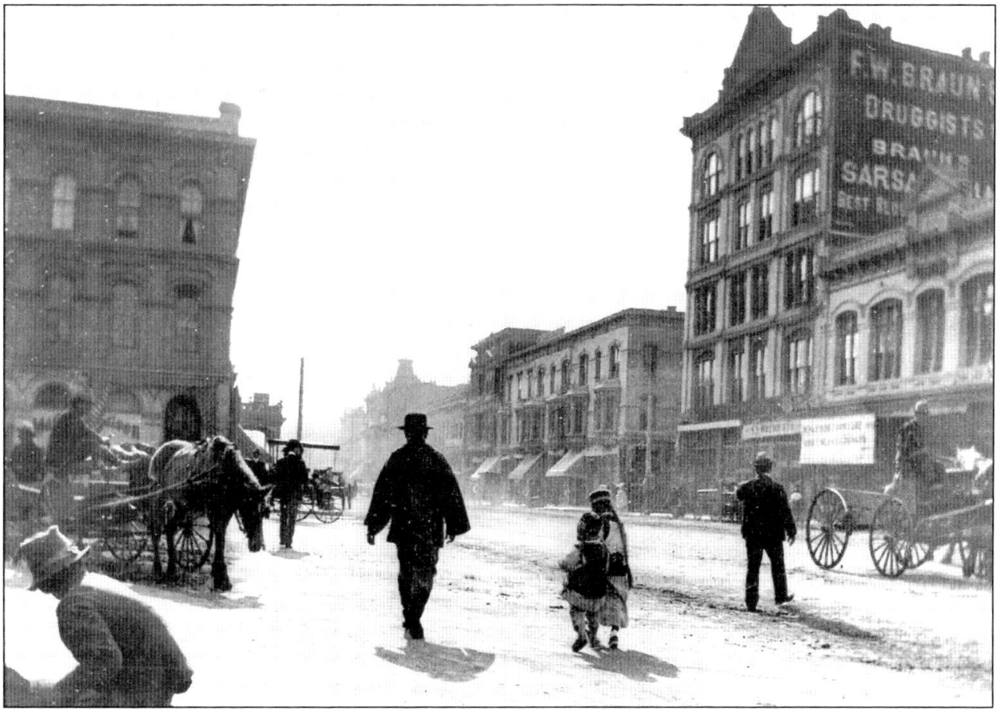

Esta vista de Main Street alrededor del año 1890 mira al sur desde Olvera Street, con Pico House, a la izquierda, y F. W. Braun Drug Company (Vickrey/Brunswig Building) a la derecha. (Cortesía de El Pueblo Historical Monument.)

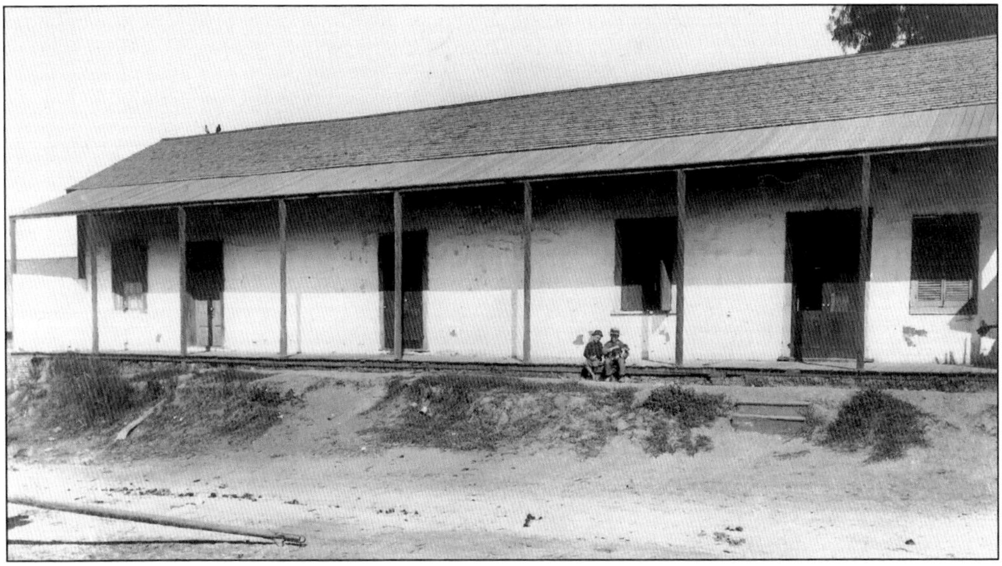

En 1818, Avila Adobe fue construido por Don Francisco Avila, un prominente ranchero quien en 1810 sirvió como alcalde de Los Angeles. Con paredes de más de tres pies de grueso, es la casa más antigua existente en Los Angeles. Hoy en día el adobe se ha preservado como una casa museo que refleja la vida de Los Angeles durante la década de 1840 y es el sitio más popular para los visitantes de Olvera Street. Esta fotografía fue tomada alrededor del año 1890. (Cortesía de Los Angeles Public Library.)

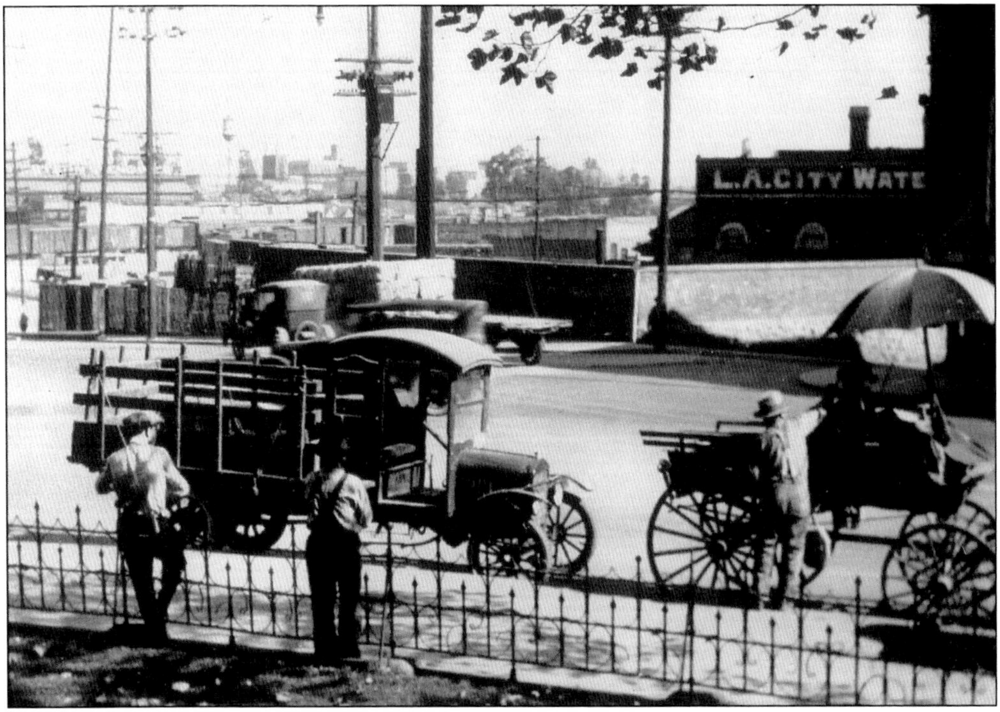

A fines del siglo XIX y a comienzos del siglo XX, la plaza era un mercado de frutas y verduras al aire libre. En esta fotografía tomada alrededor del año 1919, un camión de entrega y una carreta paran en la plaza para vender sus mercancías. (Cortesía de El Pueblo Historical Monument.)

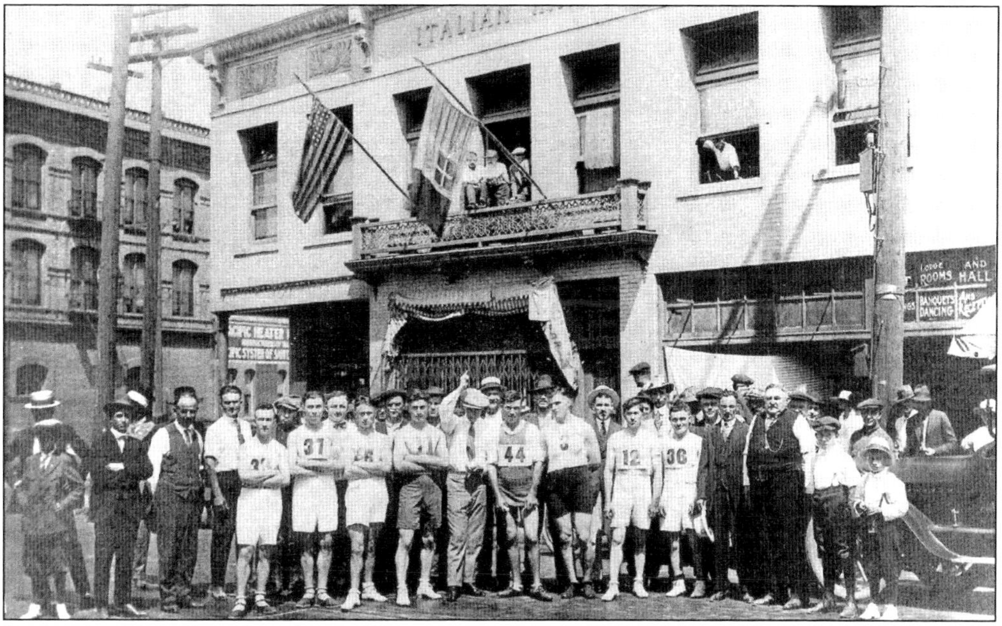

En esta fotografía de 1917, Italian Hall sirvió como punto de partida para una carrera hasta Lincoln Park a través de Mission Road. Actualmente Italian Hall está bajo preservación histórica y es el futuro hogar del Italian Hall Museum. (Cortesía de El Pueblo Historical Monument.)

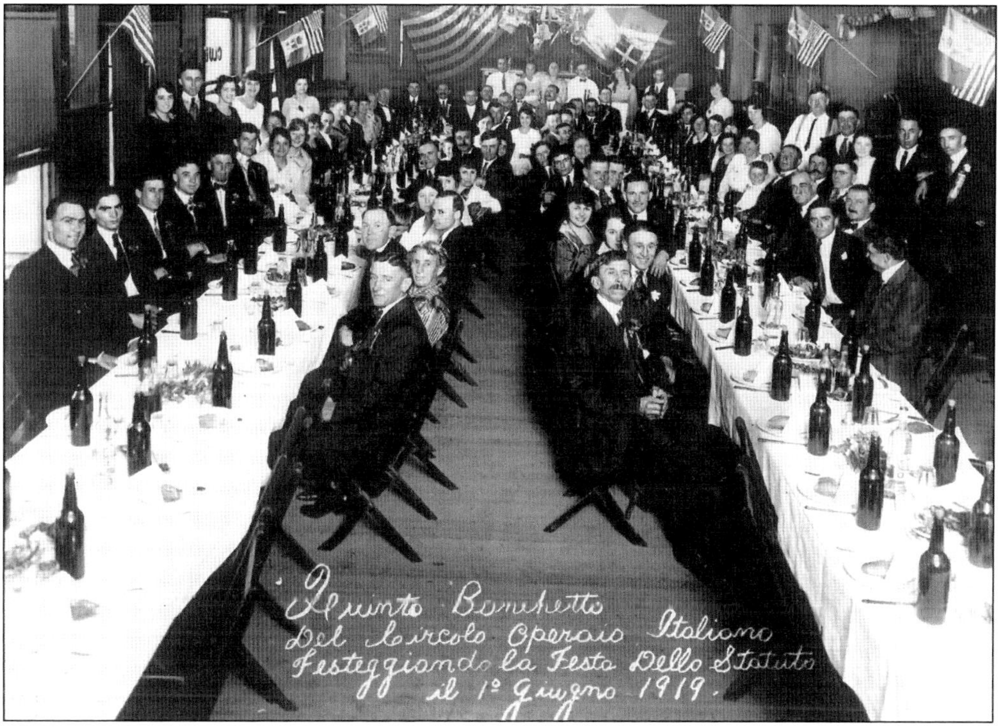

Desde mediados del siglo XIX hasta la década de 1920, la plaza fue el corazón de la comunidad italiana de Los Angeles. En esta fotografía de 1919, hombres y mujeres italianos de Il Circolo Operaio Italiano asisten a un banquete en Italian Hall en North Main Street. (Cortesía de El Pueblo Historical Monument.)

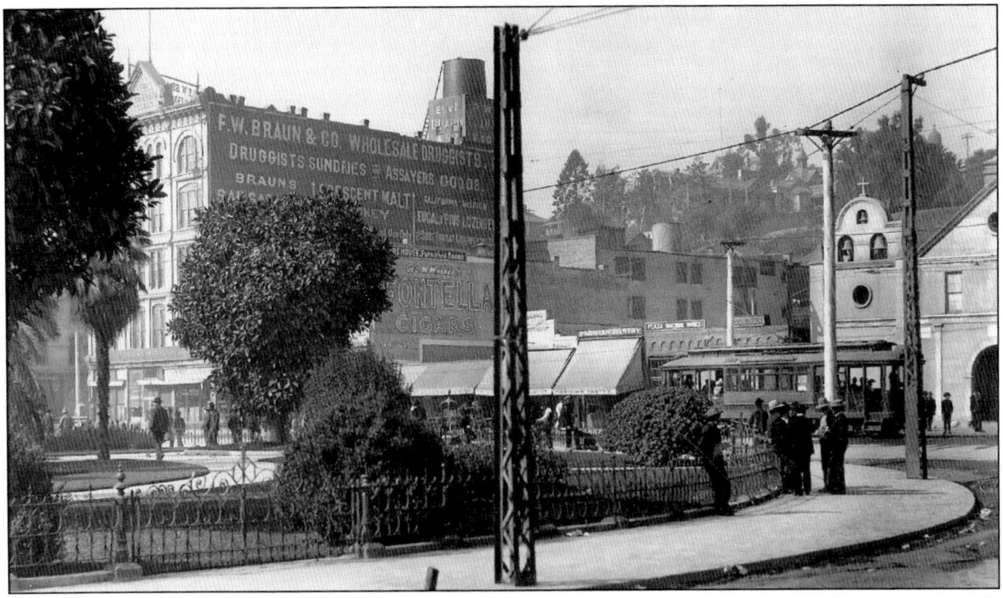

La plaza mira al oeste a través de North Main Street, alrededor del año 1910. El edificio grande a la izquierda es Vickery/Brunswig Building (1888), hogar de F. W. Braun Drug Company, que luego se convertiría en Brunswig Drug Company. Hoy en día los edificios son el sitio para la futura Plaza de Cultura y Artes, un centro cultural y de artes mexicanos y mexicano-estadounidenses. (Cortesía de California Historical Society/TI collection.)

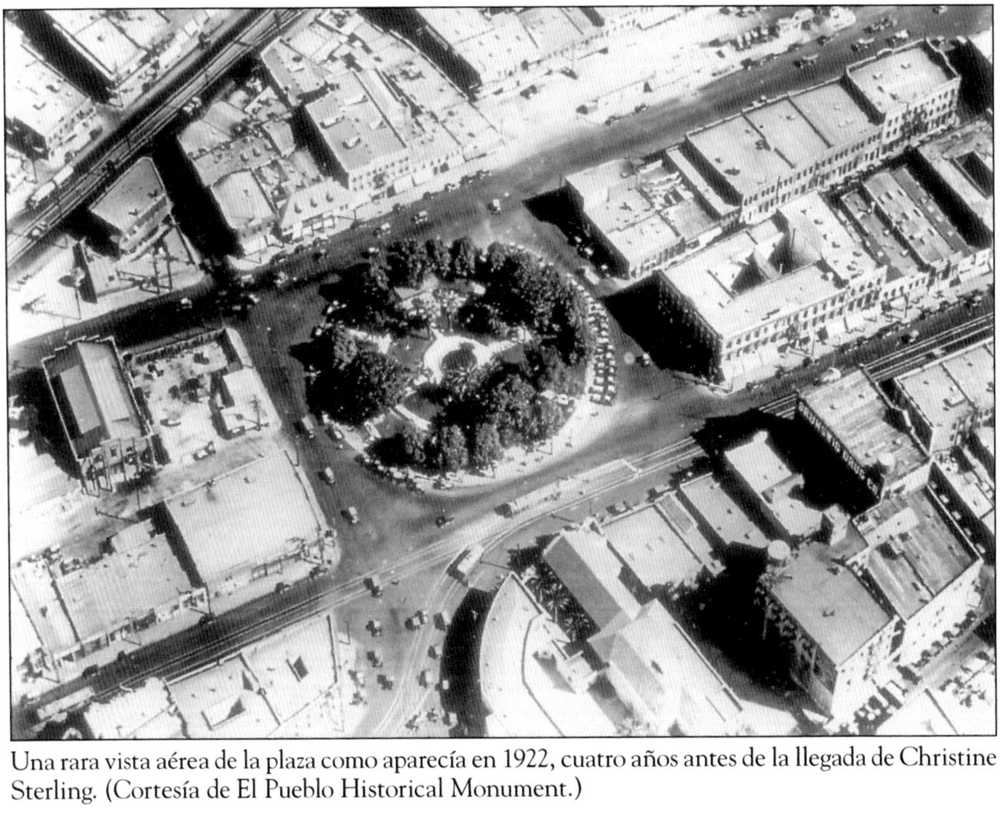

Una rara vista aérea de la plaza como aparecía en 1922, cuatro años antes de la llegada de Christine Sterling. (Cortesía de El Pueblo Historical Monument.)

Dos

Christine Sterling y el nacimiento del mercado mexicano

Es ampliamente conocido que sin los años de constante coraje y determinación de Christine Sterling, conocida afectuosamente como la «Madre de Olvera Street», el área de la histórica plaza, que incluye a Olvera Street, habría caído bajo el buldózer.

Ella nació como Chastina Rix en Oakland, California en 1881, y fue una de los cuatro hijos de Edward Austin Rix y Kate Elizabeth Kittredge. Más tarde cambió su nombre a Christine. Asistió al Mills College cerca de Oakland para estudiar arte y diseño. Pero se desintereso de sus estudios, retornó a casa, y se casó con Jerome Hough, un abogado de San Francisco. Tuvieron dos niños: un hijo, Peter, y una hija, June. Poco después del nacimiento de Peter en 1915, los Hough se mudaron a Hollywood, donde Jerome encontró trabajo en la industria cinematográfica. Llegaron al sur de California apenas había acabado la revolución mexicana y un florecimiento de las relaciones culturales entre los Estados Unidos y México crearon entre los estadounidenses una enorme moda por todas las formas mexicanas de arte y arquitectura. Esta moda fue evidente durante la década de 1920 con la llegada de los maestros mexicanos Diego Rivera y José Clemente Orozco, quiénes pintaron murales importantes en los Estados Unidos. Este período era también la «era de oro» de Hollywood, los días en que Mary Pickford, apodada la «novia de América», y Rudolph Valentino, «el gran amante», desempeñaron algunos de sus papeles más memorables en la pantalla como personajes románticos latinos. Sterling sin duda sintetizó esta exposición a Hollywood con sus antecedentes familiares en San Francisco, su entrenamiento en artes en Mills College, al igual que su conocimiento de la emergente influencia que surgía de las artes y artesanías mexicanas, para desarrollar su visión global de un mercado mexicano en el corazón de su ciudad adoptiva.

Después de la muerte de su marido por una embolia cerebral, Christine y sus hijos estaban en una severa crisis financiera. Fue en este momento de su vida que ella cambió su apellido a «Sterling» y comenzó a explorar la antigua sección histórica de Los Angeles. Sin embargo, ella la encontró, en sus propias palabras, «abandonada y olvidada». Entonces se decidió a realizar una campaña individual para salvar la historia de la ciudad, una experiencia que cambiaría su vida.

Después de varios intentos fallidos para obtener apoyo público, decidió hablar con Harry Chandler, editor de *Los Angeles Times*. La idea de Sterling de restaurar el antiguo Avila Adobe y crear una atracción turística en Olvera Street inmediatamente cautivó a Chandler. Él asignó a sus principales periodistas informar sobre el proyecto de Sterling. Sin embargo, mientras que los artículos de las noticias locales eran sinceros al informar sobre su afecto por el lugar de nacimiento de Los Angeles y por Sterling, no apareció la ayuda financiera. En 1928, su proyecto se desvanecía como ella anotó en su diario: «Millas de conversación, pero ningún resultado definido, tangible». Entonces a fines de Noviembre ella encontró un aviso de condenación del Departamento de Salud fijado en la fachada de Avila Adobe. Este incidente le dio el incentivo para fijar su propio cartel pintado a mano que condenaba la falta de visión de los funcionarios de la ciudad por no preservar un importante sitio histórico. Entonces ella obtuvo el apoyo de la familia Rimpau de Anaheim, que eran los nietos y bisnietos de Don Francisco Avila, constructor del adobe de 1818. Los Rimpau confiaron el adobe a Sterling, quien fue incansable en su esfuerzo por salvar la estructura. Ella anotó en su diario el 8 de diciembre de 1928, que ella hizo un cartel grande de 12 pies y que lo puso delante del adobe con el fin de atraer la atención pública y con una inscripción dramática que decía a los transeúntes que «dejen a la gente de Los Angeles demostrar honor y respeto a la historia de su ciudad haciendo sagrado e inviolado el último de los antiguos hitos y el lugar donde nació la ciudad de Los Angeles».

La protesta escrita de Sterling atrajo interés público en preservar el antiguo adobe. Los principales periódicos, especialmente *Los Angeles Times*, dieron cobertura de su campaña para salvar al «antiguo Los Angeles». En respuesta a esta demostración de respaldo, el Consejo de la Ciudad de Los Angeles dejo sin efecto su orden original de condenación—Avila Adobe fue salvado para las generaciones futuras. Pero mientras que el destino del adobe parecía haber cambiado, Sterling todavía necesitaba dinero para terminar el proyecto, qué incluía la transformación de Olvera Street, en ese entonces un callejón fangoso y sin pavimentar, en un mercado mexicano como parte de su plan global para restaurar el área de la plaza. Por lo tanto, para adquirir los dineros necesarios, ella ofreció una barbacoa de almuerzo para los funcionarios de la ciudad en el patio del adobe, el cual daba a Olvera Street. El acontecimiento demostró ser un importante momento decisivo. A la finalización del almuerzo, ella se levantó y pidió ayuda a sus huéspedes. El jefe de policía James Davis respondió anunciando que él proporcionaría un equipo de presos para hacer el «trabajo duro» si otros donaban dinero y materiales. En respuesta, Blue Diamond Cement y Simons Brick Company, cuyo personal estaba integrado por un ejército de trabajadores mexicanos, prometieron los materiales de construcción. Además, cinco prominentes empresarios del centro de la ciudad, seleccionados por Harry Chandler, acordaron donar $5.000 cada uno al proyecto. Formaron una corporación con fines de lucro, Plaza de Los Angeles Incorporated, y contrataron a Sterling como directora general.

El 3 de Septiembre de 1929, el Consejo Municipal dictaminó una ordenanza para cerrar Olvera Street al tráfico de vehículos y «reconstruirla como lugar de interés histórico». Dos meses más tarde, Sterling comenzó a registrar en su diario el progreso del proyecto. Finalmente el domingo de Pascua, 1930, después de cuatro largos años de lucha, el sueño de Christine Sterling se realizó con la inauguración del Paseo de Los Angeles, que más adelante se haría conocer popularmente por su nombre oficial de calle, Olvera Street. Anunciada en la prensa local como «una calle mexicana de ayer en una ciudad de hoy», Olvera Street fue un éxito inmediato como sitio turístico de Los Angeles. *La Opinión*, el principal periódico de circulación diaria en español, elogió la inauguración como una calleja que recuerda al México viejo. Pero las luchas no habían terminado.

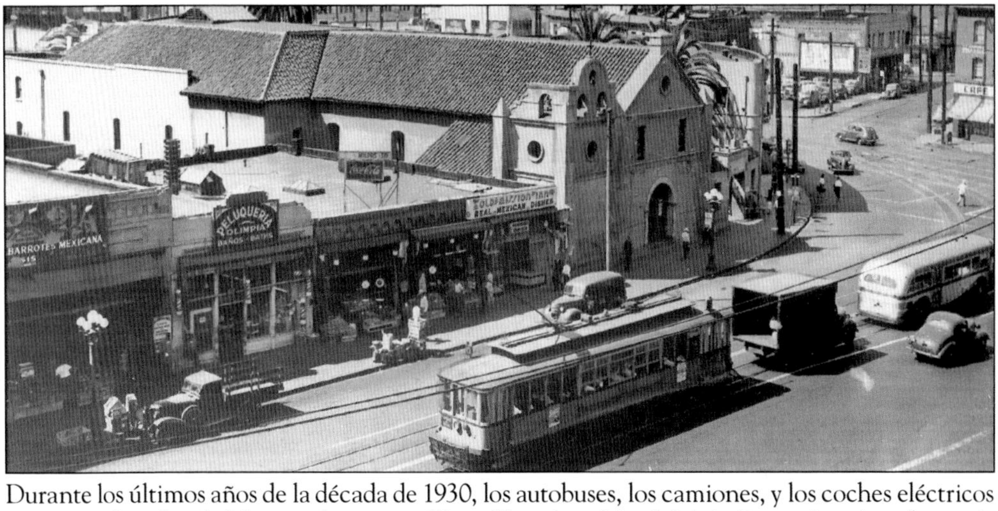

Durante los últimos años de la década de 1930, los autobuses, los camiones, y los coches eléctricos pasan a toda velocidad frente a la antigua Plaza Church en North Main Street. Los Angeles tenía dos redes de tranvía eléctrico: la más pequeña, los coches amarillos de Los Angeles Railway Company, que servia al área metropolitana de Los Angeles, y los grandes coches rojos de Pacific Electric Railway, que operaba las rutas suburbanas. Ambas compañías eran propiedad de Henry E. Huntington. (Cortesía de El Pueblo Historical Monument.)

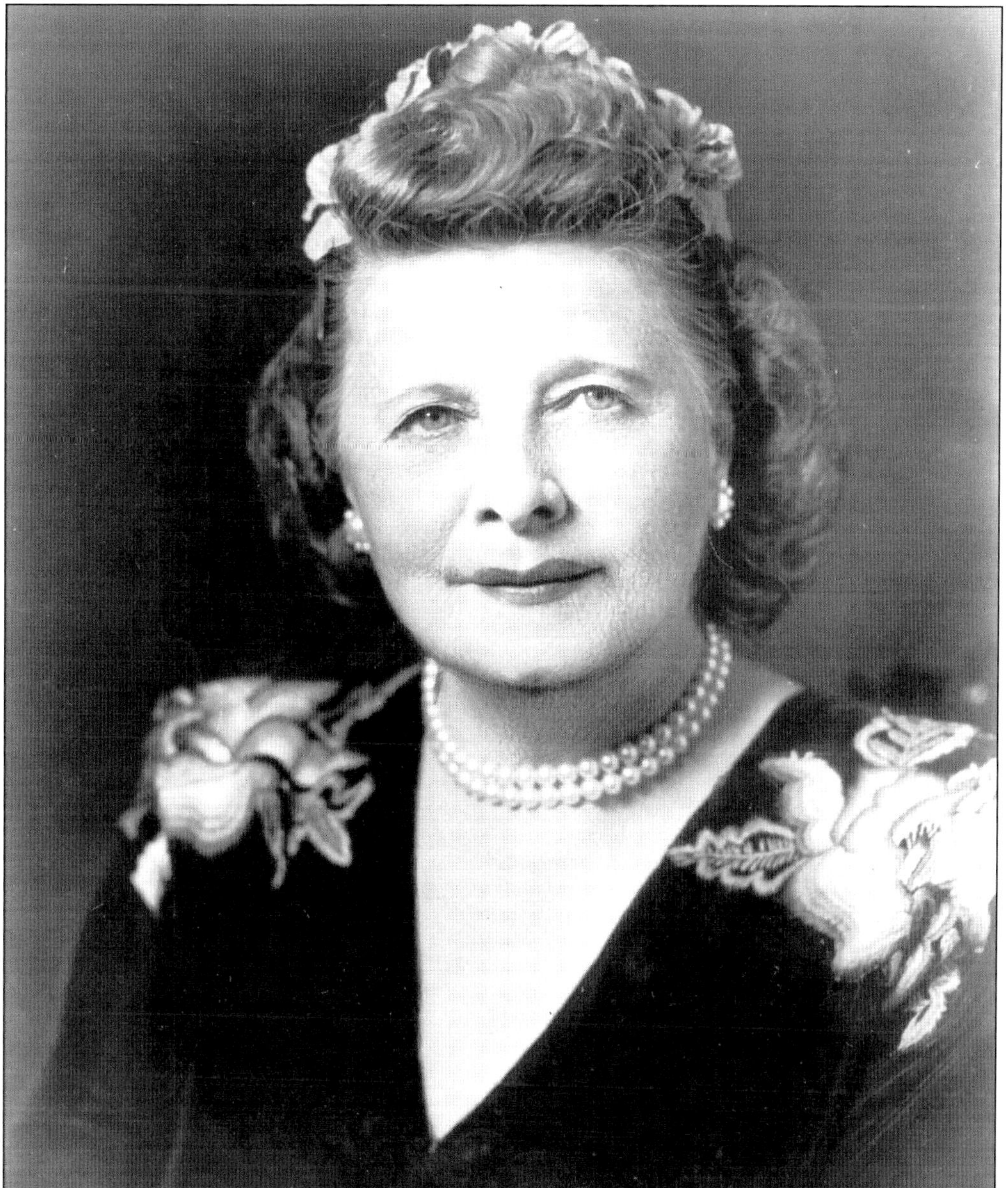

Christine Sterling (1881–1963) era una originaria de San Francisco que vino a Los Angeles y condujo una campaña para restaurar el área de la plaza. Durante su larga carrera como administradora del lugar de nacimiento de la ciudad, de 1930 hasta 1963, fue afectuosamente conocida como la «Madre de Olvera Street». (Cortesía de El Pueblo Historical Monument.)

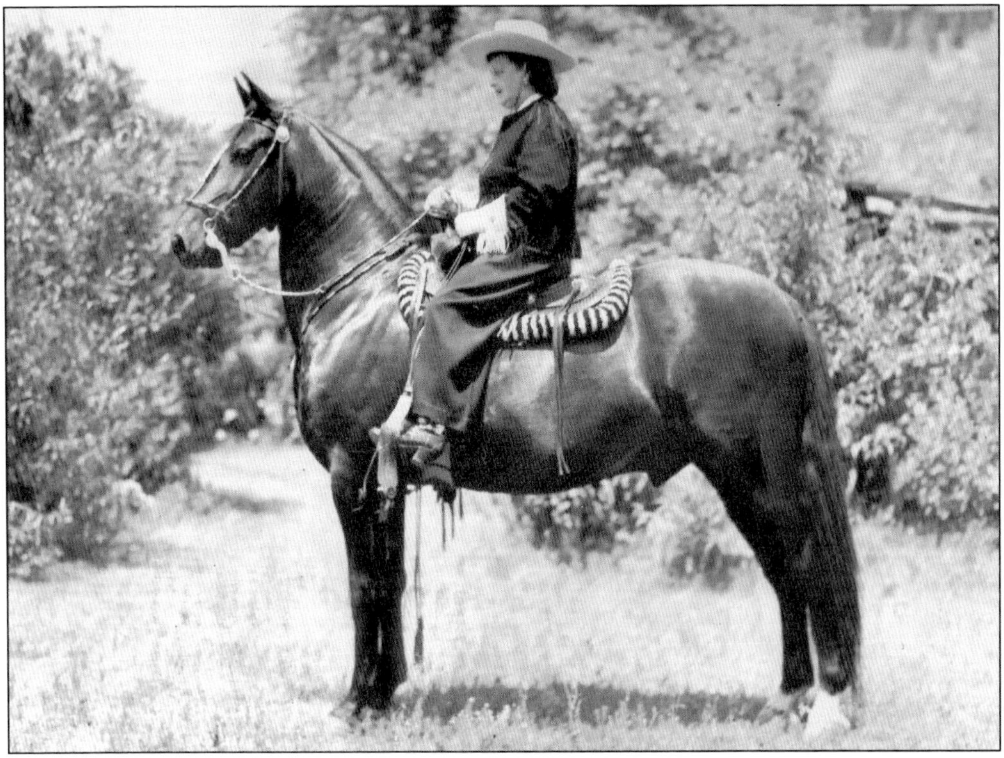

Christine Sterling fue absolutamente audaz en cualquier cosa que intentó. Junto con los comerciantes de Olvera Street, ella luchó para preservar el lugar de nacimiento de Los Angeles en un momento en que pocas mujeres desafiaban al ayuntamiento. Una de sus actividades preferidas era montar su brioso caballo, Black Cloud, en las cercanas colinas de Griffith Park. (Cortesía de El Pueblo Historical Monument.)

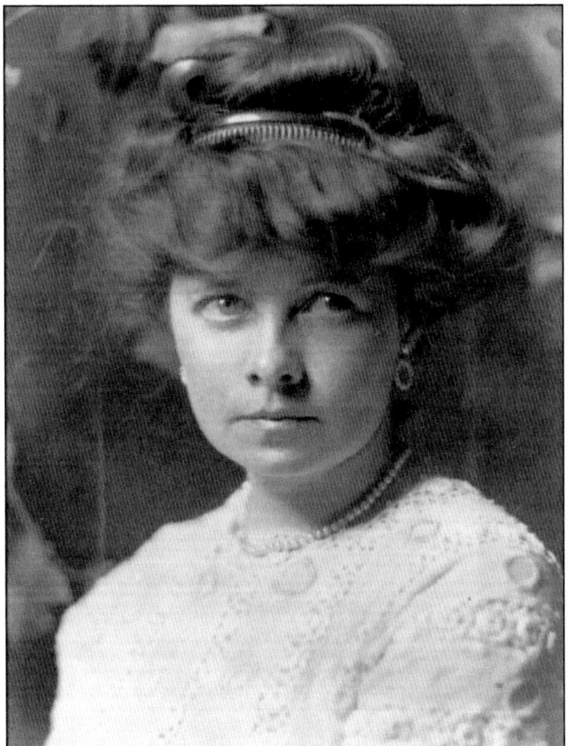

Christine Sterling es fotografiada aquí como una mujer joven de San Francisco de fines del siglo, alrededor del año 1900. Su padre, Edward Austin Rix, era un renombrado científico de la UC Berkeley. Su abuelo Alfred Rix fue electo juez de paz de San Francisco en 1855 y también fue un miembro del Comité de Vigilancia, organizado por los residentes de San Francisco para combatir la anarquía y la violencia durante la fiebre del oro. (Cortesía de El Pueblo Historical Monument.)

Christine Sterling esta vestida como una «flapper», el popular estilo de los locos años veinte, alrededor de 1921. Fue legendaria su inquebrantable determinación para salvar Avila Adobe y crear el mercado mexicano de Olvera Street. Durante la construcción, con el apoyo del ayuntamiento, negocios locales, y una mano de obra integrada por presos, ella escribió lo siguiente en su diario: «Uno de los presos es un buen carpintero, otro un electricista. Cada noche ruego que arresten a un albañil y a un fontanero». (Cortesía de El Pueblo Historical Monument.)

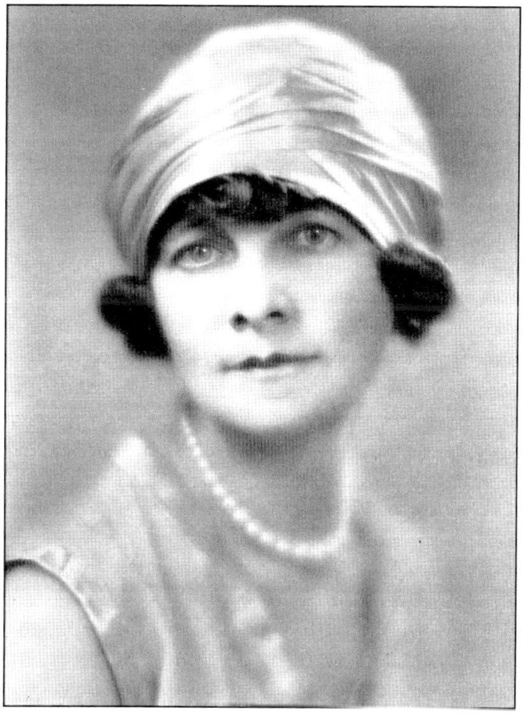

Esta fotografía de mediados de la década de 1920 muestra la plaza y Plaza Church, como aparecieron cuando Christine Sterling caminó por primera vez por Olvera Street. (Cortesía de El Pueblo Historical Monument.)

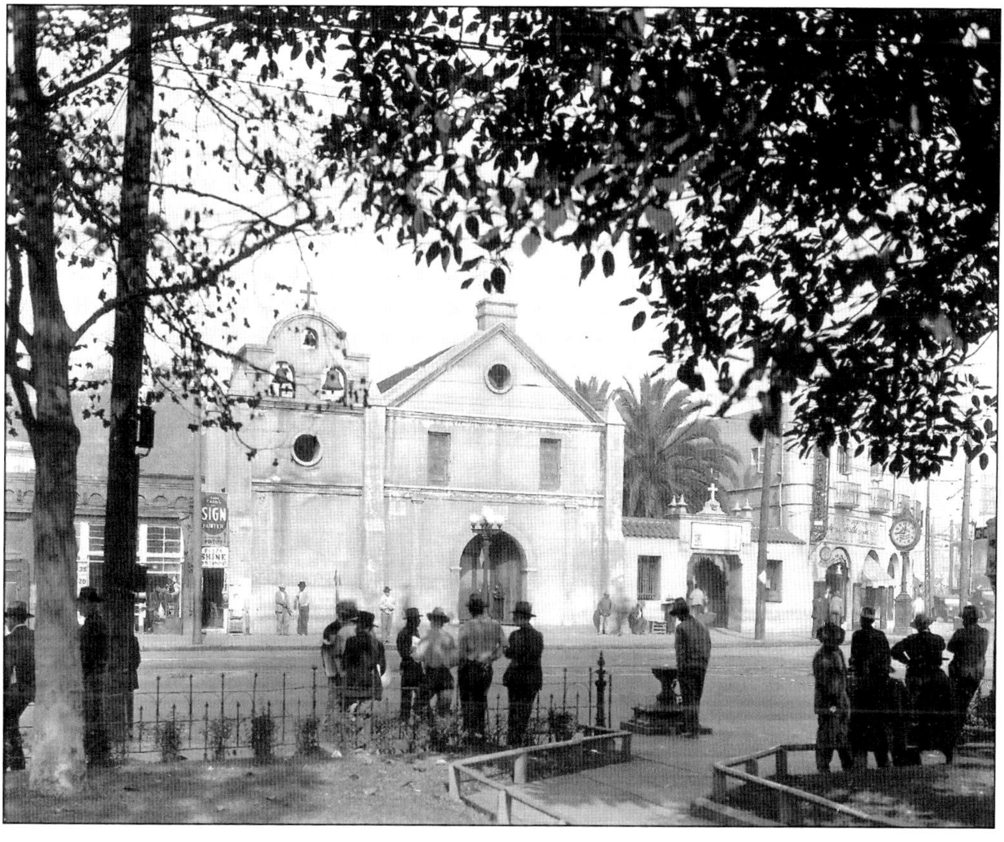

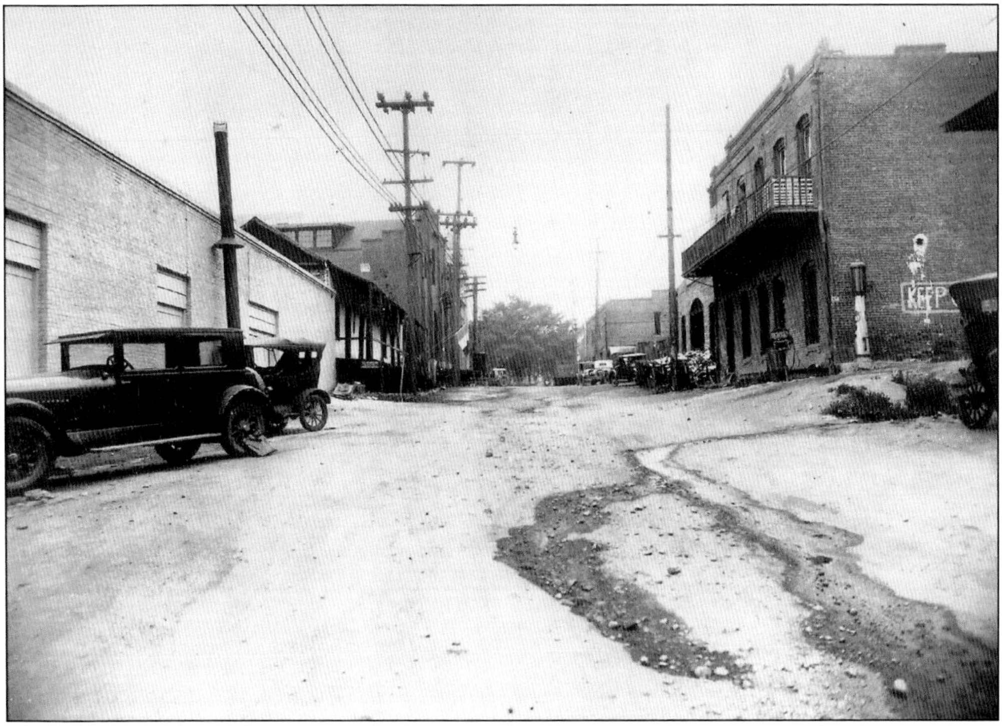

En 1926, Olvera Street era nada más que un olvidado callejón secundario y listo para ser demolido. Esta fotografía mira al sur. (Cortesía de El Pueblo Historical Monument.)

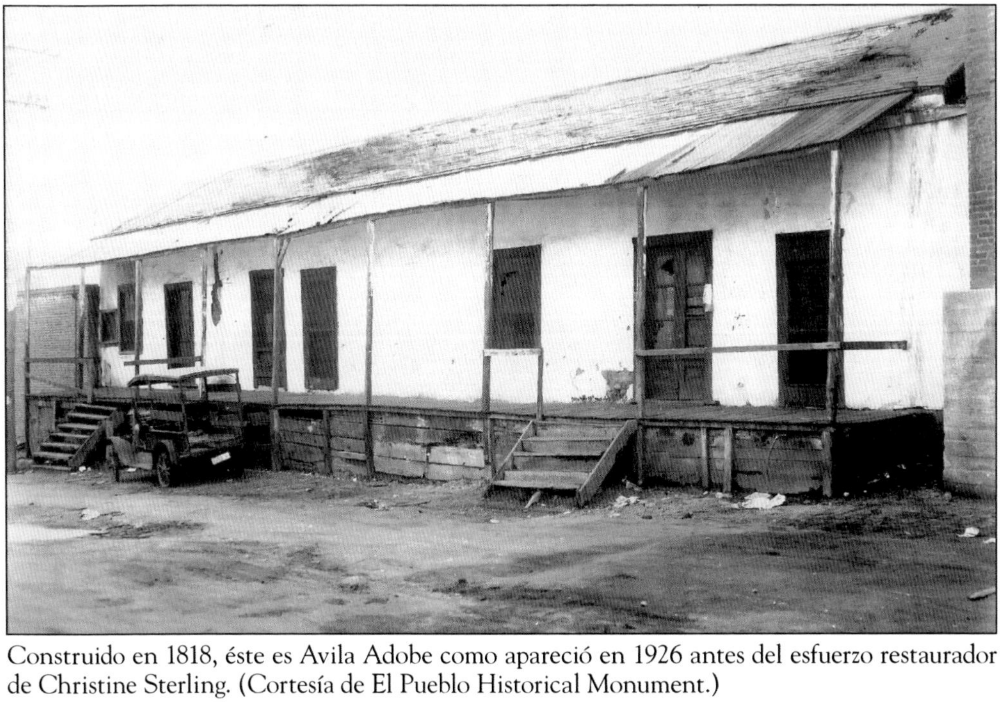

Construido en 1818, éste es Avila Adobe como apareció en 1926 antes del esfuerzo restaurador de Christine Sterling. (Cortesía de El Pueblo Historical Monument.)

Harry Chandler (1864–1944) nació en Landaff, New Hampshire. En 1882, para curar su tuberculosis, vino al clima cálido de Los Angeles, donde presenció la transformación de la ciudad desde sus raíces mexicanas a una metrópolis estadounidense. Finalmente se convirtió en dueño y editor de *Los Angeles Times* y un benefactor de Olvera Street. (Cortesía de El Pueblo Historical Monument.)

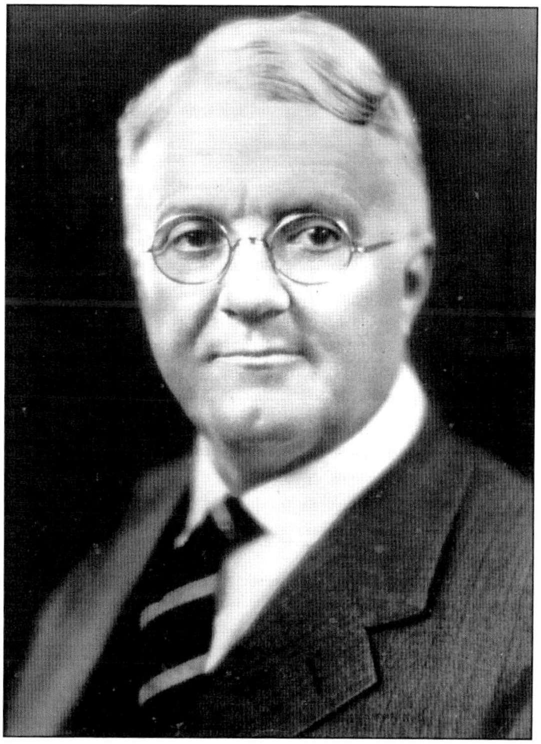

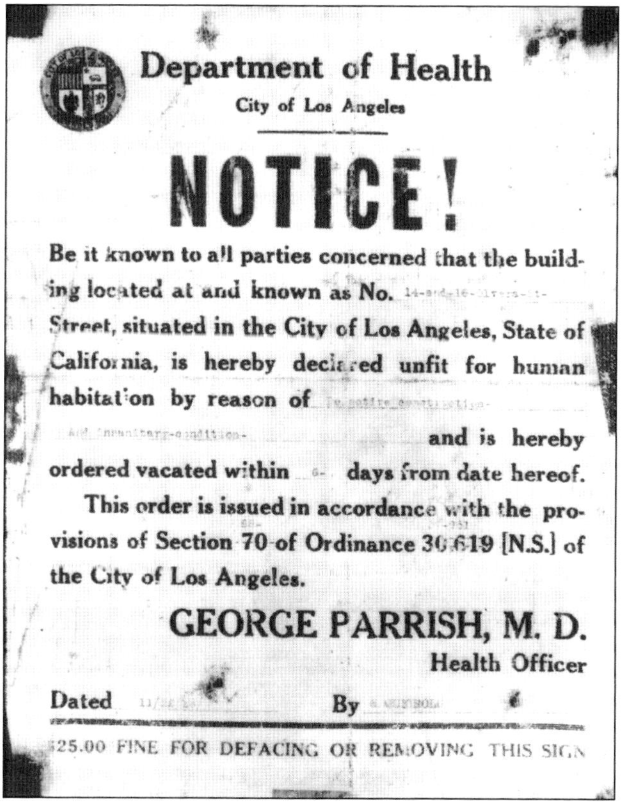

Department of Health

City of Los Angeles

NOTICE!

Be it known to all parties concerned that the building located at and known as No. ______ Street, situated in the City of Los Angeles, State of California, is hereby declared unfit for human habitation by reason of ______ and is hereby ordered vacated within ______ days from date hereof.

This order is issued in accordance with the provisions of Section 70 of Ordinance 30,619 [N.S.] of the City of Los Angeles.

GEORGE PARRISH, M. D.
Health Officer

Dated ______ By ______

$25.00 FINE FOR DEFACING OR REMOVING THIS SIGN

Este aviso de condenación fue clavado en la puerta delantera de Avila Adobe. La tradición local afirma que este cartel inspiró a Christine Sterling para hacer su propio cartel pintado a mano que criticaba a líderes cívicos locales por no poder preservar el patrimonio de la ciudad. Ella entonces condujo una exitosa campaña para salvar la antigua casa y crear el mercado mexicano de Olvera Street. (Cortesía de Los Angeles Public Library.)

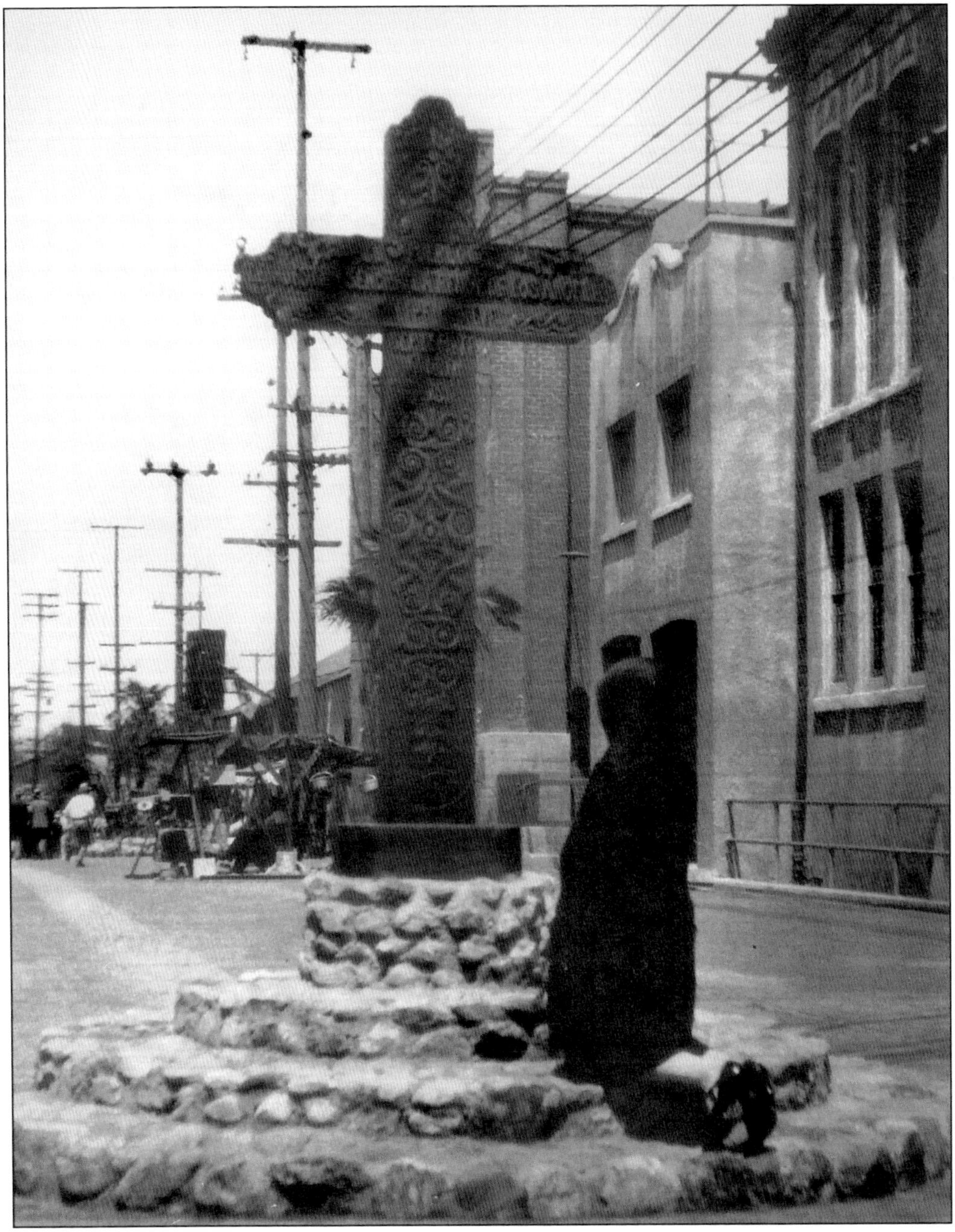

Victoria Arconti, miembro de una familia comerciante italiano-estadounidense de toda la vida en la plaza, se arrodilla ante la cruz de Olvera Street. Los Arconti estuvieron haciendo negocios alrededor de la plaza y en Olvera Street entre las décadas de 1890 y de 1970. Esta fotografía fue tomada alrededor de 1930. (Cortesía de El Pueblo Historical Monument.)

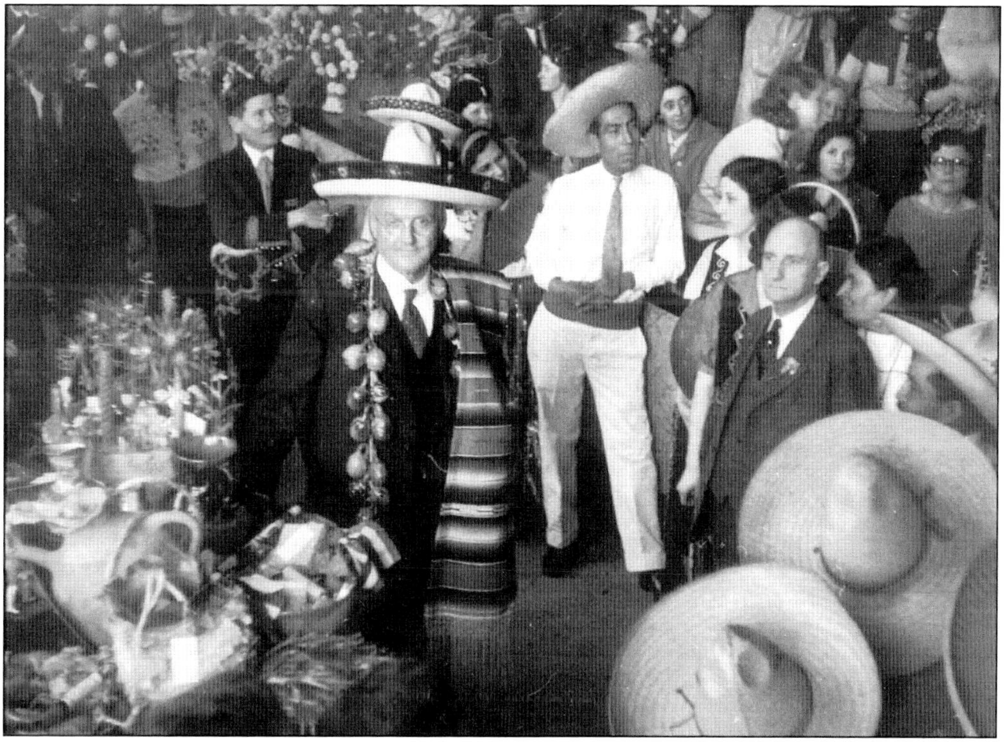

En la década de 1930, el magnate periodístico Harry Chandler de *Los Angeles Times* posa con un sarape y sombrero mexicano. (Cortesía de El Pueblo Historical Monument.)

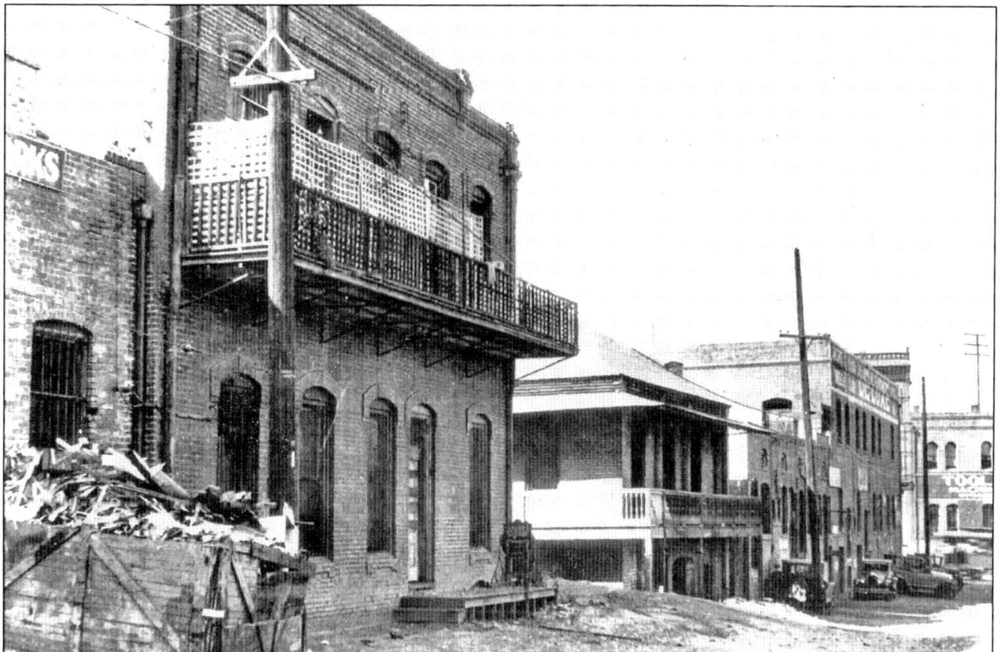

La parte trasera de Sepúlveda House (1887) y Pelanconi House (1855) en Olvera Street es fotografiada antes de su restauración, alrededor del año 1928. (Cortesía de El Pueblo Historical Monument.)

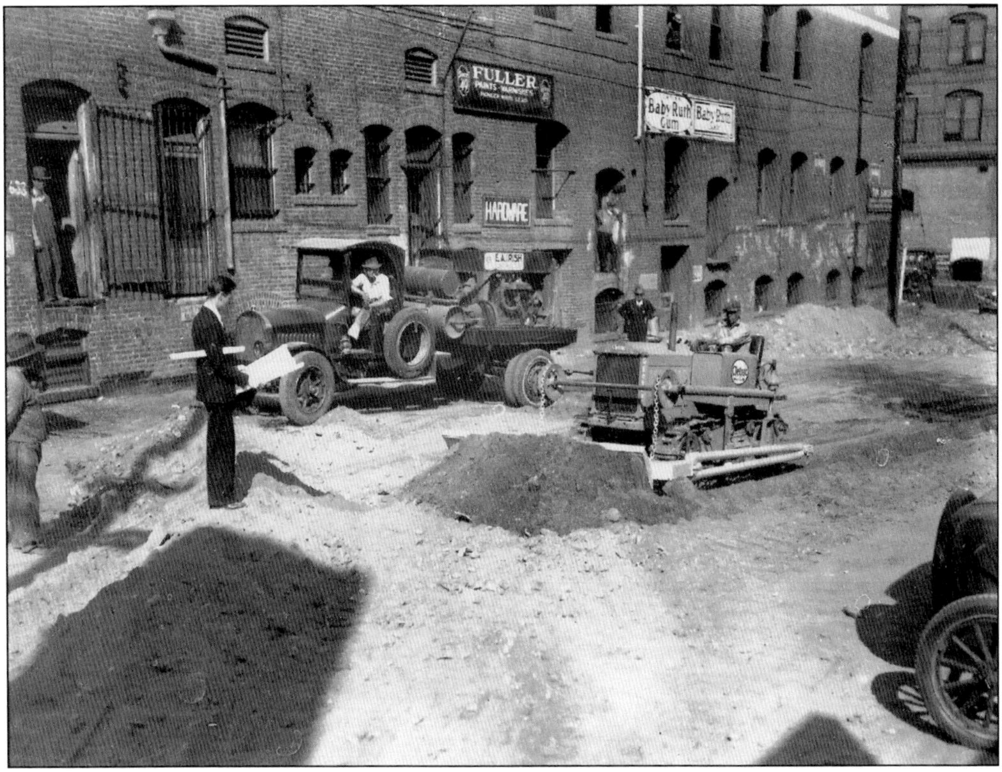

A fines de 1929, ingenieros y trabajadores del Department of Water and Power (Departamento de Agua y Energía) comenzaron a evaluar Olvera Street. Todo el proyecto de construcción fue supervisado por Christine Sterling. (Cortesía de Los Angeles Public Library.)

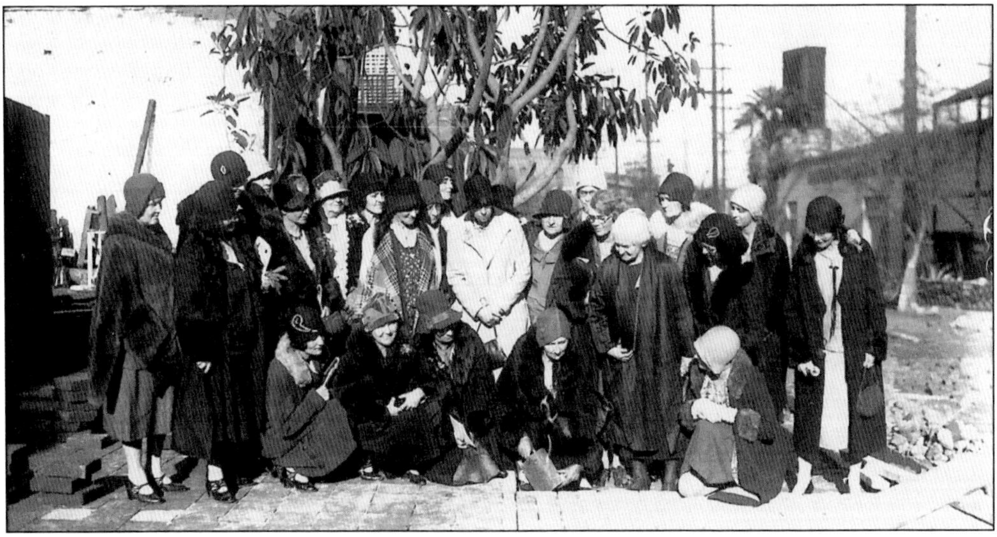

Las organizaciones de mujeres eran una fuente importante de ayuda para Christine Sterling. La ayuda también vino de muchos grupos históricos, especialmente Historical Society of Southern California. En esta fotografía de 1930, la organización Native Daughters of the Golden West colocan las últimas tejas rojas para inaugurar formalmente Olvera Street como un mercado mexicano el domingo de Pascua. (Cortesía de El Pueblo Historical Monument.)

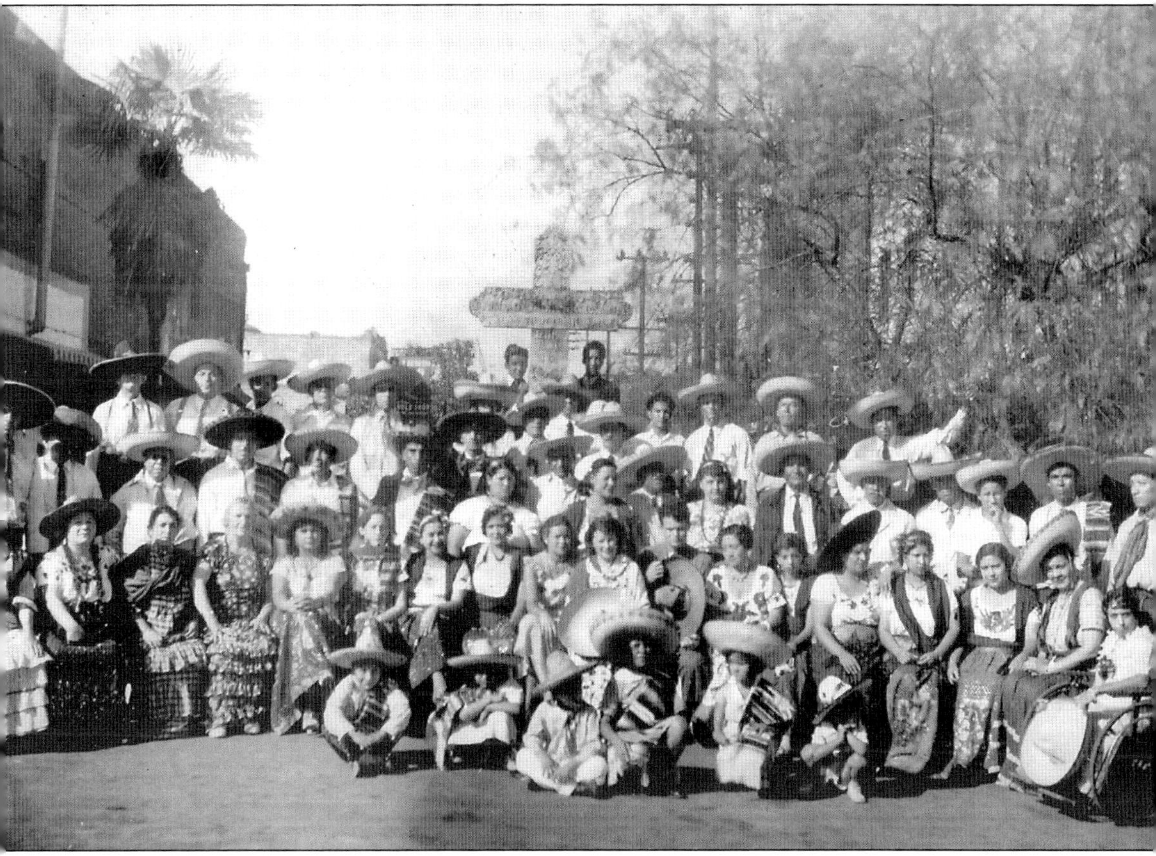

A principios de la década de 1930, la primera generación de comerciantes de Olvera Street se reúne en la entrada de la nueva atracción turística. Muchos de los comerciantes de hoy en día todavía pueden remontar a 1930 sus orígenes en la calle. (Cortesía de El Pueblo Historical Monument.)

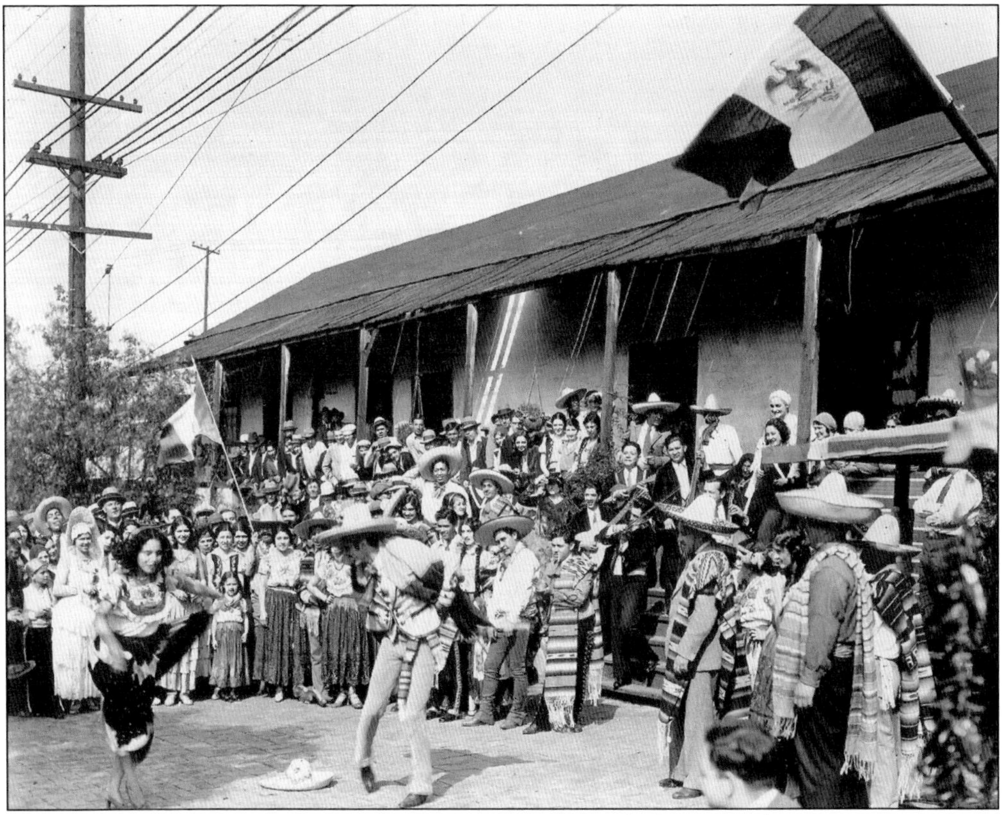

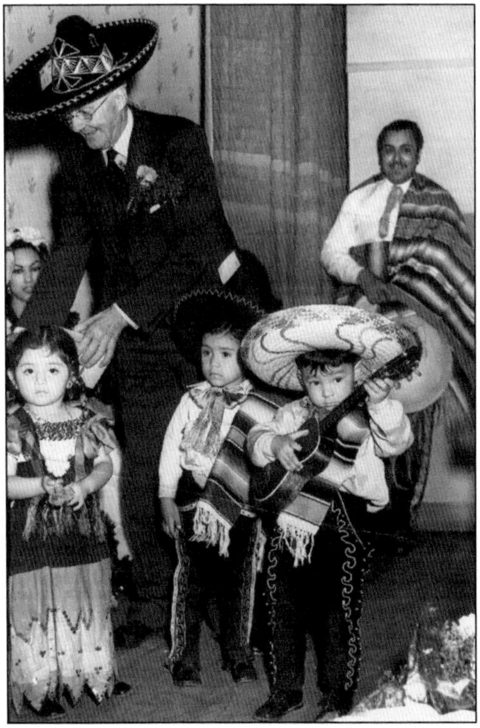

Es tiempo de fiesta en Olvera Street. Durante los Juegos Olímpicos de 1932, Olvera Street fue incluido en la lista de lugares olímpicos oficiales para los muchos turistas que vinieron a la ciudad. Hoy en día una de las cabañas originales de la Villa Olímpica usada por los atletas de México—y donada a Olvera Street poco después los juegos de 1932—puede ser encontrada en la Casa Suzanna, situada en E-16 Olvera Street. En esta fotografía de 1932, bailarines y espectadores gozan de una tradicional celebración mexicana delante de Avila Adobe. (Cortesía de El Pueblo Historical Monument.)

Harry Chandler fue indudablemente la figura más influyente de Los Angeles a principios del siglo XX. Aun así, el magnate periodístico con frecuencia se hacia tiempo para divertirse con los niños de Olvera Street, como se observa en esta fotografía de 1938. (Cortesía de El Pueblo Historical Monument.)

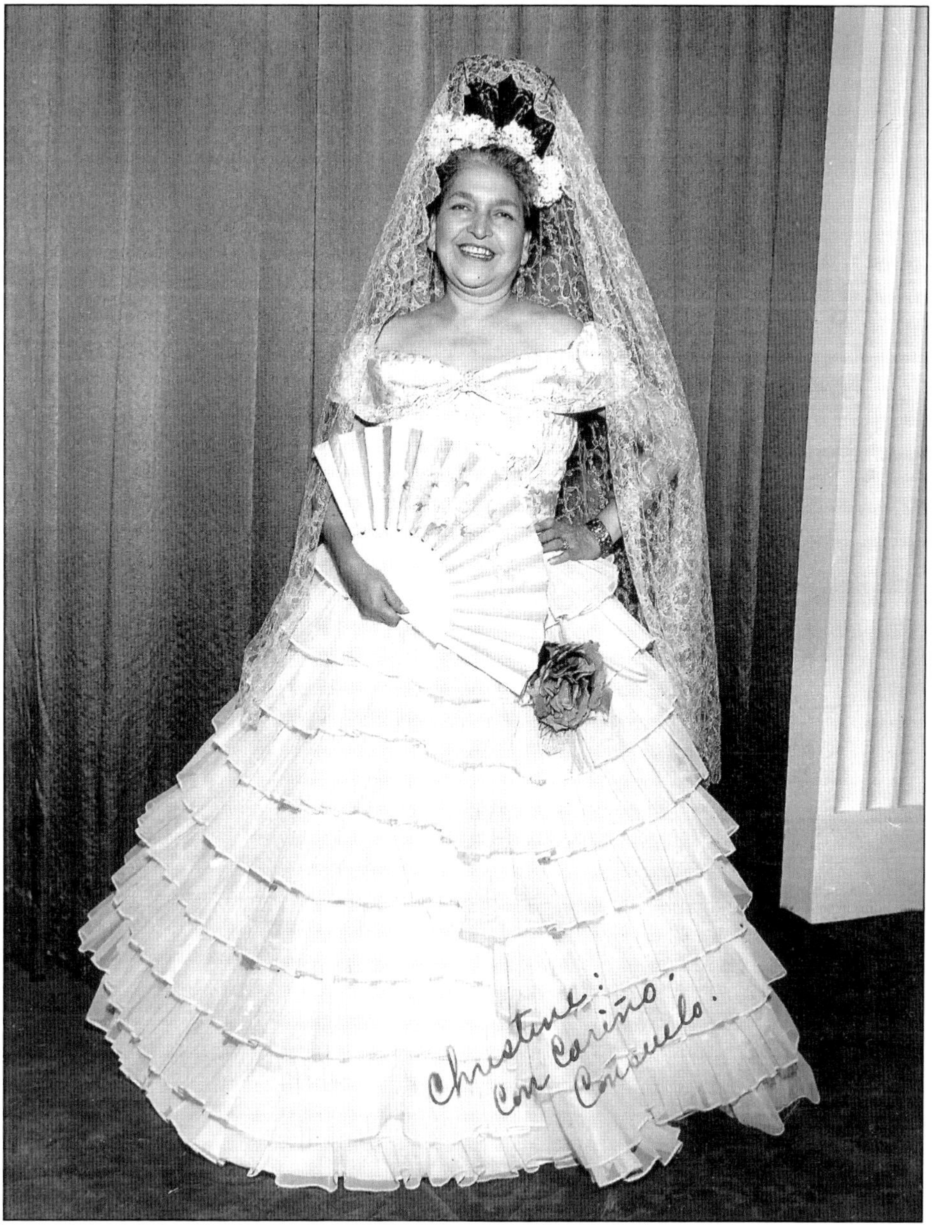

En 1897, Consuelo Castillo de Bonzo nació en Aguas Calientes, México. Cruzó la frontera entre los Estados Unidos y México con su madre viuda a comienzos del siglo XX. Asistió a escuelas locales en East Los Angeles y fue una devota católica. En 1917, se casó con John Bonzo, un inmigrante italiano que vivía en su vecindario en Boyle Heights. Rapidamente desarrolló sus habilidades como mujer de negocios. Comenzó vendiendo bienes inmuebles pero en 1924, abrió La Misión Café en South Spring Street. A comienzos de 1930, le fue ofrecida la antigua Pelanconi House (1855), el primer edificio hecho con ladrillos en la ciudad que estaba situado en el mercado mexicano, el cual estaba a punto de ser inaugurado. Renombró a su restaurante La Golondrina Café, llamada así por una sentimental canción de despedida mexicana. Fue un éxito instantáneo. Entre las décadas de 1930 y de 1980, Consuelo de Bonzo fue una líder respetada en la comunidad mexicana-estadounidense de Los Angeles. (Cortesía de El Pueblo Historical Monument.)

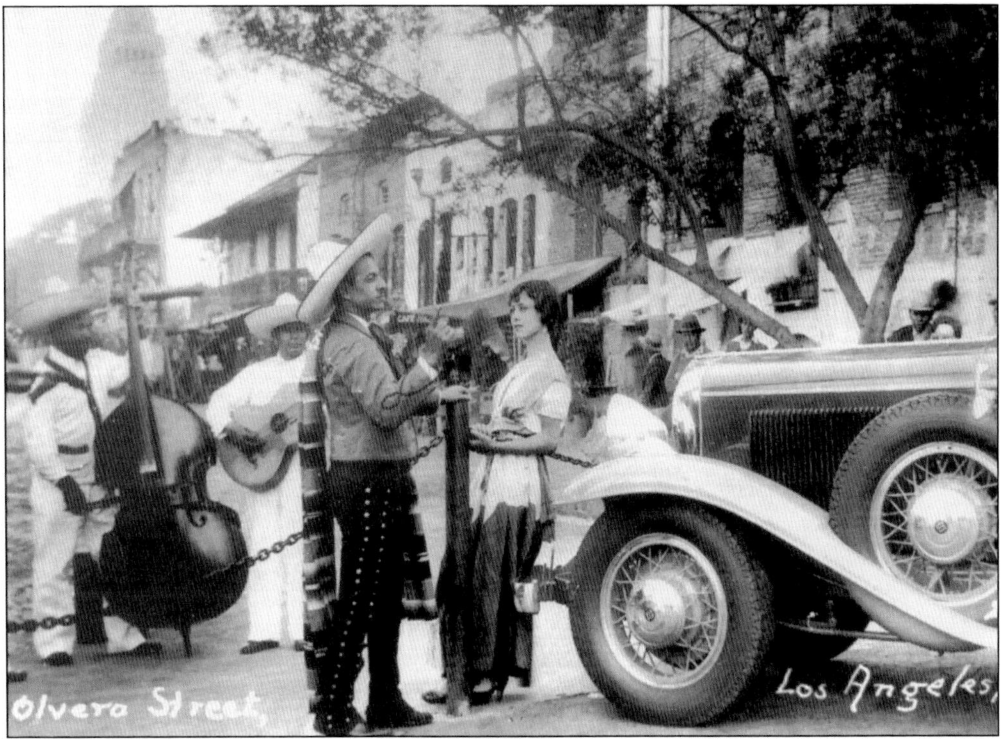

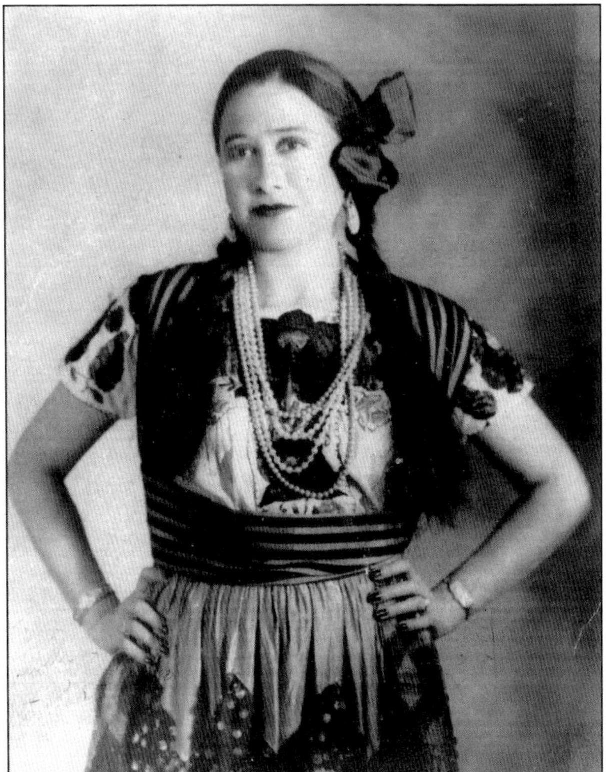

Con el ayuntamiento de Los Angeles de fondo, esta fotografía se convirtió en una popular postal de Olvera Street durante la década de 1930. (Cortesía de El Pueblo Historical Monument.)

La bella Catalina Cruz fue una popular comerciante de Olvera Street durante las décadas de 1930 y de 1940. También apareció en varias películas de Hollywood. Sus descendientes pueden ser encontrados hoy en día administrando varios negocios en Olvera Street, incluyendo Catalina's Imports en E-6 Olvera Street y el popular Mr. Churro de Leticia Delgadillo en W-15 Olvera Street. (Cortesía de El Pueblo Historical Monument.)

Catalina Cruz y compañeros comerciantes posan para la cámara luciendo tradicional ropa mexicana. Muchos de los comerciantes originales de Olvera Street eran refugiados que huían del caos y la violencia política de la revolución mexicana, entre 1910 y 1917. (Cortesía de El Pueblo Historical Monument.)

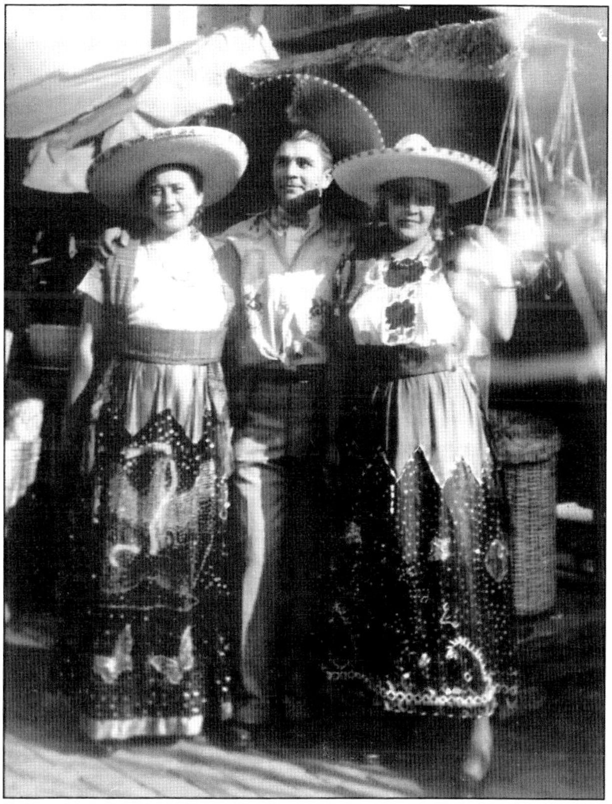

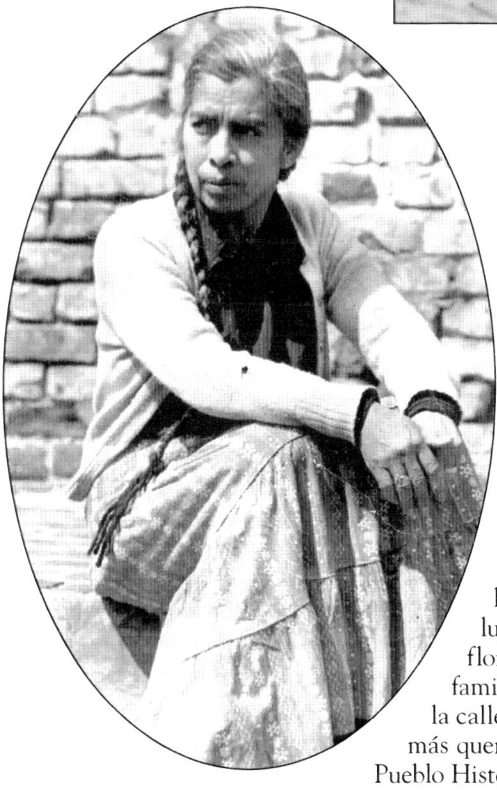

Carmen García (1895–1991) nació en Durango, México. Ella vino a Los Angeles con su familia en 1922 y se estableció en Wilmington, California. Más adelante se mudaron a Clara Street cerca del área de la plaza, en donde, con sus niños pequeños, comenzó a vender cilantro y otras especias, que cultivaba en su patio trasero, a los restaurantes mexicanos como un medio de supervivencia. En 1935, en el momento más crítico de la gran depresión, Christine Sterling le dio la oportunidad de establecer un pequeño lugar en Olvera Street para vender mercancías y flores mexicanas. Carmen, quien era conocida por familiares y amigos como «Coco», permanecería en la calle por otros 56 años y está entre los comerciantes más queridos que todavía se recuerdan. (Cortesía de El Pueblo Historical Monument.)

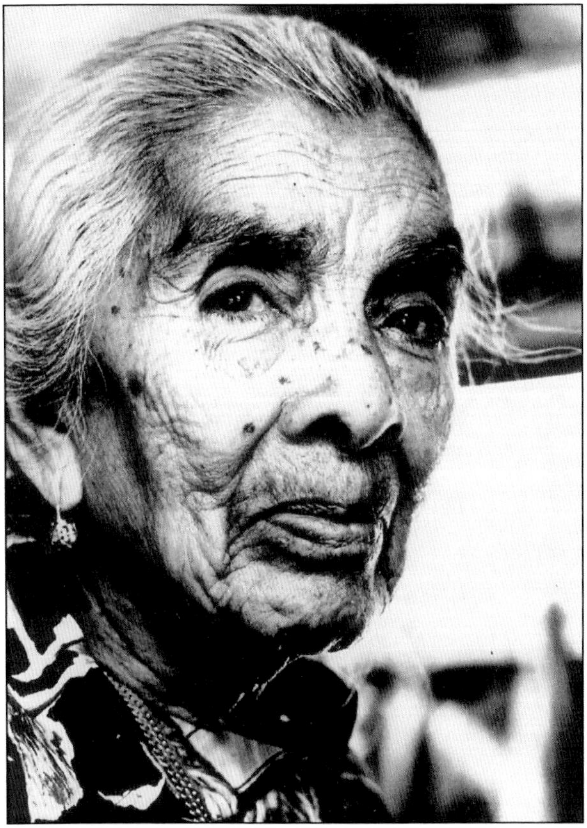

Carmen «Coco» García es fotografiada a la edad de 96 años. El 7 de Junio de 1991 en un articulo de *Los Angeles Times* sobre Olvera Street, García dijo que tenia intención de vivir hasta el último día haciendo lo que amaba: «Solo la muerte me jubilará». Tres semanas más tarde, su obituario en *Los Angeles Times* informaba que García había cerrado su pequeño puesto el 19 de Junio como lo había hecho siempre, «retirando el dinero del cambio de una antigua caja de puros hecha de madera». Ella cogió un autobús a casa y murió varias horas más tarde. García trabajó hasta su último día haciendo lo que amaba. Hoy en día, su hijo Mike y sus nietas Emily Ramos Martínez, Valerie García Hanley, y Andrea Sánchez, junto con sus familias, continúan su herencia como orgullosos comerciantes en Olvera Street. (Cortesía de El Pueblo Historical Monument.)

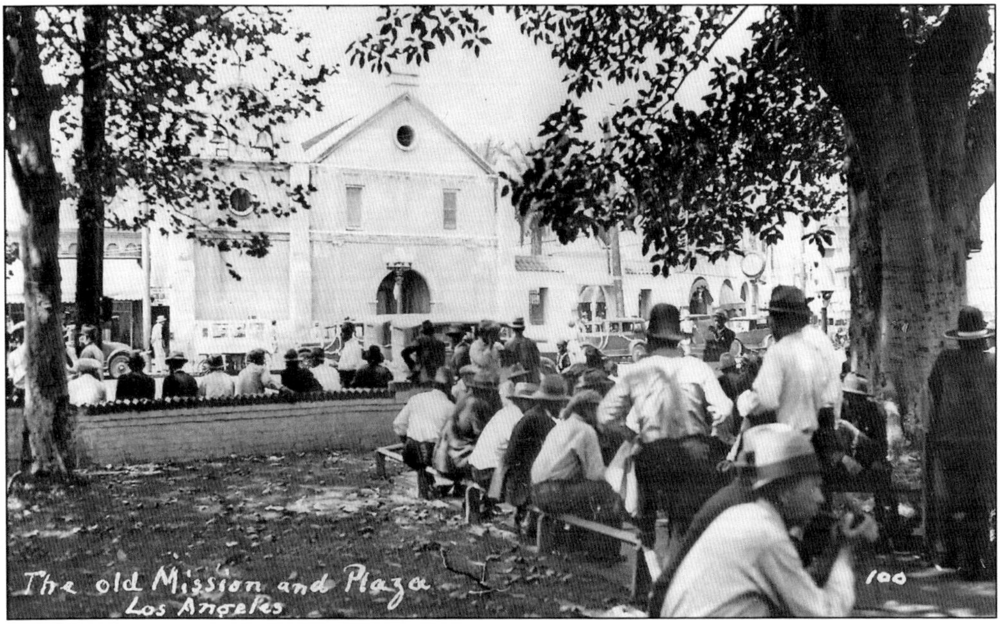

La antigua plaza era un lugar de reunión para los pobres y los desempleados durante la década de 1930, así como un lugar de manifestación para la actividad sindical y política radical. (Cortesía de El Pueblo Historical Monument.)

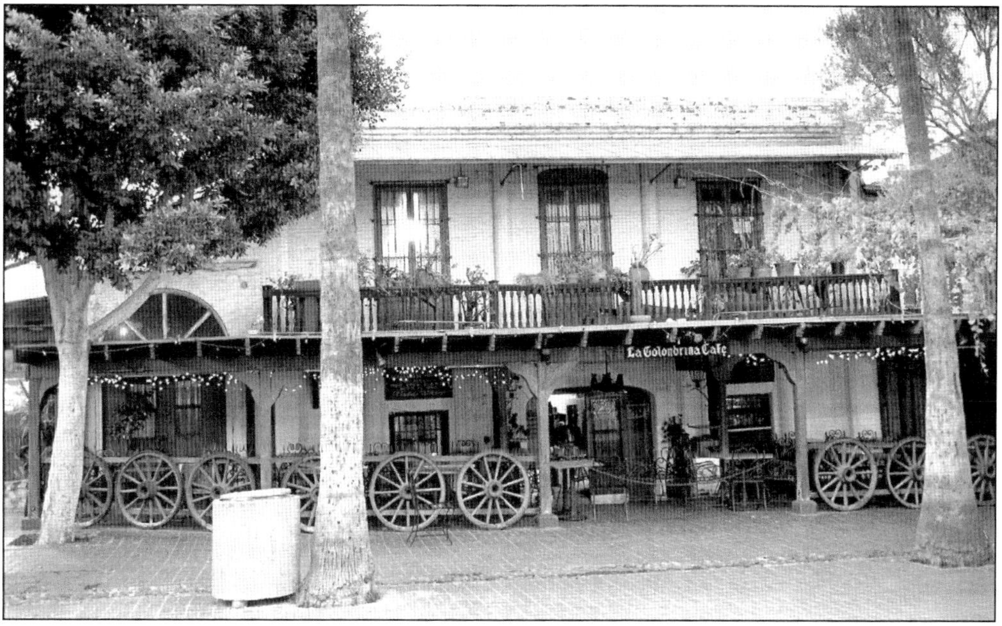

La Golondrina Café de Consuelo Castillo de Bonzo está situada en W-17 Olvera Street en la antigua Pelanconi House, el primer edificio de ladrillos en Los Angeles, construido en 1855. El famoso restaurante es dirigido hoy en día por su nieta Vivian Bonzo. (Cortesía de El Pueblo Historical Monument.)

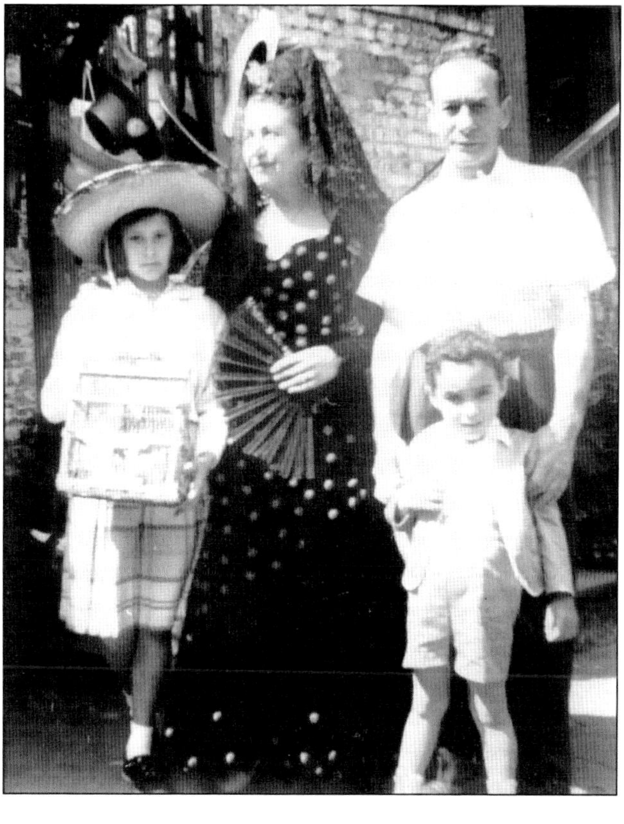

La familia Velasco vino de la ciudad minera cuprífera de Cananea, Sonora, México. Estaban inmersos en la historia política y social de Sonora. Un pariente del siglo XIX, Alfredo Díaz Velasco es considerado hoy en día como el poeta de Sonora. La familia vino a Los Angeles en 1919 y estableció un negocio en la plaza mucho antes de la llegada de Christine Sterling en 1926. El negocio de la familia continúa hoy en día en Olvera Street, en México Shop, propiedad de Albert Gribbell Velasco, y en My Rosa Enterprises, propiedad de Mike y Rosa Mariscal. (Cortesía de El Pueblo Historical Monument.)

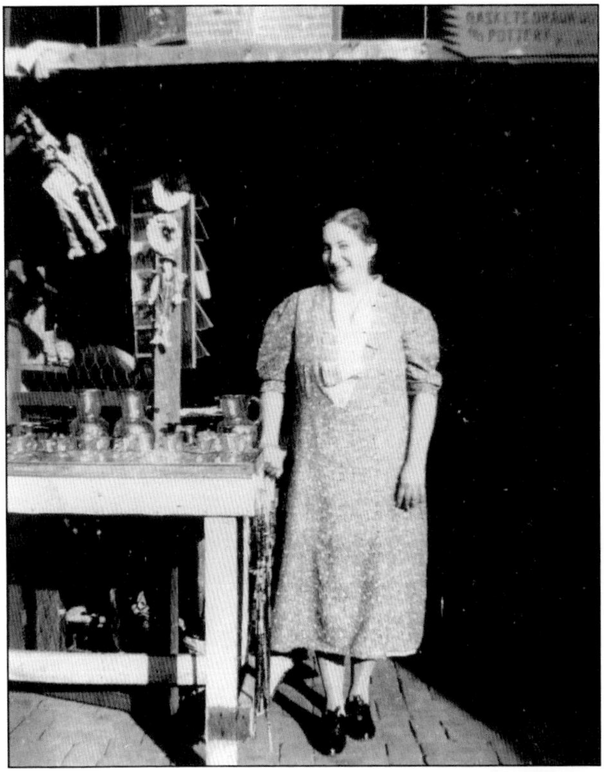

La pionera comerciante Romualda Sousa, parada enfrente de su tienda en 1936, fue la madre de Benjamín «Tony» Sousa de Casa de Sousa, hoy en día un popular café; Bill Sousa; y Alice (Madrid) Sousa, quien, junto con su marido Rudy Madrid, son propietarios del popular Olvera Candle Shop. (Cortesía de El Pueblo Historical Monument.)

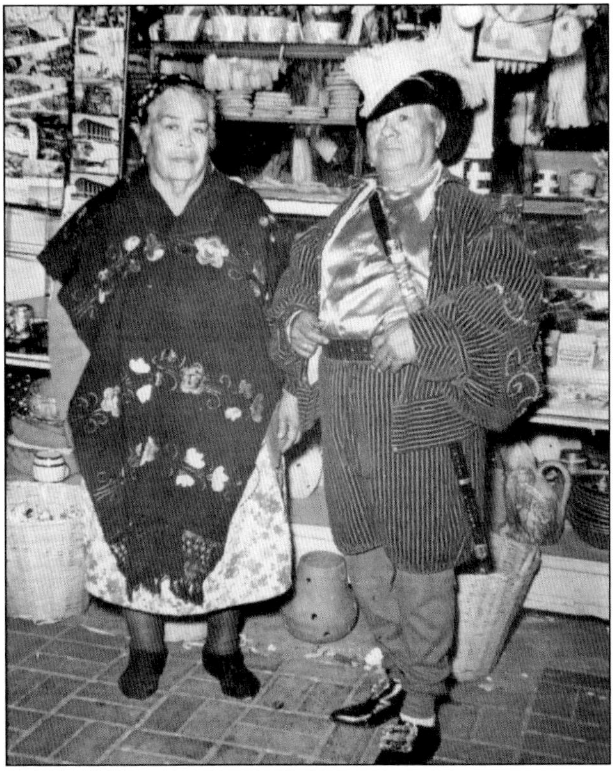

Los comerciantes de Olvera Street Lupe Santana y Guillermo López posan para la cámara afuera de su puesto antes de salir para festejar Mardi Gras. (Cortesía de El Pueblo Historical Monument.)

A fines de la década de 1930, las comerciantes Belén Guerrero y Juanita Guerrero posan para esta fotografía. Hoy en día el negocio familiar en Olvera Street continúa con las familias Robertson y Guerrero, propietarias de Las Anitas Café (W-26 Olvera Street) y Cielito Lindo, ubicado en E-23 Olvera Street y conocido por sus famosos taquitos. (Cortesía de El Pueblo Historical Monument.)

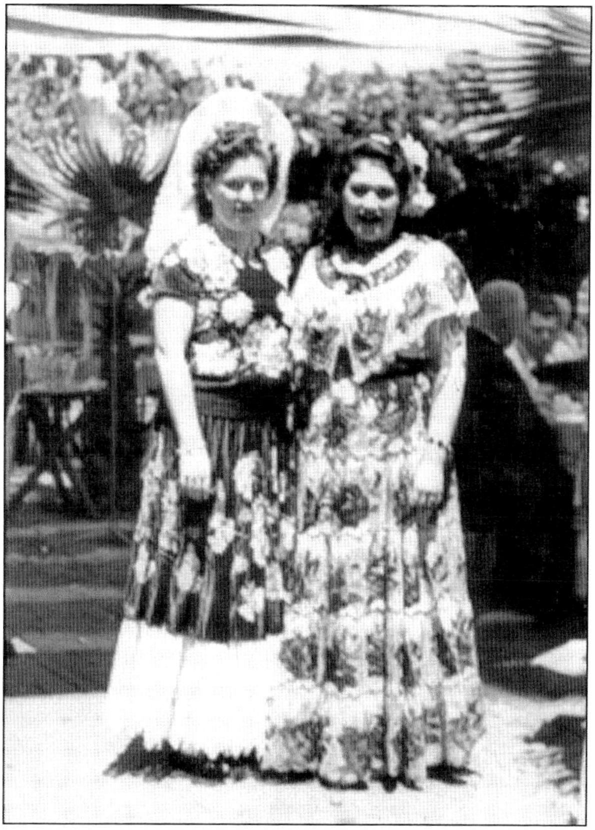

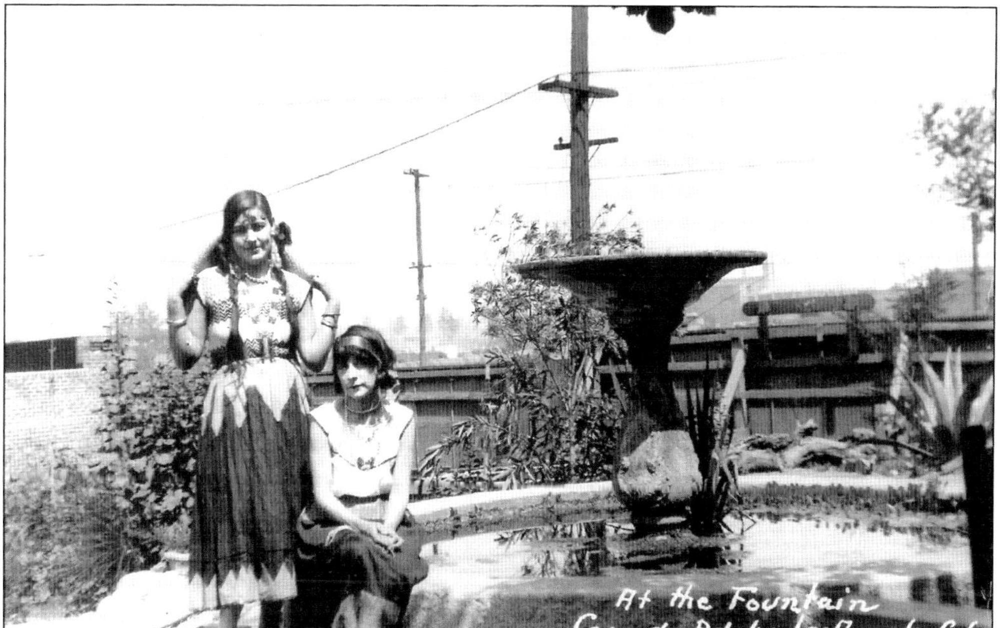

Las postales de la temprana Olvera Street atrajeron a millones de turistas en búsqueda de un «pedacito del antiguo México» en el centro de Los Angeles. (Cortesía de El Pueblo Historical Monument.)

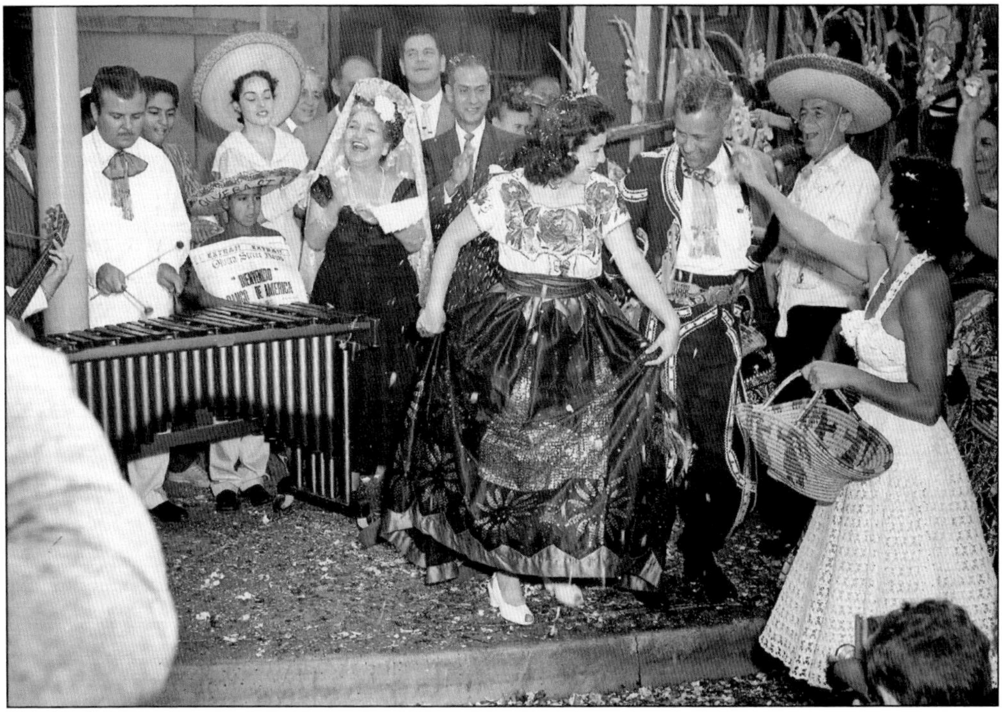

Simpson/Jones Building fue construido en 1888 para albergar maquinistas, fontaneros, y personas de otros oficios. En 1960, el edificio se convirtió en una sucursal de Bank of America. Conduciendo la ceremonia a finales de la década de 1950 para esta nueva era en el desarrollo de El Pueblo Monument están Consuelo Castillo de Bonzo y el miembro del Consejo de la Ciudad de Los Angeles y futuro miembro del Congreso de los EE.UU., Edward R. Roybal (centro), quienes miran como Mario y Belle Valadez celebran con un tradicional baile mexicano. Hoy en día la sección este del edificio es el hogar del restaurante La Luz del Día, propiedad de la familia Berber en W-1 Olvera Street. (Cortesía de El Pueblo Historical Monument.)

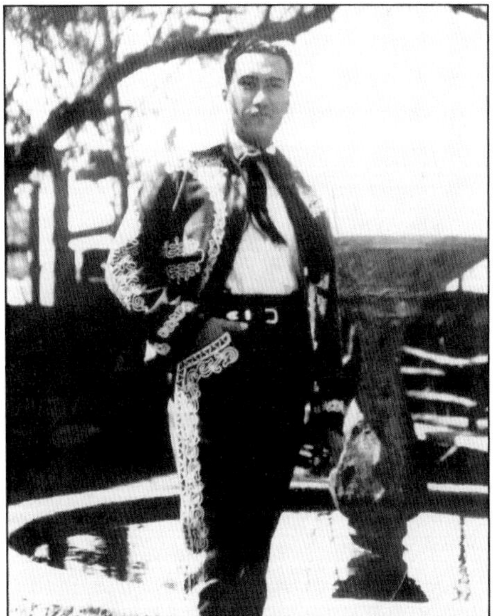

Benjamín «Tony» Sousa, comerciante de toda la vida en Olvera Street (1918–2002), nació en Guadalajara, Jalisco, México, y vino a Los Angeles en 1926. La familia finalmente se asentó en Michigan Avenue en Boyle Heights. Después de que su padre volviera a México, su madre, Romualda Sousa, empezó un pequeño negocio en Olvera Street. Tony trabajó con su madre y finalmente inició su propio negocio. Se hizo bien conocido por sus famosas miniaturas. Después de regresar de luchar por su país durante la Segunda Guerra Mundial, retomó su negocio. Actualmente, bajo la conducción de su hija Conchita Sousa, Casa de Sousa es un popular café. (Cortesía de El Pueblo Historical Monument.)

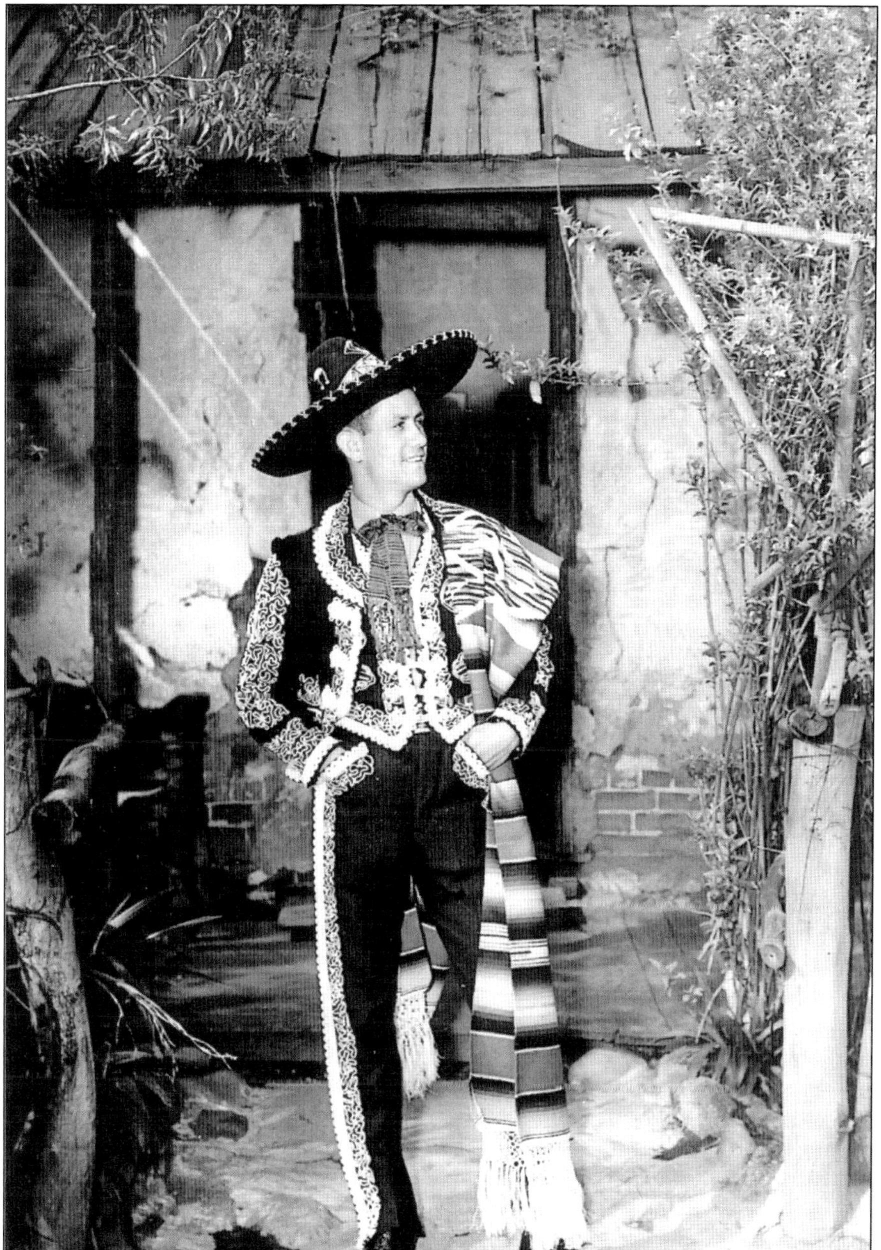

Mario Valadez (1906–1989) nació en Gómez Palicio, Durango, México. El vino a Los Angeles en 1926 y encontró trabajo como un limpiador de ventanas mientras asistía a la escuela nocturna para aprender ingles. Entonces fue contratado por Spanish Academy como profesor y traductor de español. Sus clases se volvieron tan populares en la ciudad que se decidió a publicar un libro, *Learn Spanish Pronto*, que vendió más de 250,000 copias. Poco después de que en 1930 se inaugurara Olvera Street, el gobierno mexicano le pidió que se hiciera cargo de su oficina de turismo en la calle. El aceptó el trabajo y decidió combinar el servicio turístico con sus clases de español. Una de sus primeras estudiantes fue Christine Sterling. Más tarde él se volvería su asistente y traductor por muchos años. (Cortesía de El Pueblo Historical Monument.)

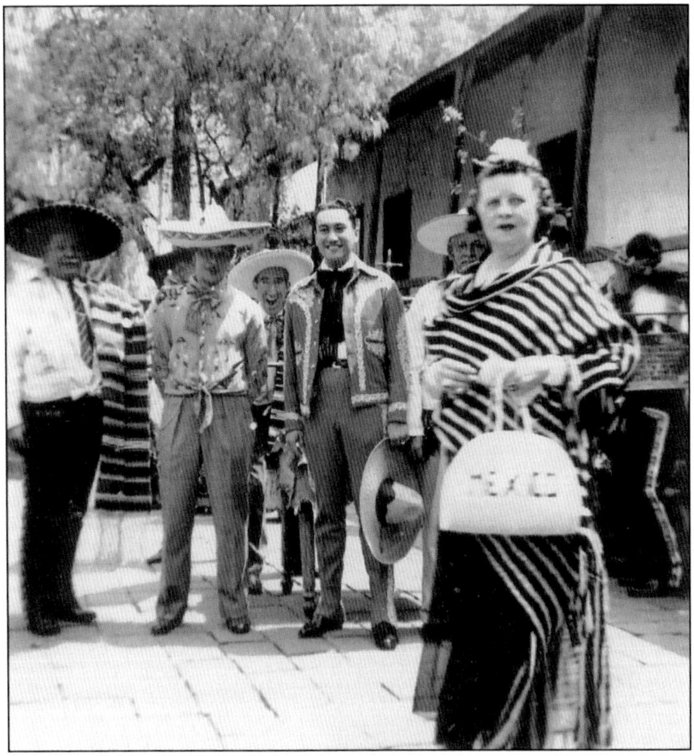

En esta fotografía de la década de 1930, Christine Sterling posa en un colorido traje mexicano mientras Benjamín «Tony» Sousa (parado al medio) y otros comerciantes la miran. (Cortesía de El Pueblo Historical Monument.)

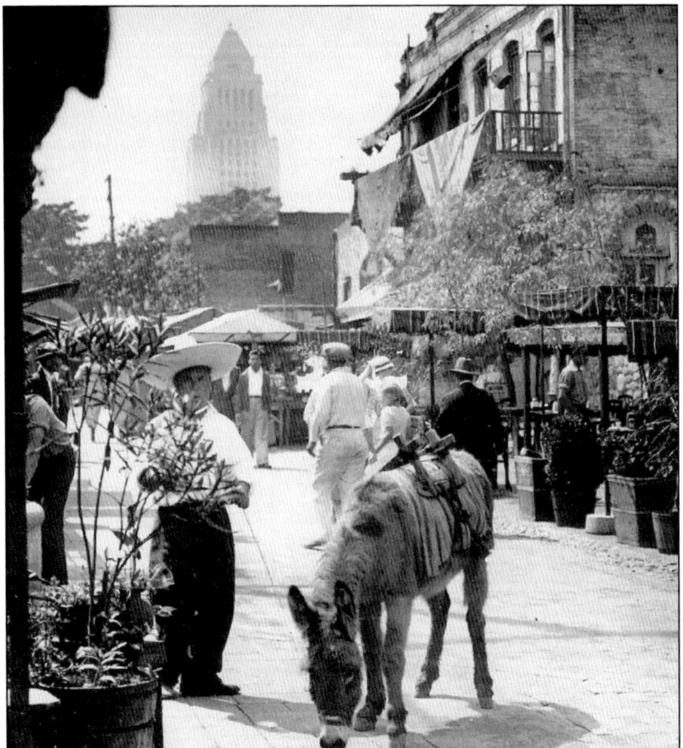

Durante los primeros años, la fotografía más popular de Olvera Street era tomada sobre un auténtico burro. Hoy en día la familia Hernández tomará su fotografía sobre «Jorge», su famoso burro disecado a la entrada de Olvera Street. (Cortesía de El Pueblo Historical Monument.)

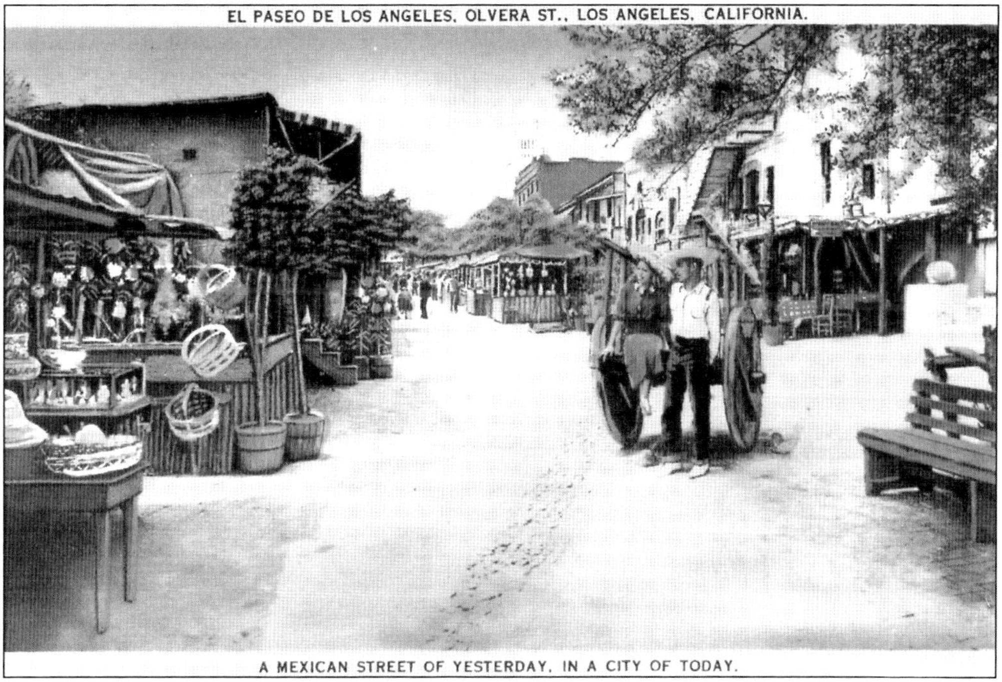

Una postal de fines de la década de 1930 muestra a Olvera Street. (Cortesía de El Pueblo Historical Monument.)

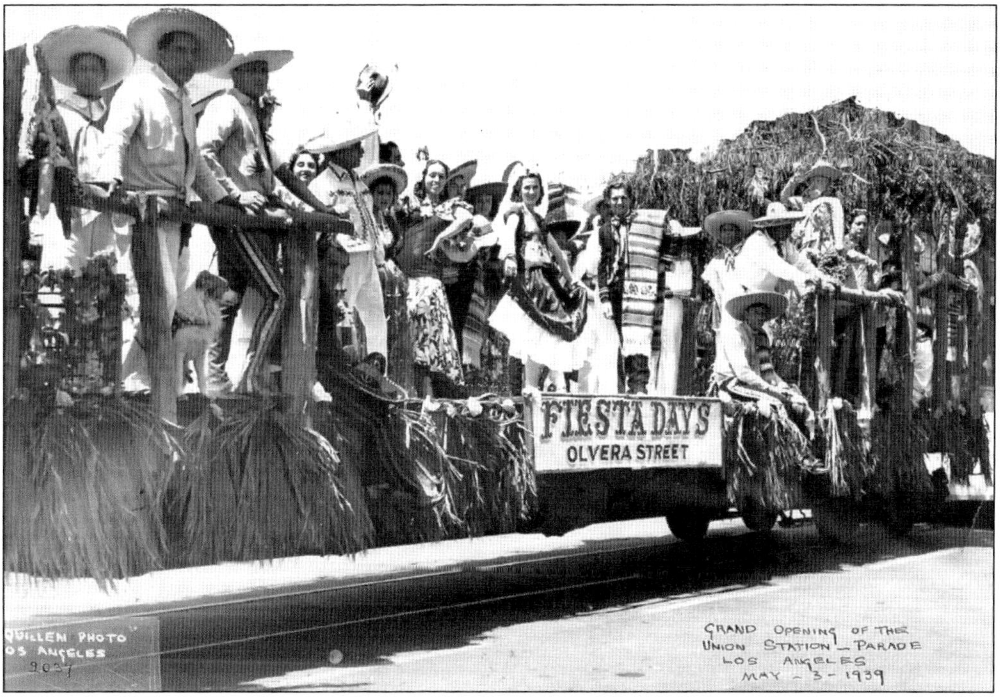

Christine Sterling siempre se cercioró de que los comerciantes representaran a Olvera Street en los importantes acontecimientos cívicos. En 1939, una carroza oficial de Olvera Street participó en la inauguración de Union Station en un desfile que fue visto por alrededor de 500,000 personas. (Cortesía de El Pueblo Historical Monument.)

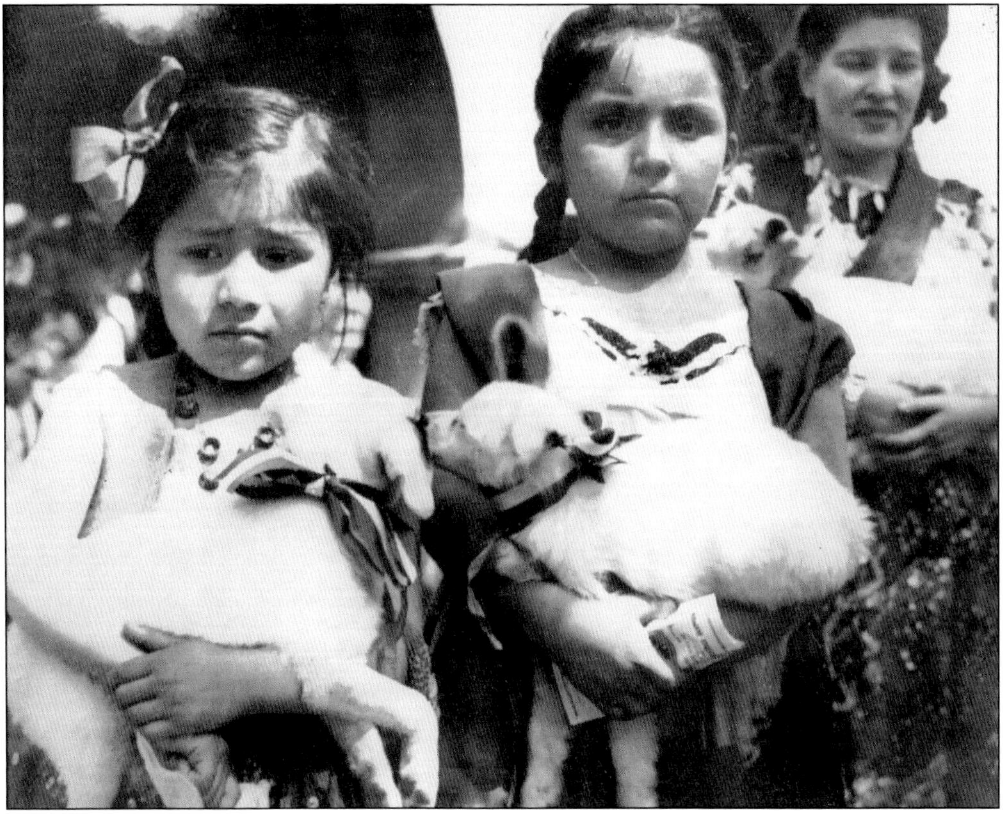

Como lo era en 1940, la Bendición de los Animales en Olvera Street es un momento para los niños y sus mascotas de todos los tipos y tamaños. (Cortesía de El Pueblo Historical Monument.)

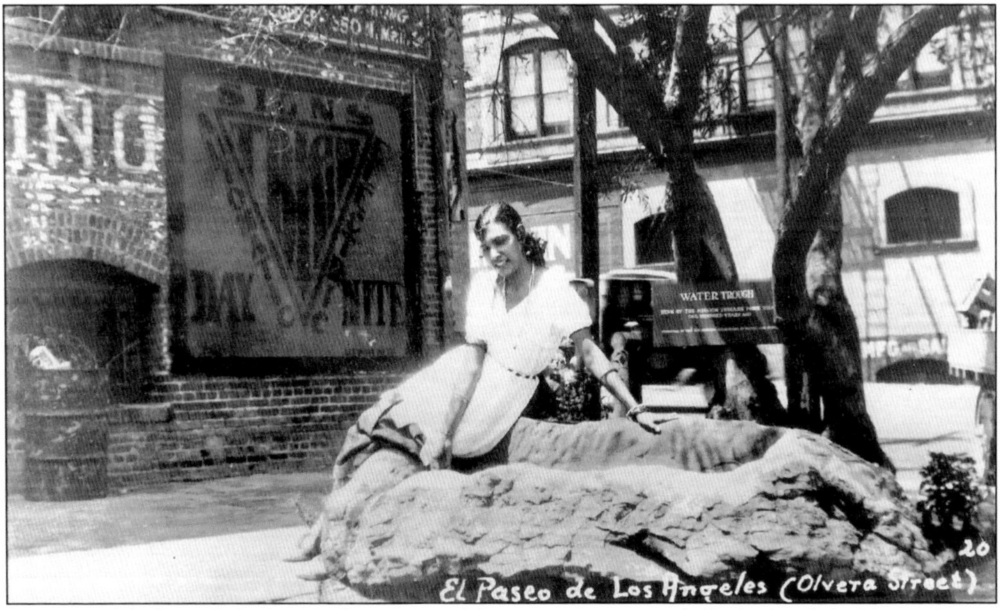

Una postal de fines de la década de 1930 en el famoso Water Trough (Bebedero) de Olvera Street. (Cortesía de El Pueblo Historical Monument.)

Tres

Los años dorados de Olvera Street

Olvera Street progresó lentamente durante sus primeros años. Era la época de la gran depresión, cuando millones de norteamericanos estaban sin trabajo y en la beneficencia pública. La plaza continuó siendo un lugar de reunión para ejercer la libertad de expresión y para la acalorada actividad política, un contraste agudo con la atmósfera festiva en Olvera Street. Aun así, Sterling y los comerciantes continuaron planeando el futuro e incluso llevaron a cabo mejoras en la calle. Los pequeños puestos, cubiertos con lona fueron substituidos gradualmente por puestos de madera que ahora funcionan en el medio de la calle.

En 1932, en medio del entusiasmo de los Juegos Olímpicos y el trauma de las deportaciones patrocinadas por el gobierno de millares de residentes mexicanos en la ciudad, muchas de las cuales sucedieron en la plaza, el muralista mexicano David Alfaro Siqueiros vino a Los Angeles. Le fue encargado un gran mural de 18 por 80 pies en la pared sur del segundo piso del Italian Hall, un edificio enorme en el extremo norte de Olvera Street. El mural fue llamado *América Tropical* y fue pensado para evocar visiones románticas de selvas, pájaros, y flores tropicales. En su lugar pintó un peón indígena atado a una cruz doble con lo que el mismo Siqueiros describió como el águila de las monedas norteamericanas posado arriba, con las garras extendidas. *América Tropical* fue pintado en un momento en que ciudadanos mexicanos e incluso algunos ciudadanos estadounidenses de descendencia mexicana estaban siendo deportados, un escenario de injusticia que sin duda impactó al artista. Las reacciones al mural fueron mezcladas. Mientras que los administradores de Olvera Street, especialmente Sterling, estaban consternados, el mundo del arte estaba entusiasmado. Desafortunadamente Siqueiros fue deportado y un tercio del mural visible desde Olvera Street fue blanqueado. La porción restante fue pintada a lo largo de los años siguientes.

Otras actividades durante esta época incluyeron los Yale Puppeteers en Sepúlveda House, donde Forman Brown y los demás titiriteros encantaron al público todas las noches. Leo Carrillo Theatre también trajo obras dramáticas en vivo a Olvera Street, en el Machine Shop Building, en donde la Casa California está ubicada actualmente. Los años 1930 fueron seguramente un tiempo en que Olvera Street creció en popularidad como un lugar histórico y turístico para residentes locales, las estrellas de cine de Hollywood, e incluso personas de renombre mundial tal como la Primera Dama de los Estados Unidos Eleonor Roosevelt, quien vino en 1939 a comprar una de las famosas velas de Olvera Street y para hacer unas pequeñas compras de navidad.

Durante la Segunda Guerra Mundial, mientras grupos numerosos de militares y civiles asaltaban a jóvenes mexicanos en el centro de la ciudad—los llamados Zoot Suit Riots de 1943—hombres y mujeres mexicano-estadounidenses sirvieron en todas las ramas de las Fuerzas Armadas y fueron una parte importante en el desarrollo de la fuerza obrera en tiempo de guerra para el país. En Olvera Street, se abrió una cantina USO en Sepúlveda House para los millares de soldados que llegaban a Union Station.

Los años de posguerra fueron marcados por una beneficiosa economía para la ciudad y para todo el país. El gasto militar de la guerra fría estimuló altos niveles de empleo y demanda del consumidor. En los años 1950, debido al periodo de guerra siguió la prosperidad para Olvera Street. A lo largo de este periodo, mientras el consulado mexicano, la comunidad, y los lideres empresariales tales como el Dr. Reynaldo Carreon y Consuelo Castillo de Bonzo continuaron patrocinando las tradicionales celebraciones patrióticas en la plaza (tal como el Cinco de Mayo y el Dieciséis de Septiembre, Día de la Independencia de México), Christine Sterling y su asistente Mario Valadez se encargaron anualmente de otros eventos tradicionales tales como Las Posadas, la Bendición de los Animales y el cumpleaños de la ciudad. Y en

1953, con la ayuda sus muchos adherentes y grupos históricos locales, el área de 44 acres alrededor de la plaza, la cual incluye Olvera Street, se convirtió en un California State Historic Park (Parque Histórico del Estado de California). Esta designación fue un paso importante en el futuro desarrollo y restauración del área de la plaza. En Junio de 1953, el estado y la Ciudad y el Condado de Los Angeles firmaron el primero de varios Acuerdos de Junta de Poderes. Bajo este acuerdo, las propiedades al interior del área de 44 acres señalado como State Historic Park (Parque Histórico del Estado) debían ser adquiridas a través del derecho de expropiación. El estado otorgo US$750,000, los cuales fueron igualados por la ciudad y el condado en donde cada uno proveyó US$375,000. En 1954, una nueva corporación fue formada para administrar Olvera Street. La organización lucrativa original de Harry Chandler, Plaza de Los Angeles Incorporated (Plaza de Los Angeles Sociedad Anónima) fue reemplazada por una organización sin fines lucrativos, El Pueblo de Los Angeles Corporation (Corporación El Pueblo de Los Ángeles). En 1955, el estado realizó un contrato con la Ciudad y el Condado de Los Angeles por la administración del parque y para el desarrollo de un plan maestro. El Estado también aprobó un nuevo acuerdo por el cual Los Angeles Department of Recreation and Parks (Departamento de Recreación y Parques de Los Ángeles) administraría el parque, mientras El Pueblo de Los Angeles Corporation continuaría la administración de Olvera Street. Mientras tanto la ciudad sufriría un periodo de cambios dramáticos.

Para el final de la década, el rápido desarrollo urbano, marcado por las nuevas autopistas y los imponentes rascacielos, transformó mucho el centro de Los Angeles. Expropiación, lo cual es el derecho legal del gobierno de adquirir propiedades privadas para uso público, desarraigó del centro de la ciudad a comunidades de Chavez Ravine y Bunker Hill. Desde 1938, Christine Sterling había sido enlistada en el directorio de la ciudad como una residente de 935 Chavez Ravine Road. Por lo tanto, cuando los avisos de desalojo de la ciudad fueron publicados, ella perdió su pequeña casa en Chavez Ravine, junto con varias familias mexicanas e italianas, quienes fueron forzadas a salir de sus vecindarios para la construcción del Dodger Stadium. Ella se mudó a Avila Adobe—la casa que ella había rescatado años atrás ahora le ofreció refugio. Pero como la edad y la salud la estaban afectando, ella le cedió su autoridad a Mario Valadez, quien por muchos años le había asistido diariamente en la administración de los asuntos de negocios de Olvera Street.

En la mañana del 21 de Junio de 1963, Christine Sterling murió a la edad de 82 años mientras dormía en el antiguo Avila Adobe—un final apropiado para una vida notable que fue inspirada y transformada por la humilde estructura que ella encontró por primera vez en 1926. ¿Quien olvidará a la «Madre de Olvera Street», que dedicó mucha de su vida a ayudar a Los Angeles a recuperar su historia olvidada?

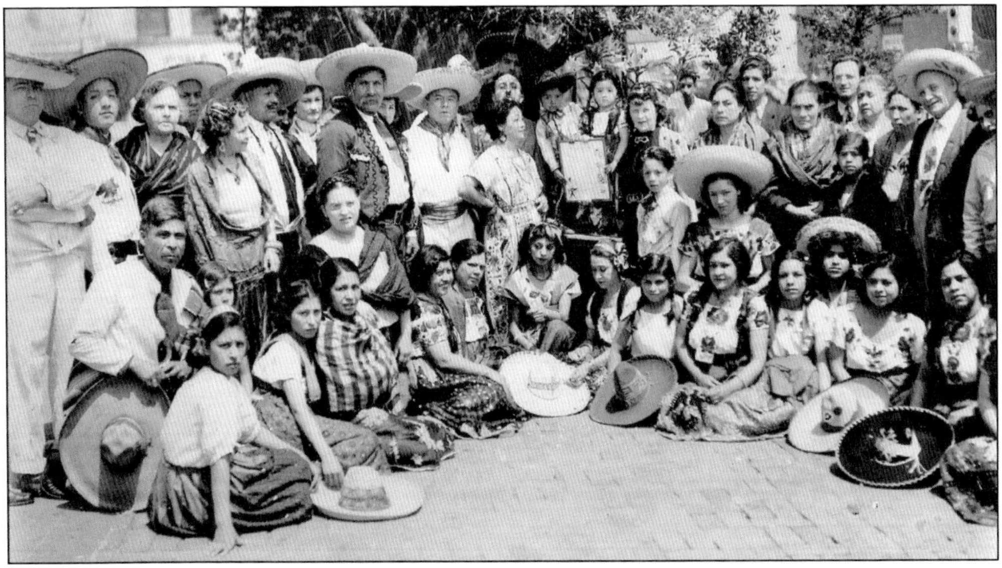

A principios de los años 1940, comerciantes de Olvera Street, con Christine Sterling (al centro), posan para una fotografía grupal. (Cortesía de El Pueblo Historical Monument.)

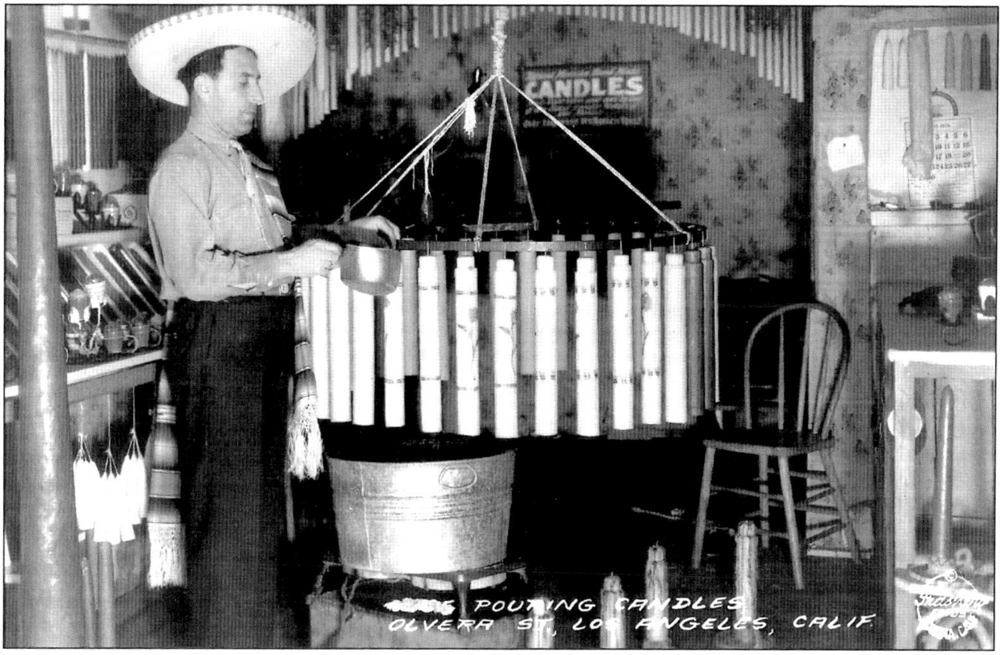

Francisco «Pancho» González era un famoso fabricante de velas en Olvera Street. En la actualidad, Robert y Gayle González están encargados del negocio familiar bajo el nombre de Valeria Candles, ubicado en W-14 Olvera Street. (Cortesía de El Pueblo Historical Monument.)

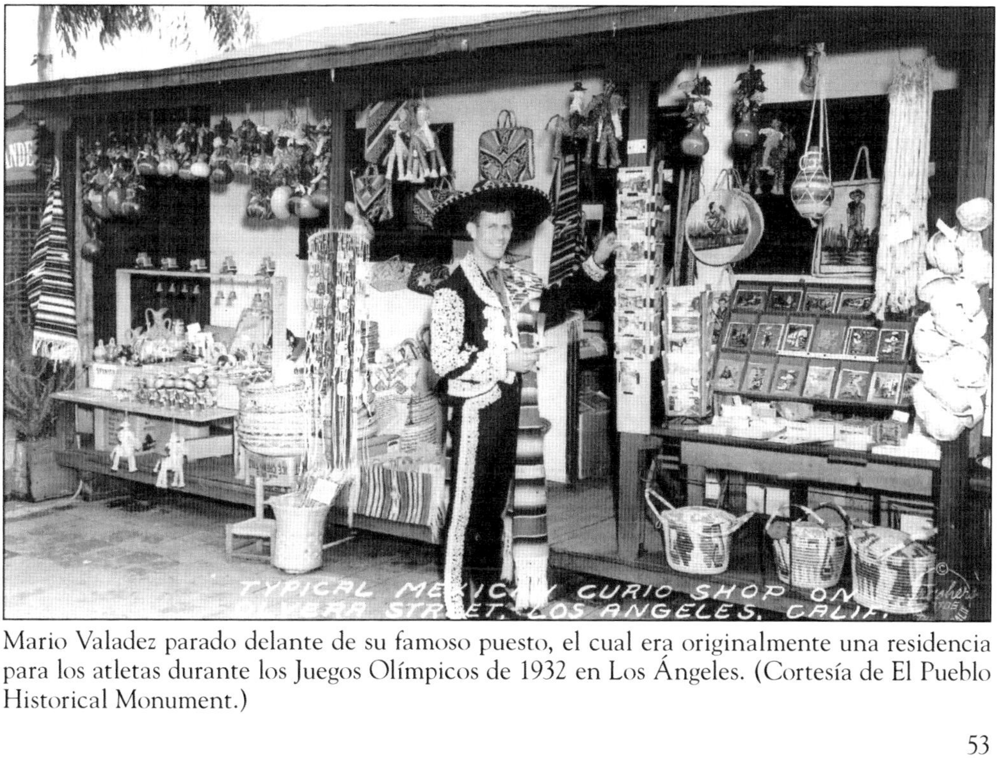

Mario Valadez parado delante de su famoso puesto, el cual era originalmente una residencia para los atletas durante los Juegos Olímpicos de 1932 en Los Ángeles. (Cortesía de El Pueblo Historical Monument.)

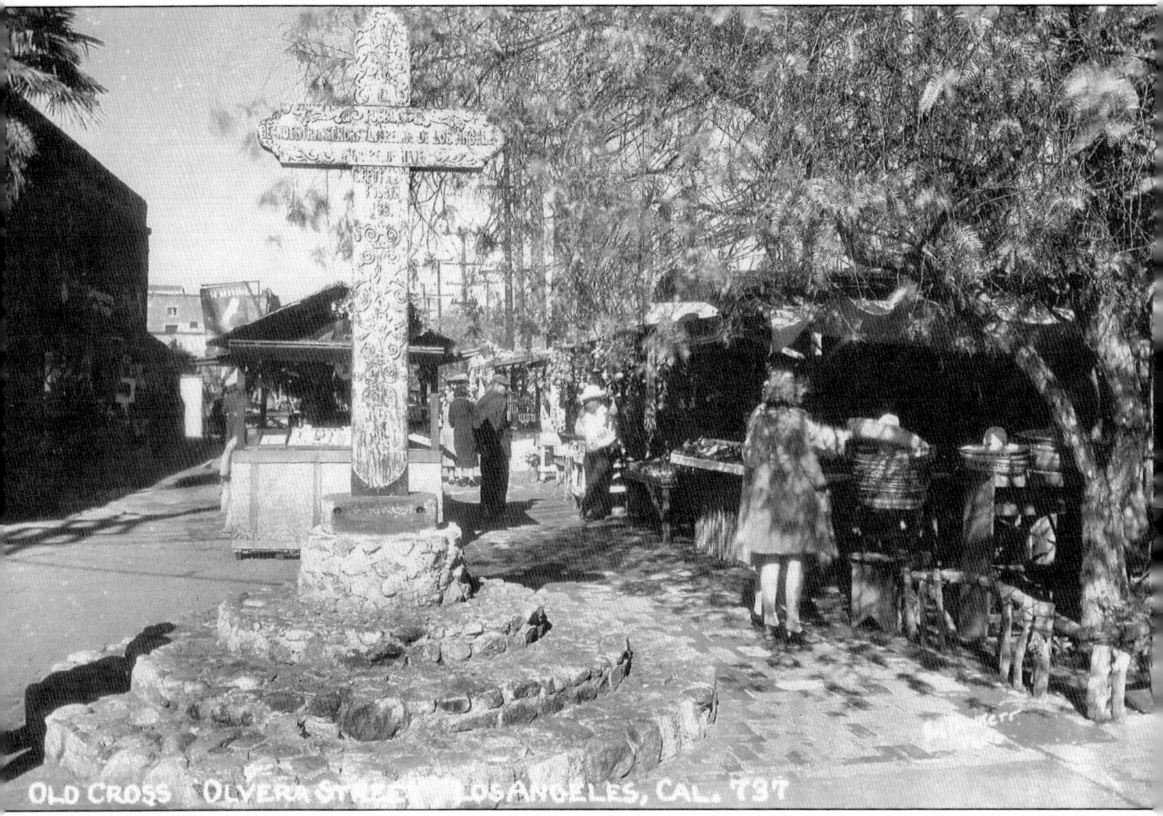

Esta postal de los años 1940 de Olvera Street mira al norte desde la cruz de madera. Hoy, la mujer que mira sombreros en esta postal estaría delante del concurrido puesto de Augusto Godoy en E-2 Olvera Street y ella estaría comprando hermosas carteras, cinturones, y otros artículos de cuero. (Cortesía de El Pueblo Historical Monument.)

Irónicamente, esta portada de *La Opinión* de Febrero de 1931, el principal periódico en español de la ciudad, reporta que mientras Olvera Street estaba celebrando su primer año como la atracción turística más popular de la ciudad, residentes mexicanos estaban siendo arrestados y deportados desde la plaza, a solo unos pasos del nuevo parque temático que precede a Disneylandia por 25 años. (Cortesía de *La Opinión*.)

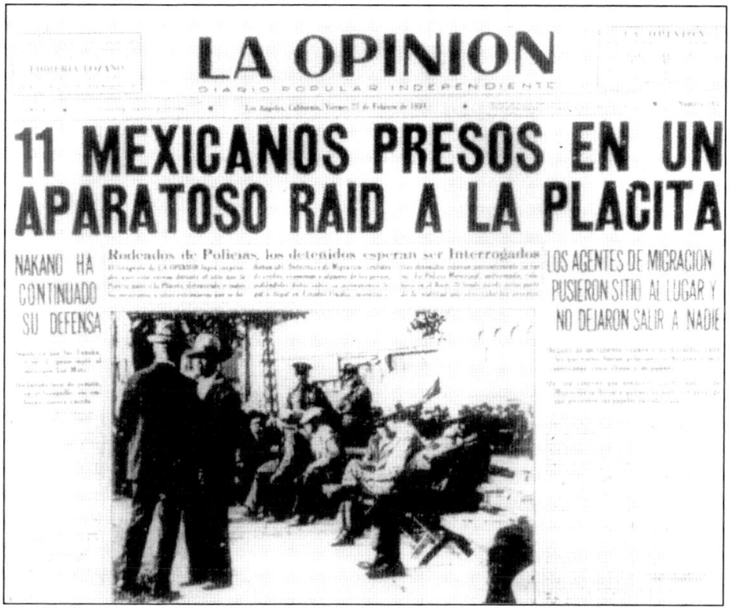

LA OPINION

DIARIO POPULAR INDEPENDIENTE

11 MEXICANOS PRESOS EN UN APARATOSO RAID A LA PLACITA

NAKANO HA CONTINUADO SU DEFENSA

Rodeados de Policías, los detenidos esperan ser Interrogados

LOS AGENTES DE MIGRACION PUSIERON SITIO AL LUGAR Y NO DEJARON SALIR A NADIE

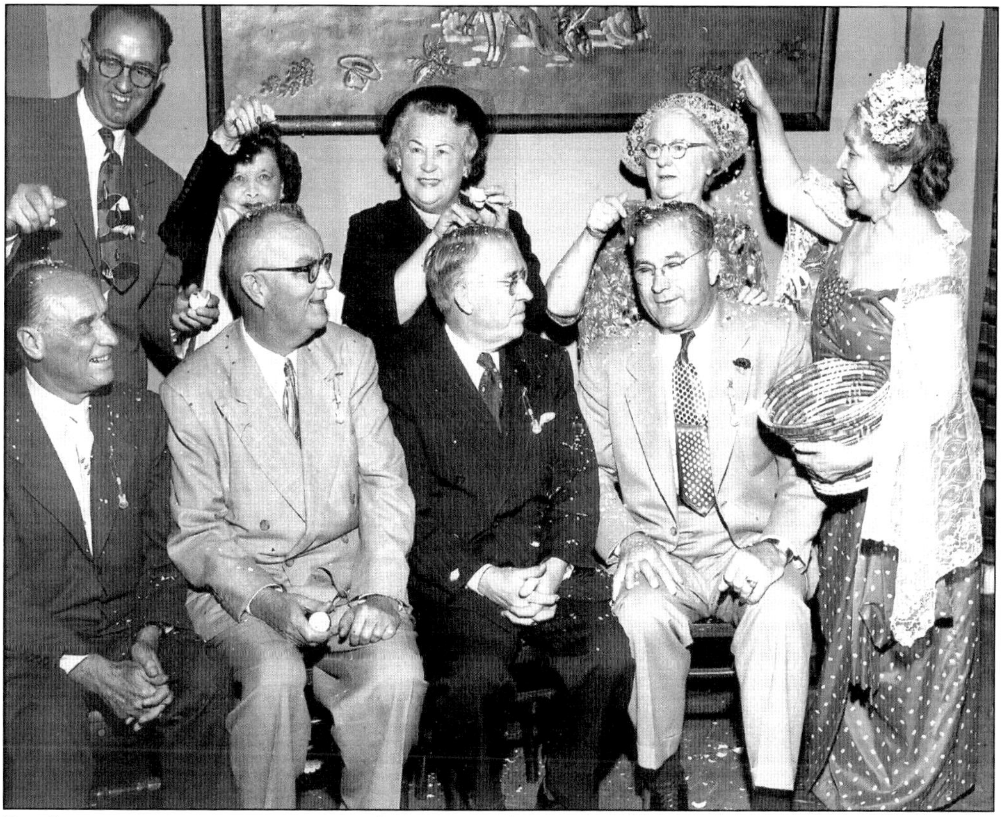

Desde su primera reunión en 1929, Christine Sterling y Consuelo de Bonzo sabían como encantar a las nuevas autoridades electas para ganar apoyo para Olvera Street. (Cortesía de El Pueblo Historical Monument.)

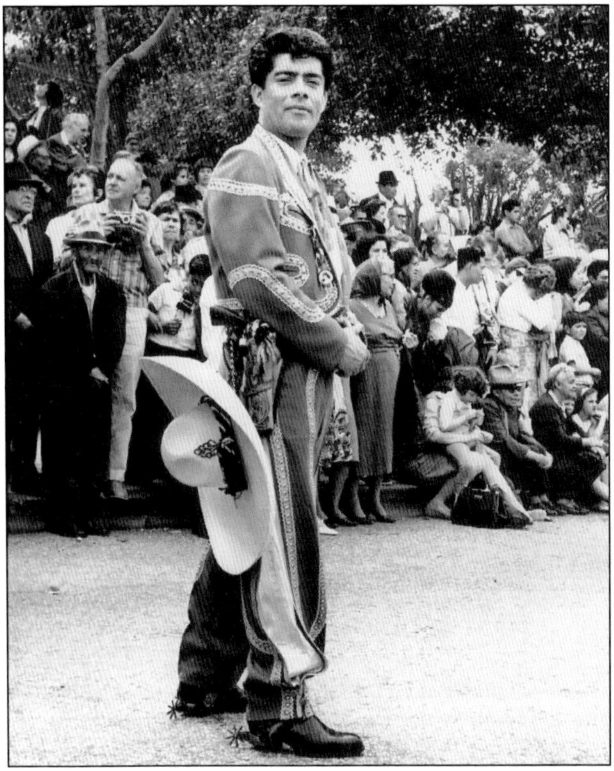

El atractivo Mike García, hijo de Carmen García, empezó como lustrabotas en Olvera Street. Hoy con su esposa Norma, y su hija Valerie García Hanely, es el dueño de Casa California, ubicada en W-10 Olvera Street. (Cortesía de El Pueblo Historical Monument.)

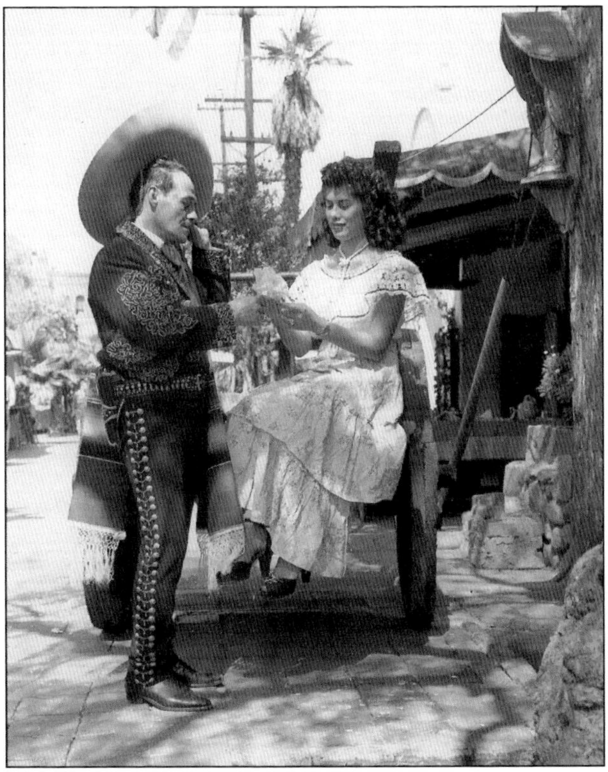

Arcadio Santana y Margarita García posan para una cámara fotográfica en los años 1940. Hoy el recuerdo de Margarita es continuado por su hija Emily Ramos Martínez y su yerno Peter Martínez en el popular puesto que lleva su nombre en C-7 Olvera Street. (Cortesía de El Pueblo Historical Monument.)

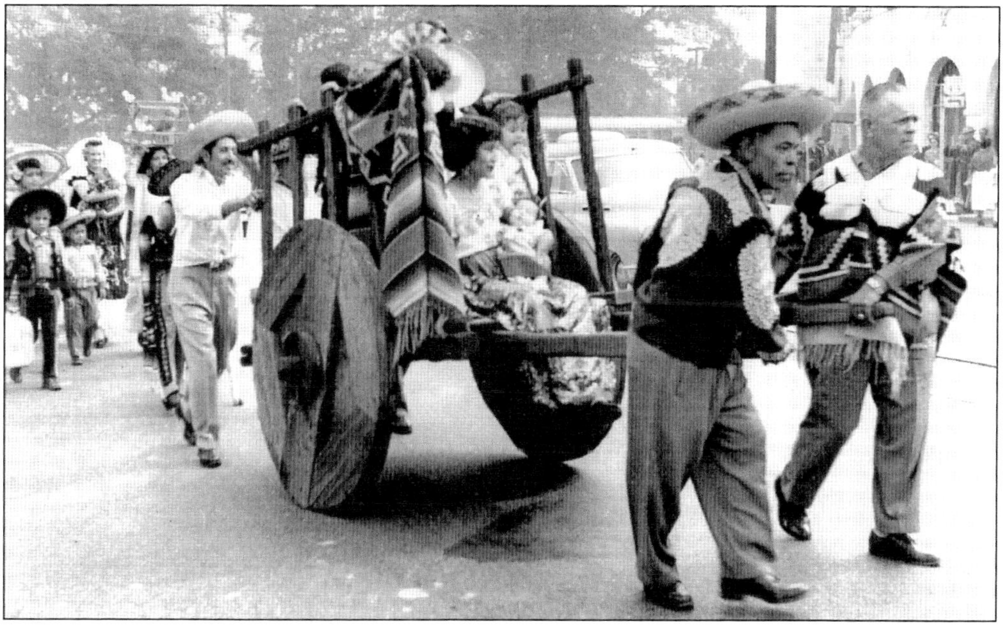

Los comerciantes de Olvera Street orgullosamente muestran su cultura en un desfile de los años 1940 para la Bendición de los Animales alrededor de la plaza. (Cortesía de El Pueblo Historical Monument.)

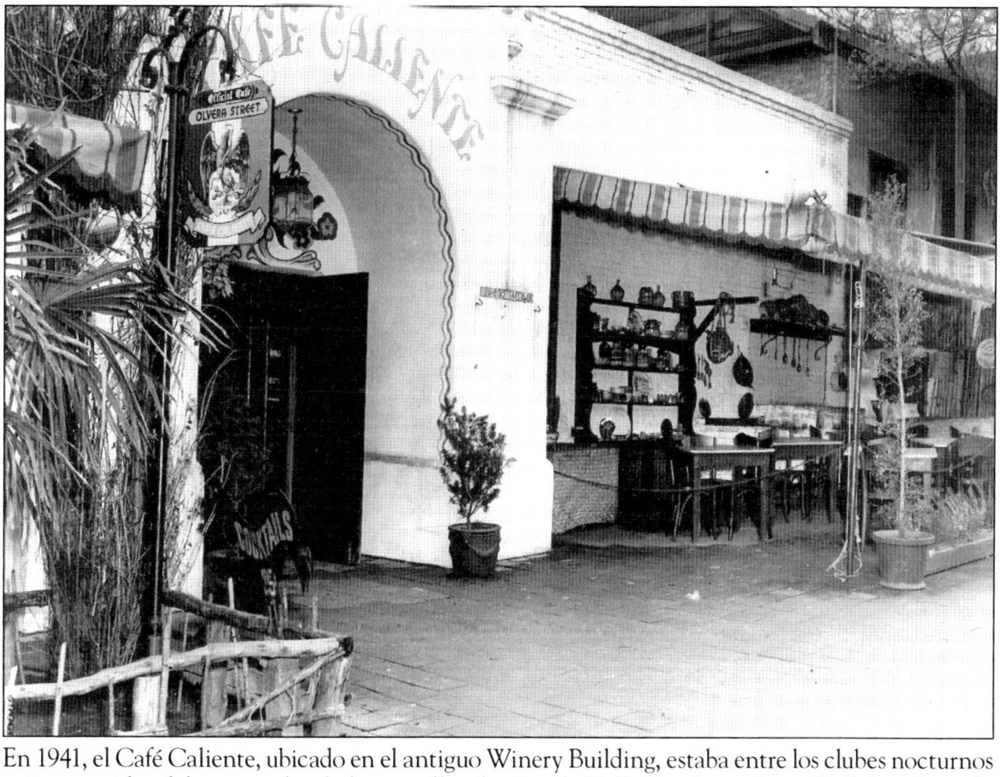

En 1941, el Café Caliente, ubicado en el antiguo Winery Building, estaba entre los clubes nocturnos más conocidos del centro, donde las estrellas de cine de Hollywood cenaban y bailaban hasta la madrugada. Hoy es el hogar para el popular El Paseo Inn Restaurant de Andy Camacho. (Cortesía de El Pueblo Historical Monument.)

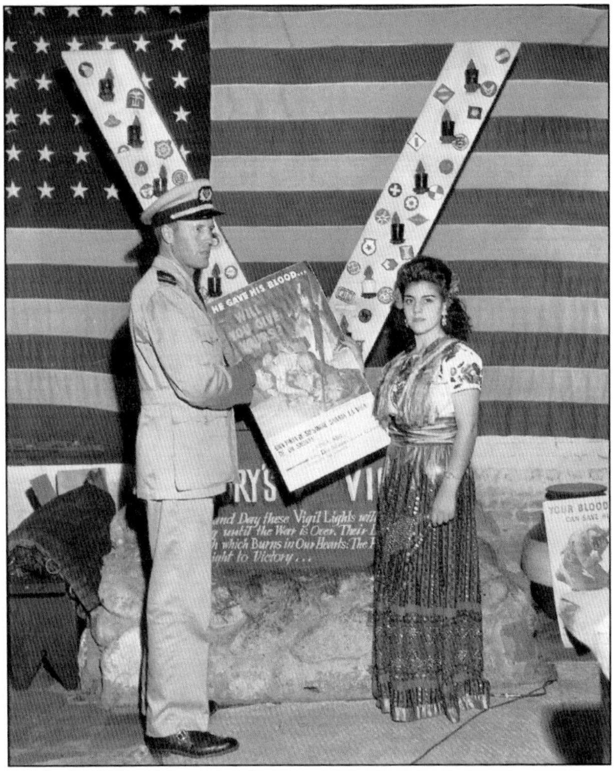

Durante la Segunda Guerra Mundial, la cantina USO de Olvera Street en Sepúlveda House fue un lugar de relajación para miles de soldados de los Estados Unidos quienes pasaban por Unión Station en su camino a los campos de batalla de Europa y del Pacifico. Esta fotografía fue tomada en 1943. (Cortesía de El Pueblo Historical Monument.)

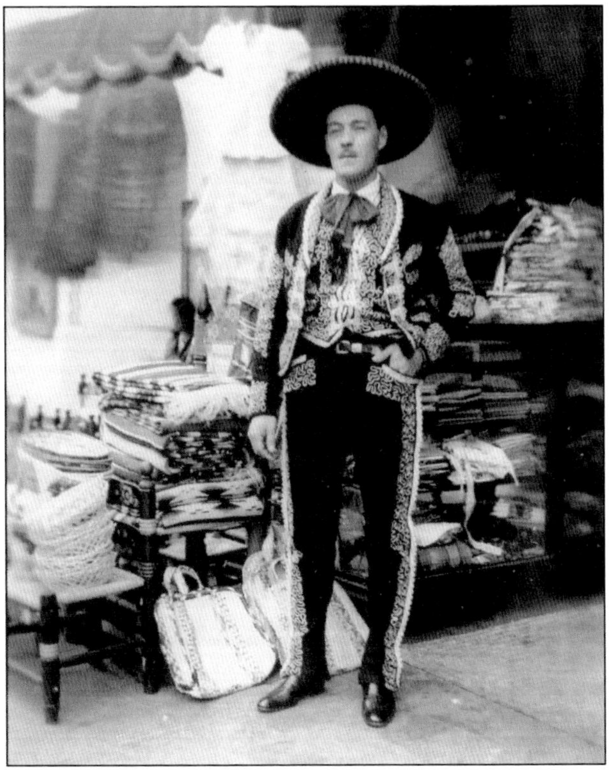

Arcadio Santana vino a Los Angeles desde México con muy poco dinero pero con mucha determinación. En esta fotografía de alrededor del año 1945, está orgullosamente vestido de Charro mexicano. (Cortesía de El Pueblo Historical Monument.)

Los comerciantes Arcadio y Lupe Santana se casaron en 1937 en Juárez, México, y vinieron a Los Angeles en 1942. Ellos inmediatamente se enamoraron de Olvera Street. En esta fotografía de 1948, ellos posan con sus dos hijos delante de Avila Adobe. (Cortesía de El Pueblo Historical Monument.)

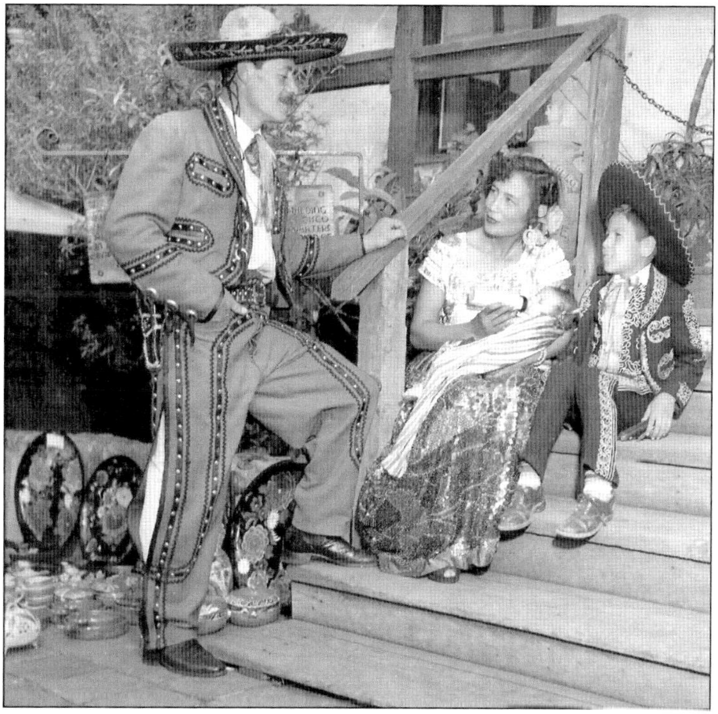

Durante los años 1940, la caña de azúcar mexicana era una golosina favorita entre los niños de Olvera Street y era vendida a solamente 5¢. (Cortesía de El Pueblo Historical Monument.)

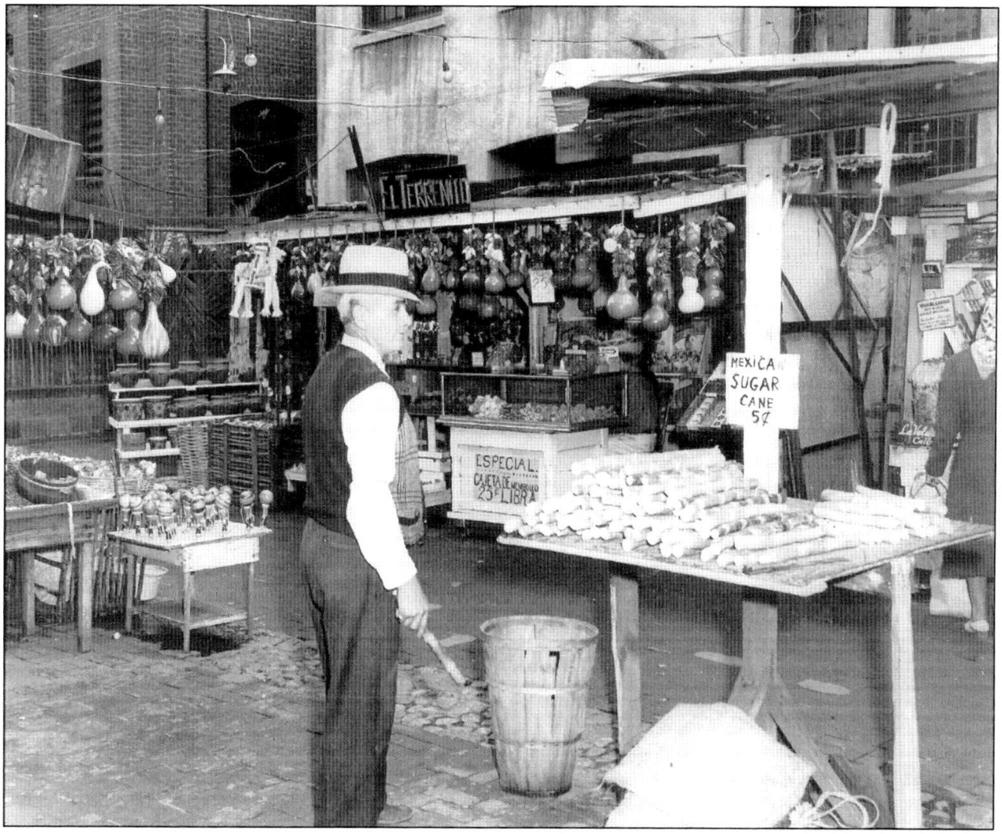

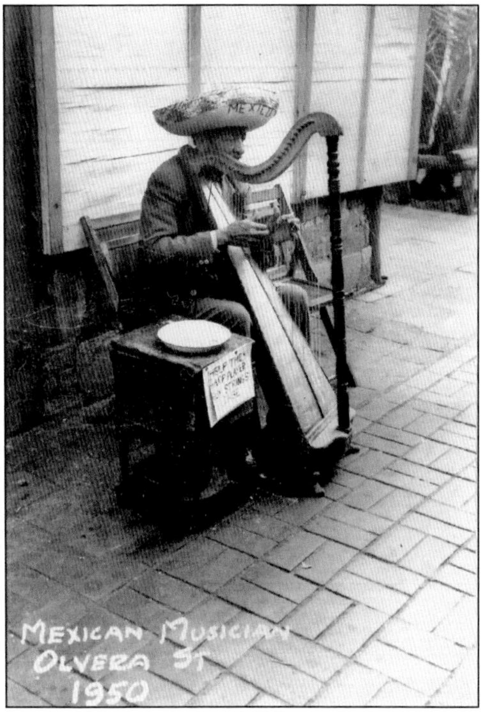

Los músicos de Olvera Street han sido una escena familiar desde los humildes comienzos de la calle en 1930. (Cortesía de El Pueblo Historical Monument.)

Olvera Street Theatre estaba ubicado en el antiguo Machine Shop Building (1910–1920) y dio alegría a miles de visitantes durante las décadas de 1940 y 1950. Hoy es el hogar para la hermosa Casa California de Mike y Norma García en W-10 Olvera Street, una de las tiendas más grandes de la calle. (Cortesía de El Pueblo Historical Monument.)

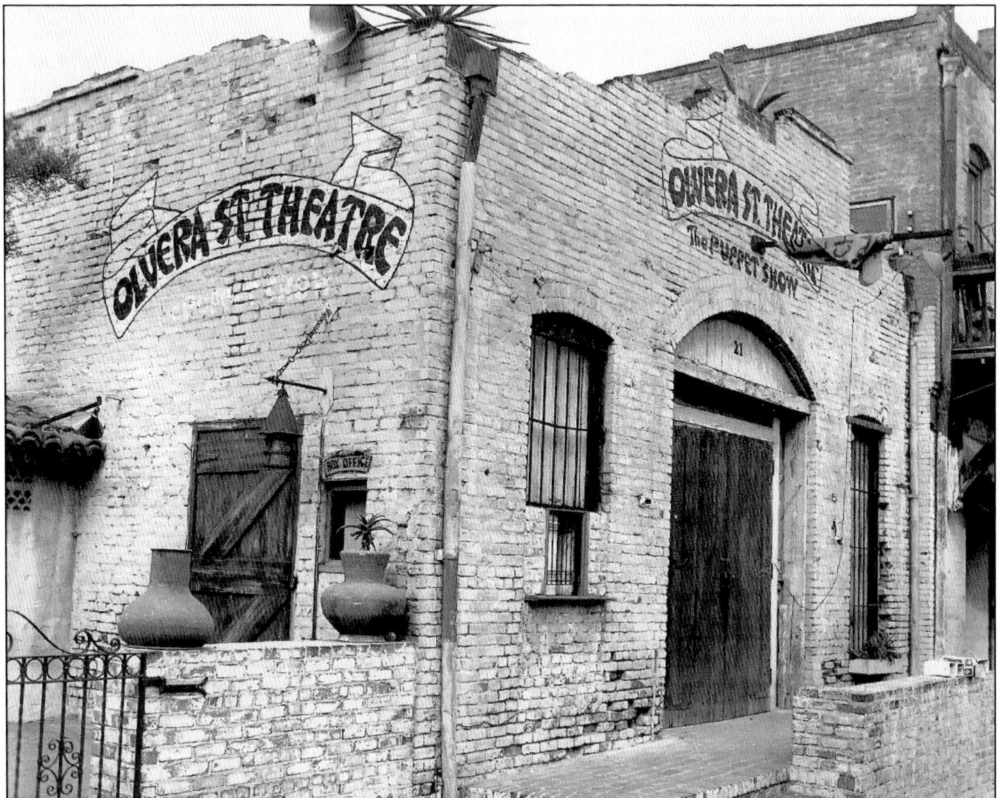

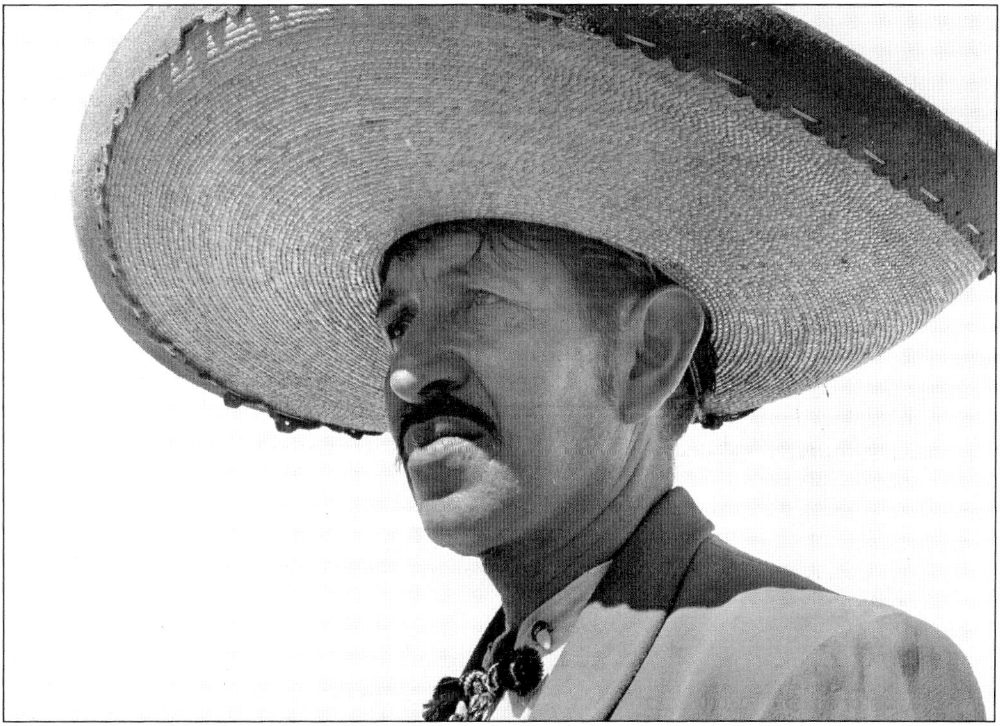

Uno de los más únicos y celebres comerciantes de Olvera Street era el famoso herrero Cruz Ledesma, alrededor del año 1970. Esta fotografía apareció en *Look Magazine*. (Cortesía de El Pueblo Historical Monument.)

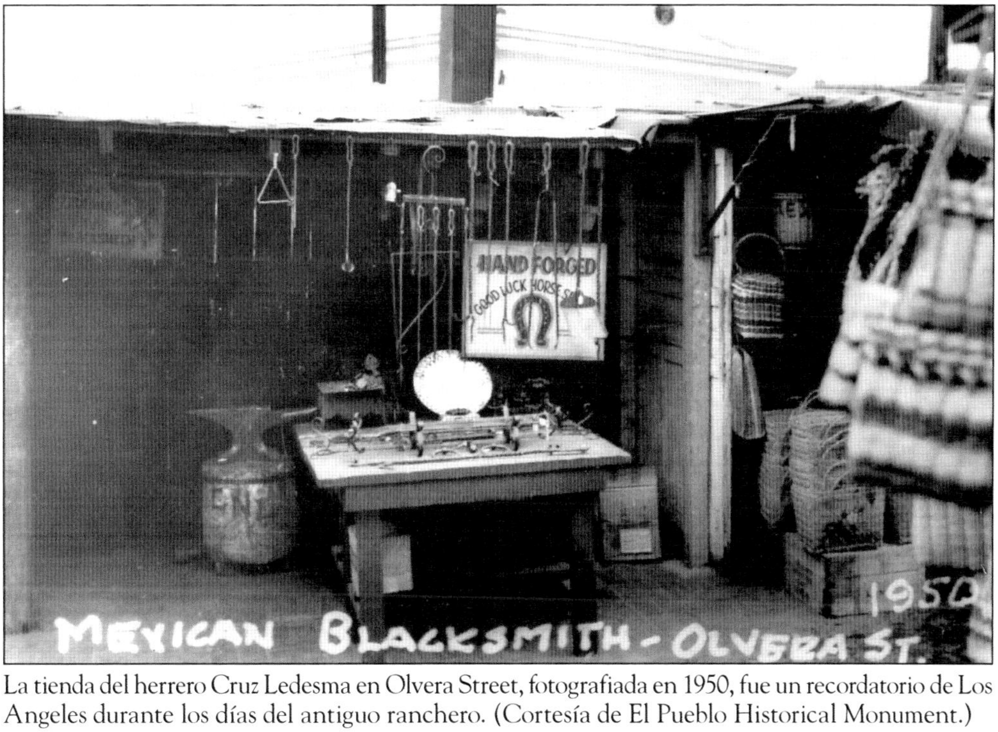

La tienda del herrero Cruz Ledesma en Olvera Street, fotografiada en 1950, fue un recordatorio de Los Angeles durante los días del antiguo ranchero. (Cortesía de El Pueblo Historical Monument.)

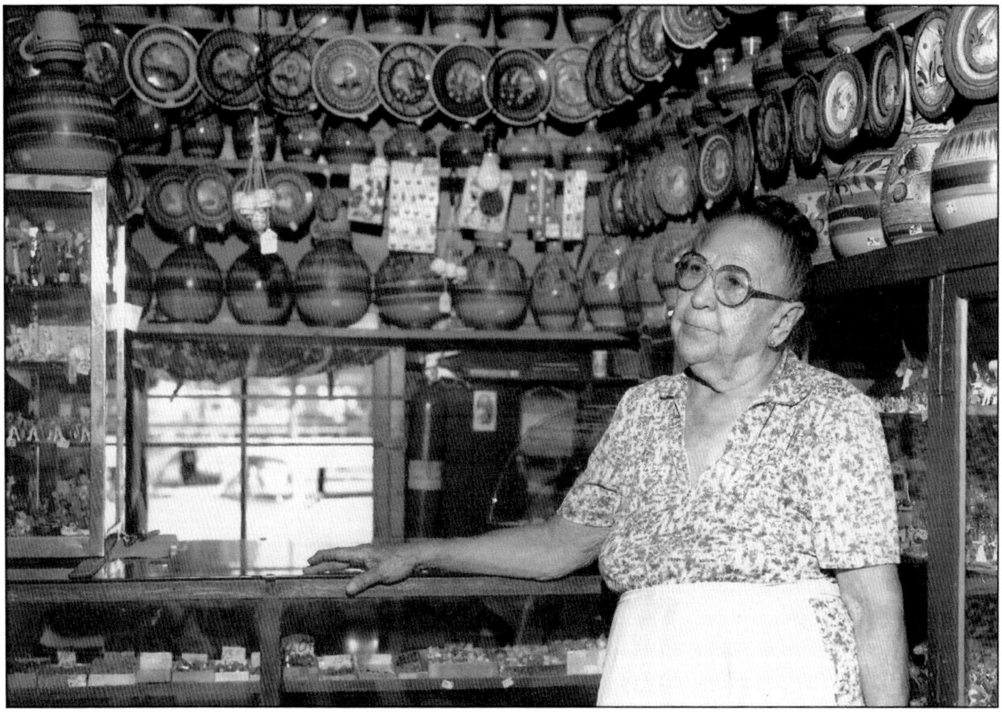

Clara Ruiz era querida por todos, especialmente por la multitud de compradores buscando la autentica cerámica mexicana en su hermosa tienda Guadalajara Curio Shop, ubicada en E-19 Olvera Street. (Cortesía de El Pueblo Historical Monument.)

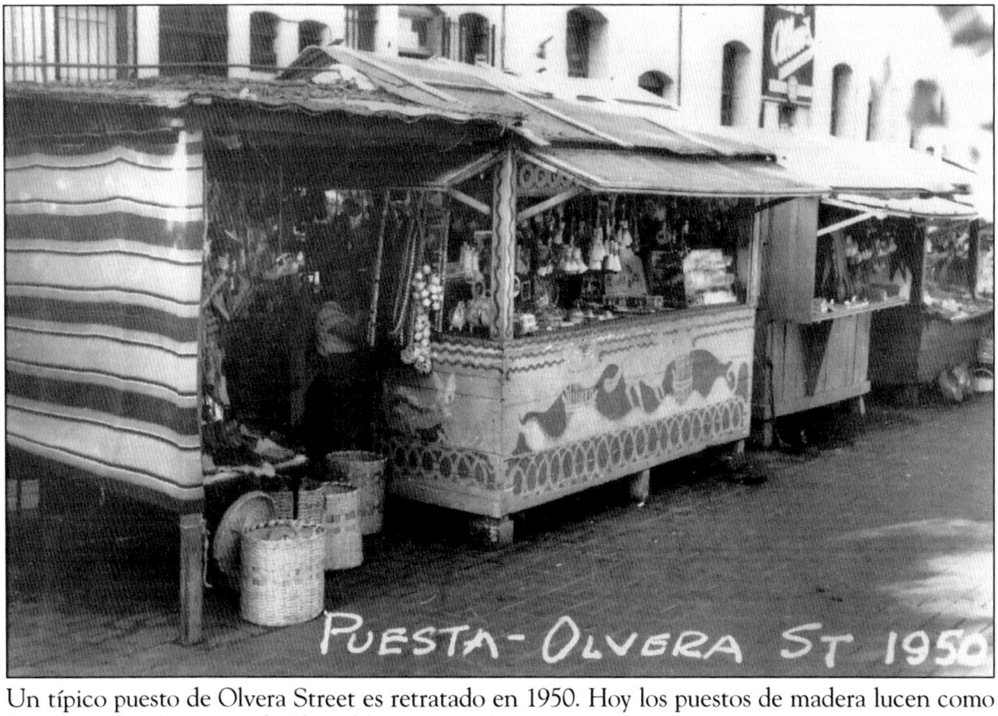

Un típico puesto de Olvera Street es retratado en 1950. Hoy los puestos de madera lucen como los originales. (Cortesía de El Pueblo Historical Monument.)

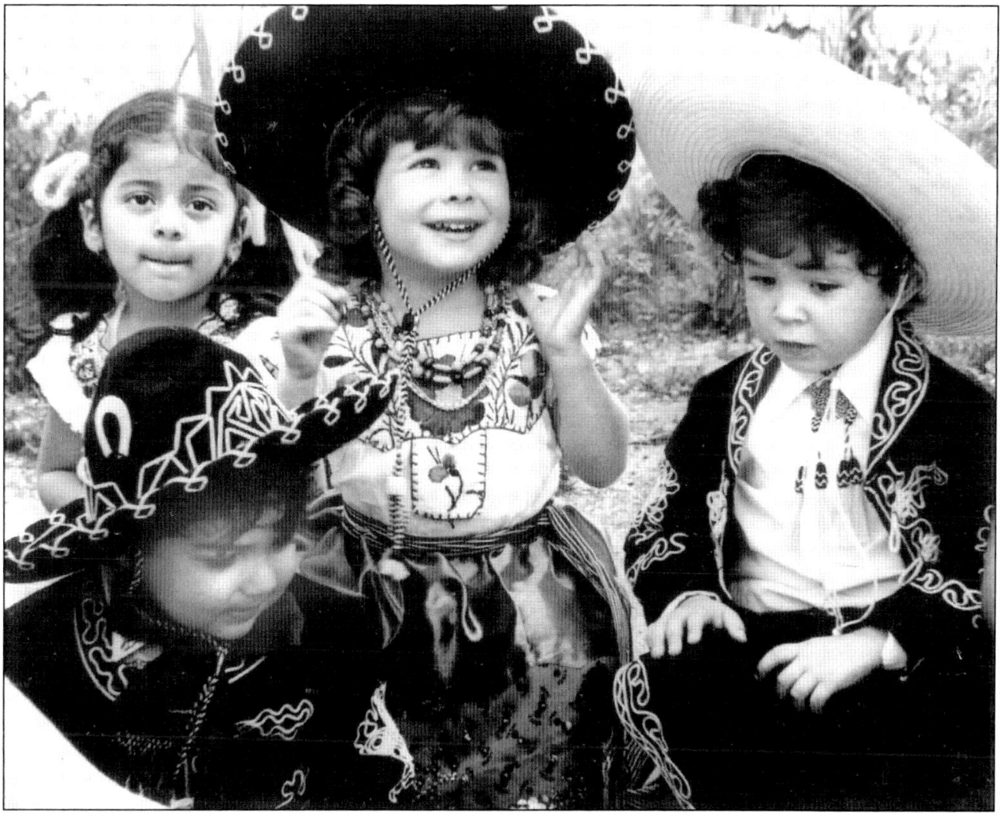

No importa en que tiempo u ocasión, Olvera Street siempre ha sido un lugar para niños. (Cortesía de El Pueblo Historical Monument.)

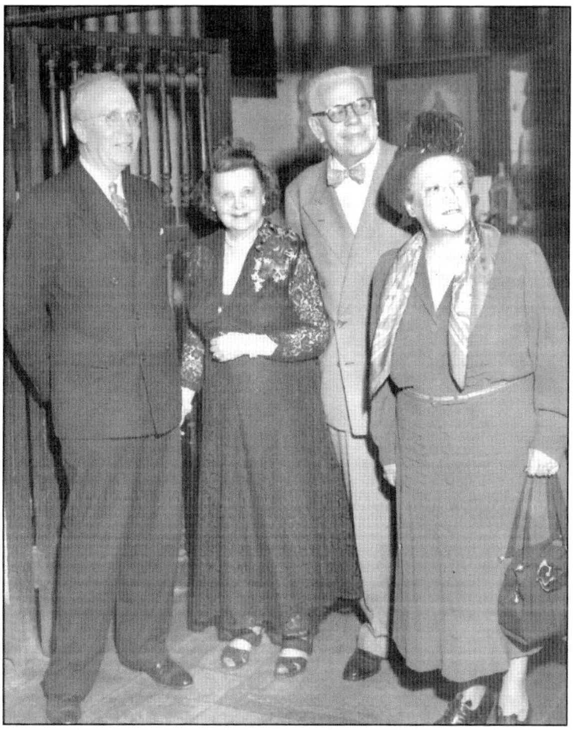

En 1953, el lugar de nacimiento de Los Angeles se convirtió en un California State Historic Park. Este fue un importante logro para el futuro de Olvera Street y para la preservación histórica del área de la plaza. Los principales adherentes para está causa fueron el Juez McIntyre Faries (a la izquierda), Christine Sterling, miembro de la asamblea de California Jonathan Hollibaugh, y Florence Dodsonde Schoneman, una descendiente de la familia Sepúlveda, la cual anteriormente fue propietaria del Rancho Los Palos Verdes. (Cortesía de El Pueblo Historical Monument.)

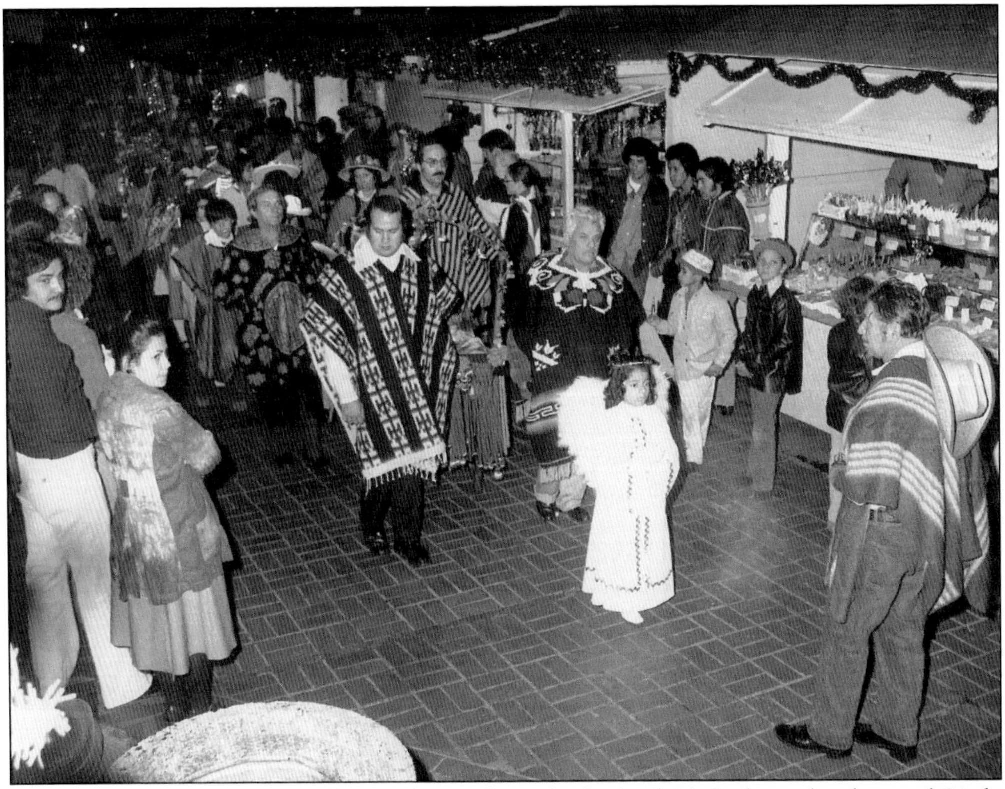

Cada año, Las Posadas, la cual se realiza cada tarde desde el 16 de diciembre hasta el 24 de diciembre, ha sido la manera en que Olvera Street trae una Navidad mexicana a Los Angeles. La procesión con luz de velas representa el viaje de nueve días de Maria y José a Belén. Incluye canto y entretenimiento. El caliente champurrado, pan dulce, y el rompimiento de la piñata con una gran cantidad de dulces en su interior son también parte de este preciado evento. (Cortesía de El Pueblo Historical Monument.)

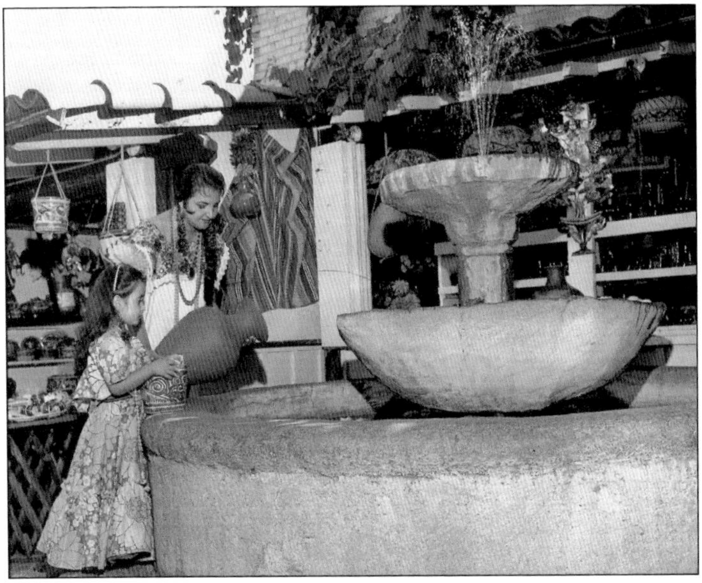

En los años 1960, la comerciante Irma Tapia y su hija Estrellita sacan agua de la fuente de Olvera Street. (Cortesía de El Pueblo Historical Monument.)

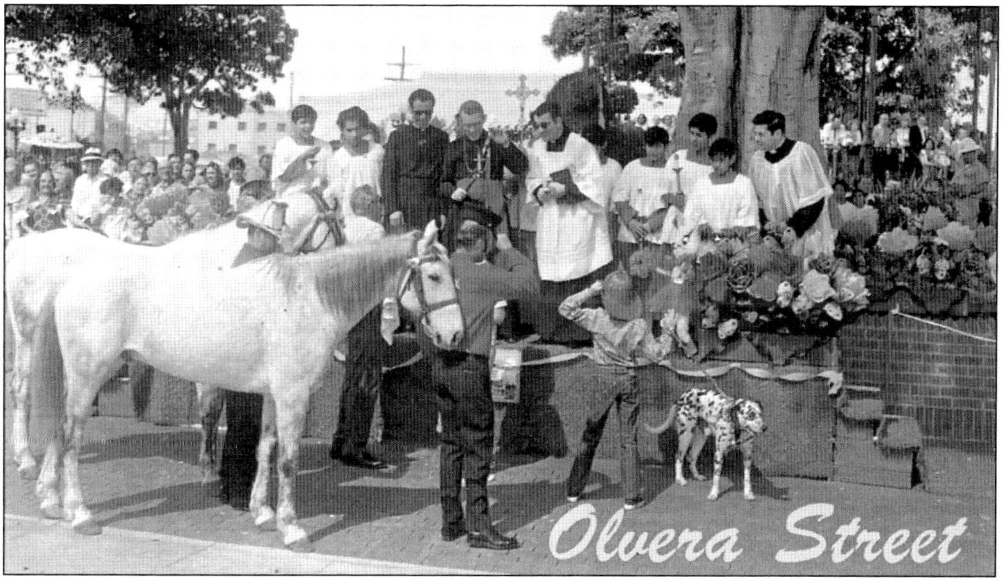

Esta postal de los años 1960 muestra la Bendición de los Animales, que se realiza cada año en Olvera Street desde 1930 el sábado antes de la Pascua de Resurrección. Es una ceremonia religiosa que algunos dicen tiene sus orígenes con San Francisco de Asís, protector de los Animales, o San Antonio Abad (San Antonio del Desierto), cada año las personas realizan un desfile y traen a sus animales y mascotas ante la presencia del padre o cura para ser bendecidos para la fertilidad y la buena salud. (Cortesía de El Pueblo Historical Monument.)

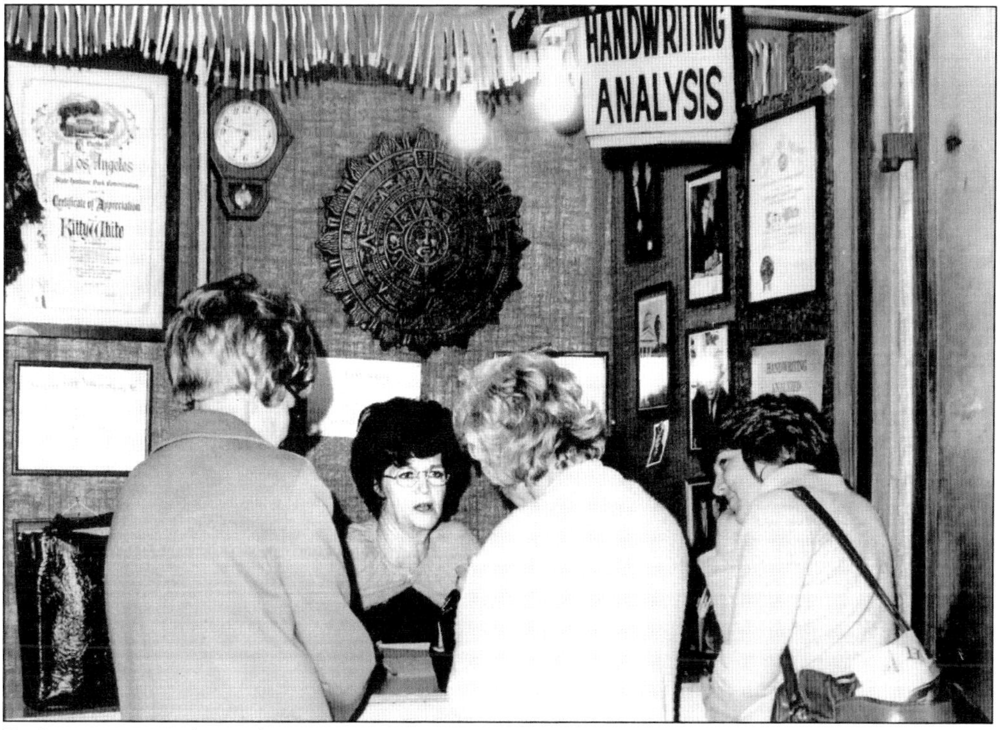

En los años 1960 la analista en escritura Kitty White, una de las preferidas de Olvera Street, fascinaba a los visitantes de todo el mundo. (Cortesía de El Pueblo Historical Monument.)

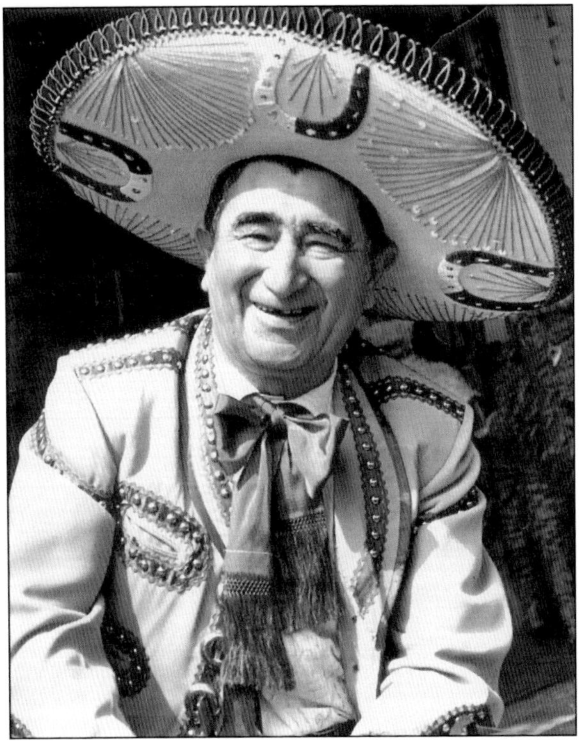

El antiguo comerciante Joe Ramos nació en 1909 en Michoacán, México, y vino a Los Angeles con su familia en 1916 para escapar de la violencia de la revolución mexicana. Recientemente jubilado después de más de 40 años en Olvera Street, donde él vendía sus famosas flores de papel y curiosos artículos mexicanos. Es conocido por todos por su gran sonrisa. (Cortesía de El Pueblo Historical Monument.)

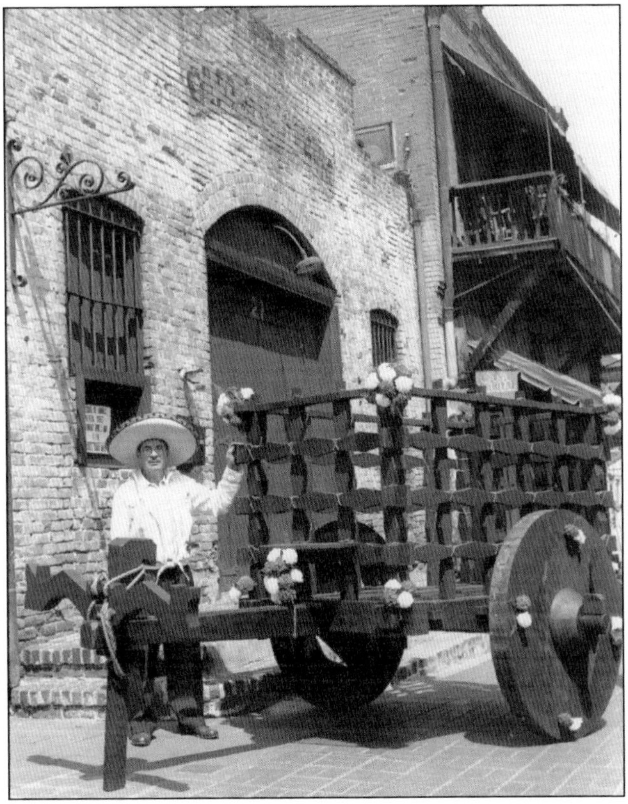

En 1961, el comerciante Nash Zamora se para orgullosamente al lado de su artesanal carreta mexicana. (Cortesía de El Pueblo Historical Monument.)

En 1949, el antiguo comerciante de Olvera Street Meloni Manzini, quien nació en Philadelphia, posa en la fuente con una empleada durante el Mardi Gras. Ahora a sus 80 años, todavía está a cargo de su tienda Casa Carolina y participa anualmente en la procesión Las Posadas. (Cortesía de El Pueblo Historical Monument.)

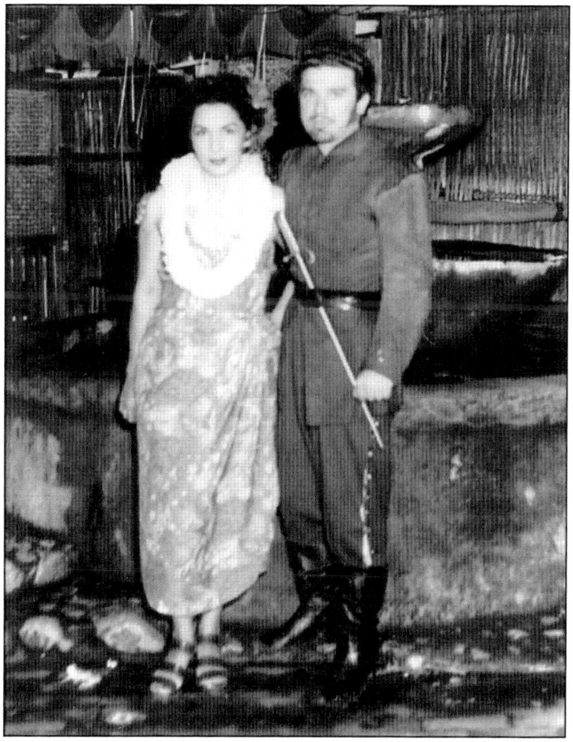

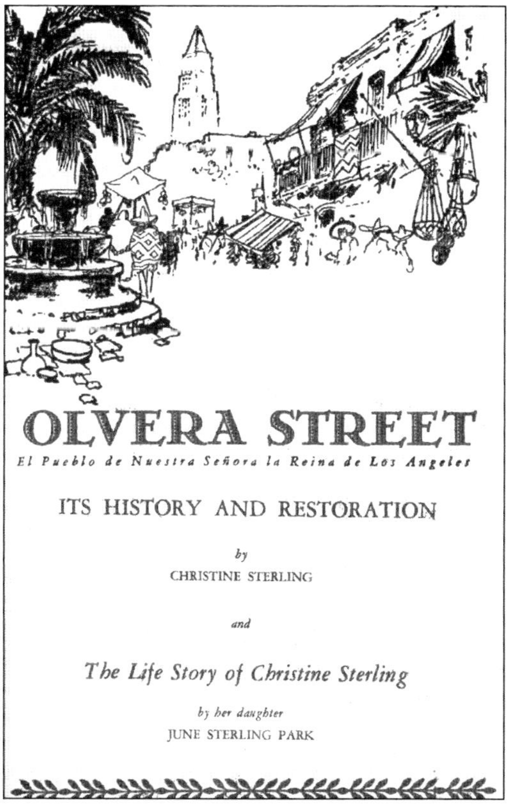

OLVERA STREET

El Pueblo de Nuestra Señora la Reina de Los Angeles

ITS HISTORY AND RESTORATION

by

CHRISTINE STERLING

and

The Life Story of Christine Sterling

by her daughter

JUNE STERLING PARK

En 1947, Christine Sterling contó la historia de su lucha para salvar el área de la plaza y crear Olvera Street en este popular y pequeño libro que vendió miles de copias. (Cortesía del Autor.)

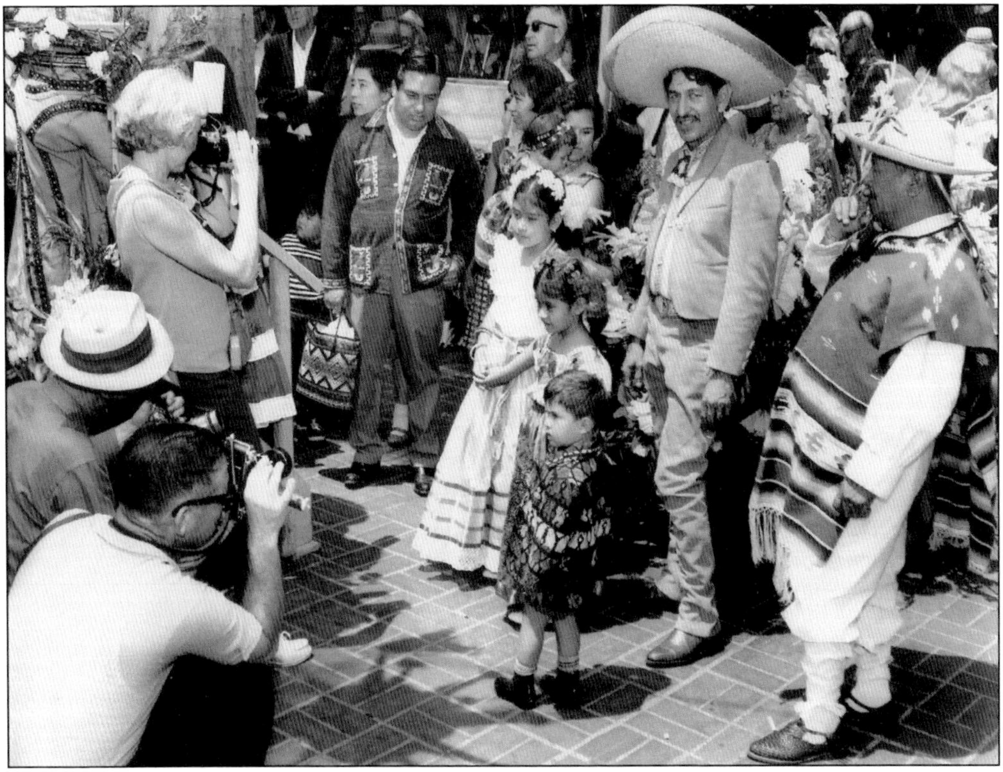

Cruz Ledesma y los simpáticos comerciantes siempre estaban felices para posar ante las cámaras en esta fotografía de los años 1950. (Cortesía de El Pueblo Historical Monument.)

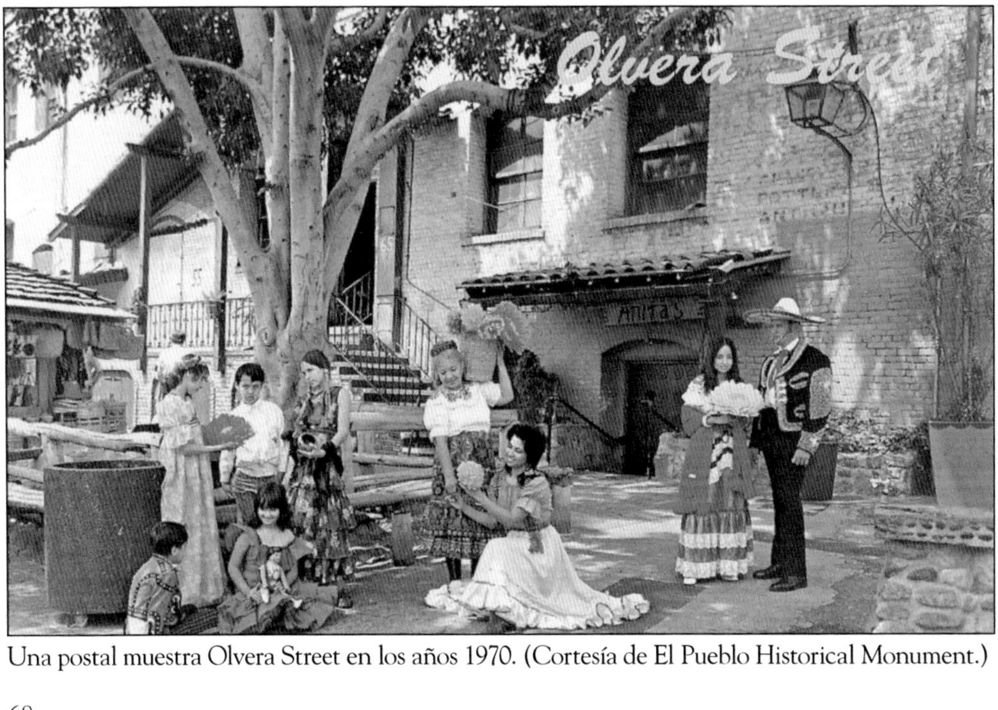

Una postal muestra Olvera Street en los años 1970. (Cortesía de El Pueblo Historical Monument.)

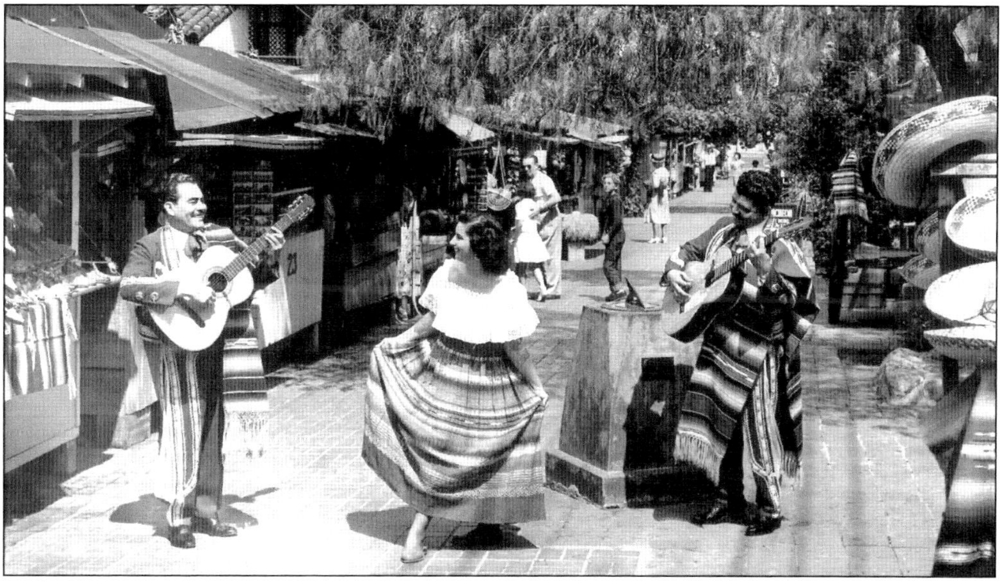

En los años 1960, la encantadora Alice (Madrid) Souza (Olvera Candle Shop, ubicada en W-3 Olvera Street) está recibiendo una serenata al lado del famoso reloj de sol. (Cortesía de El Pueblo Historical Monument.)

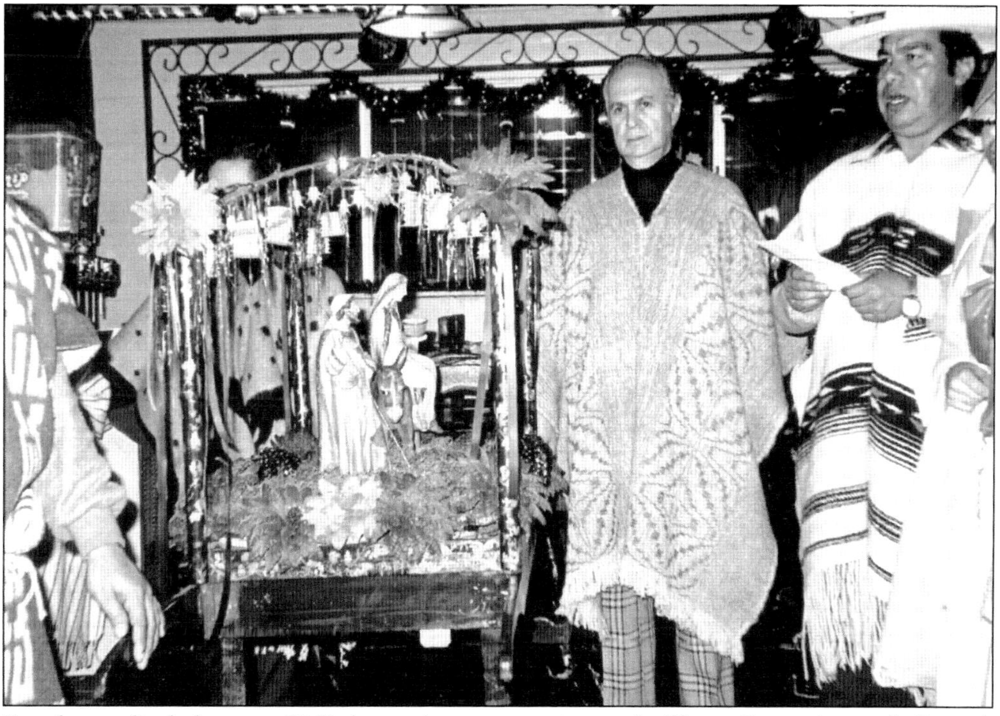

Esta fotografía de los años 1960, los antiguos comerciantes de Olvera Street Armando Bernal, al centro, dueño de Casa Bernal, vino a Los Angeles desde Durango, México, en 1926, y el comerciante de artículos de cuero Rafael Caballero, quien vende auténticos huaraches mexicanos (sandalias de cuero) en su tienda ubicada en C-11 Olvera Street, encabezan la procesión para Las Posadas. En el año 2006, el señor Bernal celebrará sus 62 años en Olvera Street. (Cortesía de El Pueblo Historical Monument.)

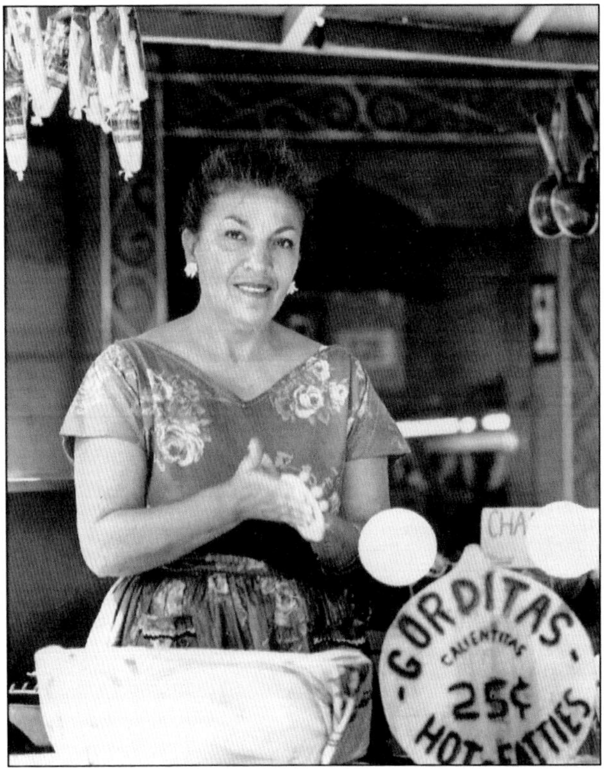

En los años 1950, la comerciante de Olvera Street Belle Tapia está preparando sus famosas gorditas. Los antiguos comerciantes recuerdan su talento para los bailes españoles y mexicanos en todas sus formas. Cuando era una adolescente, la hermosa Belle reemplazó como bailarina a Mary Pickford y a otras estrellas del cine mudo. (Cortesía de El Pueblo Historical Monument.)

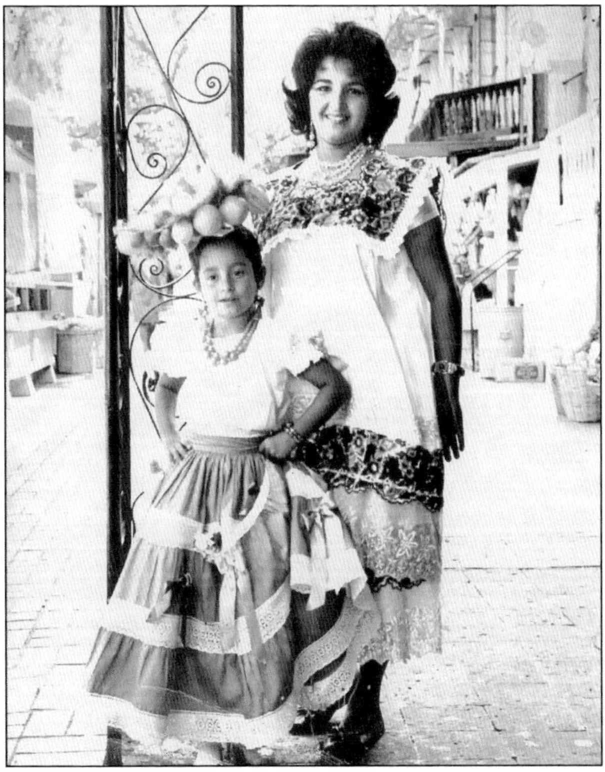

La comerciante Irma Tapia y su hija Estrellita, quienes una vez vivieron en Sepúlveda House, todavía administran su tienda, Las Trancas, en C-25 Olvera Street. (Cortesía de El Pueblo Historical Monument.)

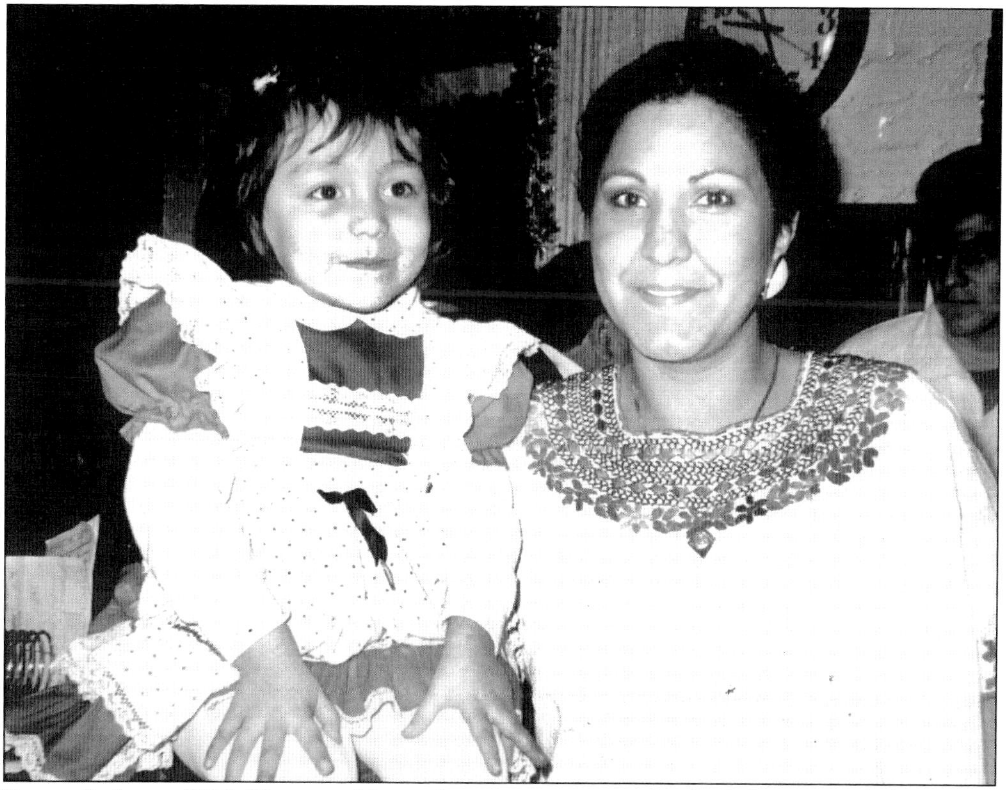

Fotografiadas en 1986, Christina Mariscal, recientemente graduada de la universidad, y Vivian Bonzo, dueña de La Golondrina Café, son hijas, nietas, y bisnietas de antiguas familias comerciantes de Olvera Street. (Cortesía de El Pueblo Historical Monument.)

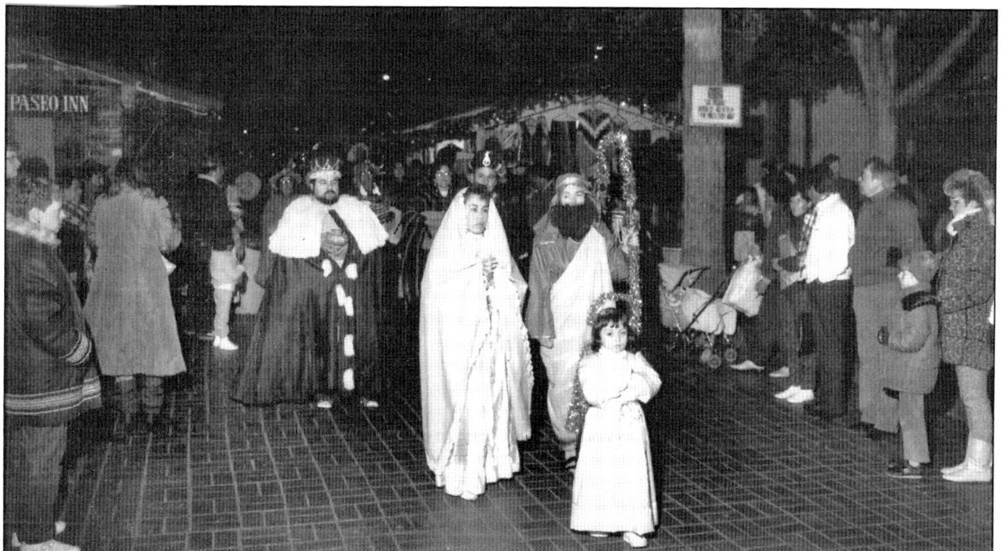

En los años 1980, Christina Mariscal, la «pequeña ángel», encabeza la procesión para Las Posadas. Ella es seguida por sus padres, Mike y Rosa Mariscal, dueños de My Rosa Enterprises, quienes están vestidos como Maria y José. (Cortesía de El Pueblo Historical Monument.)

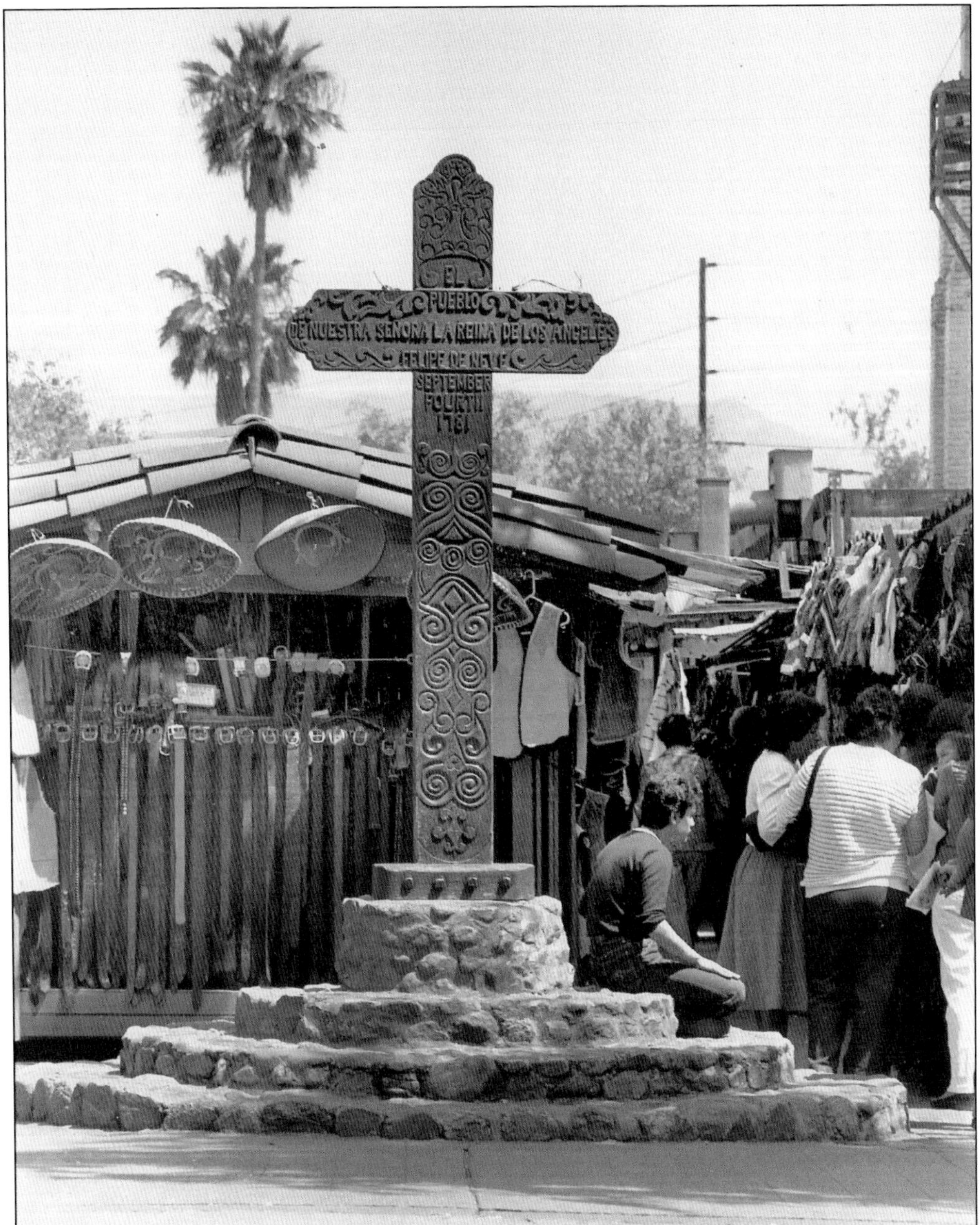

La cruz de madera a la entrada de Olvera Street es fotografiada en los años 1980. (Cortesía de El Pueblo Historical Monument.)

Cuatro

CARAS FAMOSAS DE CERCA Y DE LEJOS

Casi desde el principio, Olvera Street ha atraído a líderes de la iglesia y de estado de todo el mundo, también como a renombrados artistas, escritores, estrellas de cine de Hollywood, y celebridades locales.

En 1826, Jedediah Smith y su banda de cazadores de pieles fueron el primer grupo en llegar por tierra a Los Angeles desde los Estados Unidos. Se cree que entraron al pueblo por Vine o Wine Street—la cual después se convirtió en Olvera Street. Durante los últimos años del siglo XIX, Pío Pico, John C. Fremont, y Helen Hunt Jackson probablemente se cruzaron mientras montaban sus carruajes en Olvera Street. En los años 1880, Madame Helena Modjeska, la gran actriz del teatro polaco y de San Francisco, y su esposo, el Conde Bozenta Chlapowski, vinieron a la plaza y se quedaron en Pico House. Otros dignatarios del siglo XX incluyen la Primera Dama Eleanor Roosevelt, John F. Kennedy, Richard Nixon, y Cantinflas. El Papa Juan Pablo II pasó por la calle a bordo del papa móvil, y el Rey y la Reina de España vinieron a presidir la instalación de una estatua del Rey Carlos III.

En los primeros días del cine mudo, Charlie Chaplin, Buster Keaton, y Harold Lloyd filmaron numerosas escenas en Olvera Street y sus alrededores. De niña, Myrtle González, la gran estrella de la época del cine mudo que competía con Mary Pickford, ayudaba a su padre en el manejo de su pequeña tienda de provisiones ubicada a unos pocos pasos de Olvera Street.

Desde los años 1930 a los 1950, los más grandes restaurantes de Olvera Street, incluyendo La Golondrina Café de Consuelo de Bonzo y El Paseo Inn de Maria Elena Peluffo, fueron populares clubes nocturnos entre la gente que trabajaba en las películas de Hollywood. Los ídolos de la pantalla tales como Lauren Bacall, Humphrey Bogart, George Raft, Rita Heyworth, Orson Wells, Ida Lupino, y Johnnie Weissmuller (Tarzan) eran clientes regulares de los clubes nocturnos, los cuales destacaron por el entretenimiento en vivo y raramente cerraban antes de la madrugada. En 1951, Rita Moreno de 16 años, quien más tarde se convertiría en estrella de cine en *Westside Story*, tuvo su debut en la película *The Ring*, una historia que se desenvuelve alrededor de una familia de mexicana-estadounidense en Olvera Street. De hecho, directores de películas de Hollywood han encontrado en Olvera Street y en el área de la plaza un lugar favorito para sus filmaciones. Charles Bronson persiguió a los forajidos en *Death Wish 2* (1982), Mel Gibson y Danny Glober hicieron cumplir la ley en *Lethal Weapon 3* (1992), Tobey Maguire se preparó para su destino con *Seabiscuit* (2003), y Brad Pitt y Angelina Jolie bailaron toda una noche en el patio de Avila Adobe para la reciente película, *Mr. & Mrs. Smith* (2005). Recientemente el ganador de los Academy Award (Premios de la Academia) Sir Ben Kingsley realizó una visita guiada a Avila Adobe.

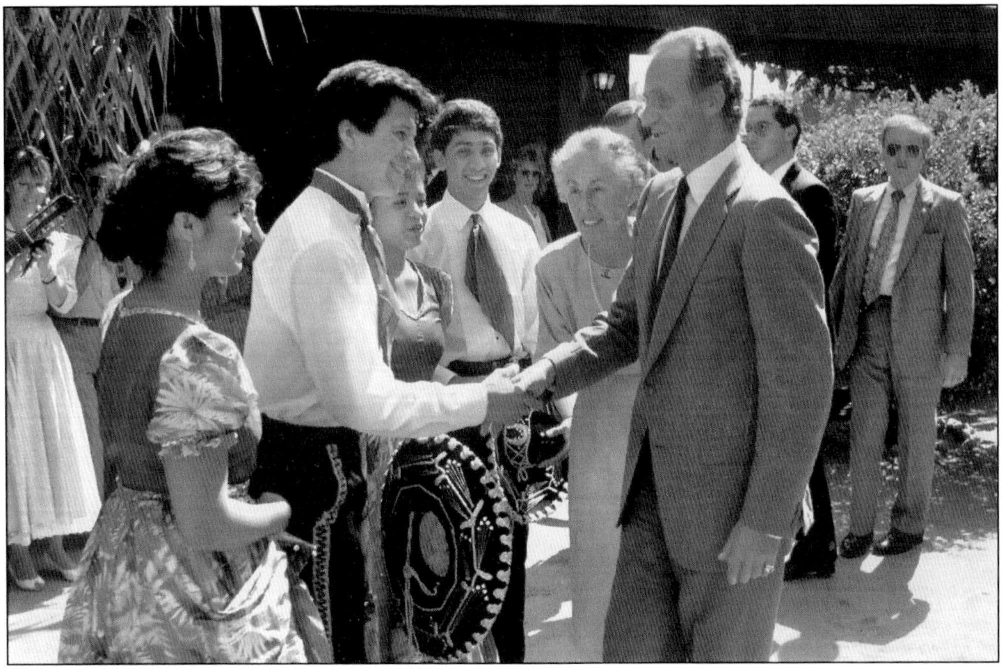

En 1987, el Rey Juan Carlos I de España (en el extremo derecho) es saludado por miembros de la familia Vallejo, quienes bailaron profesionalmente como los bailarines de la Familia Algegre, en el patio de Avila Adobe. Retratados de izquierda a derecha, están Ceciley, Gary, Cynthia, y Mark Vallejo, la conservadora superior de El Pueblo Jean Bruce Poole, y el Rey Juan Carlos. (Cortesía de El Pueblo Historical Monument.)

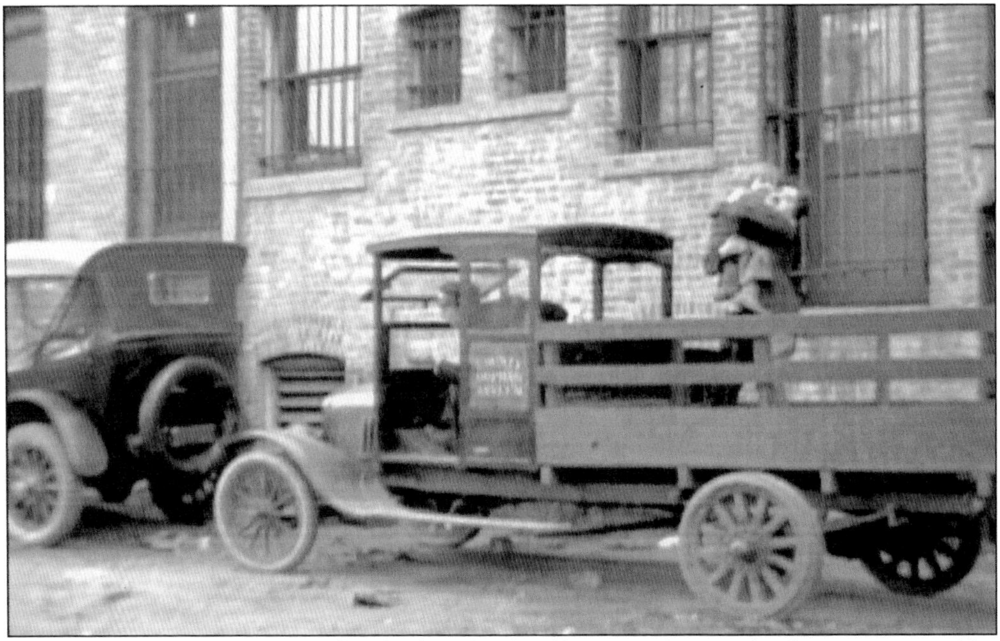

En 1921, el gigante del cine mudo Charlie Chaplin filmó una de sus películas más memorables en Olvera Street, *The Kid*. Aquí, Chaplin es fotografiado rescatando a su co-protagonista de seis años Jackie Coogan del orfanato. (Cortesía de El Pueblo Historical Monument.)

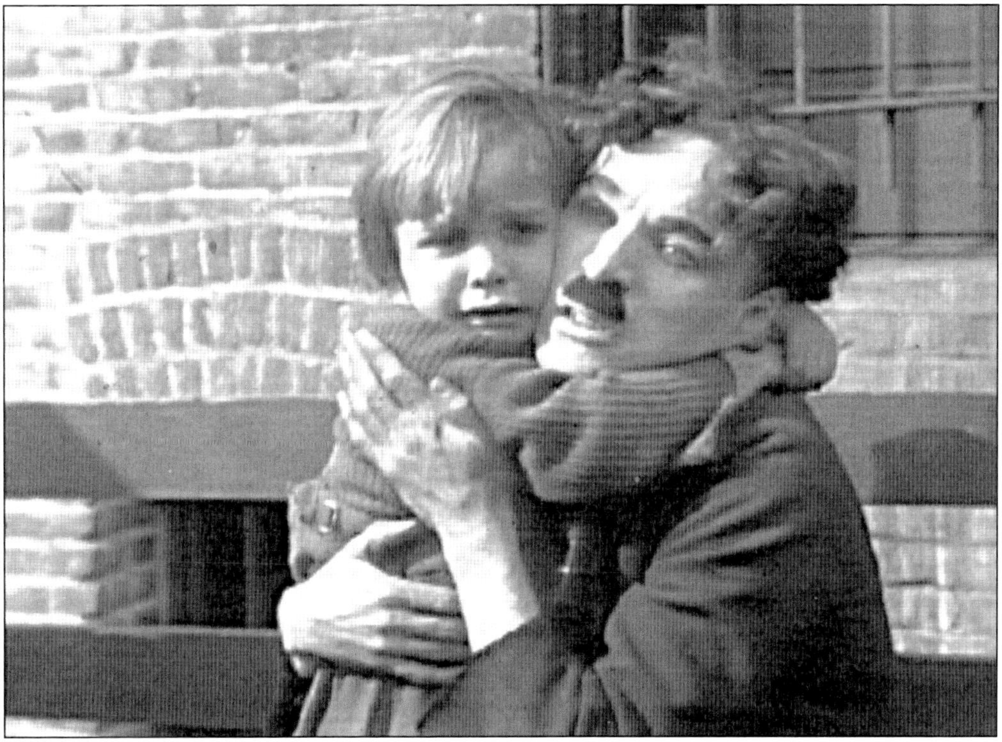

Un acercamiento de la misma escena en Olvera Street, con Charlie Chaplin y Jackie Coogan. Chaplin (1889–1977) apareció en muchas otras películas, tales como *The Kid*, interpretando a un personaje que usaba sombrero tipo bowler, también en «Little Tramp». Durante los años 1960, Coogan hizo reír a muchos telespectadores como Uncle Fester en *The Addams Family* (el Tío Lucas en *la Familia Addams*). (Cortesía de El Pueblo Historical Monument.)

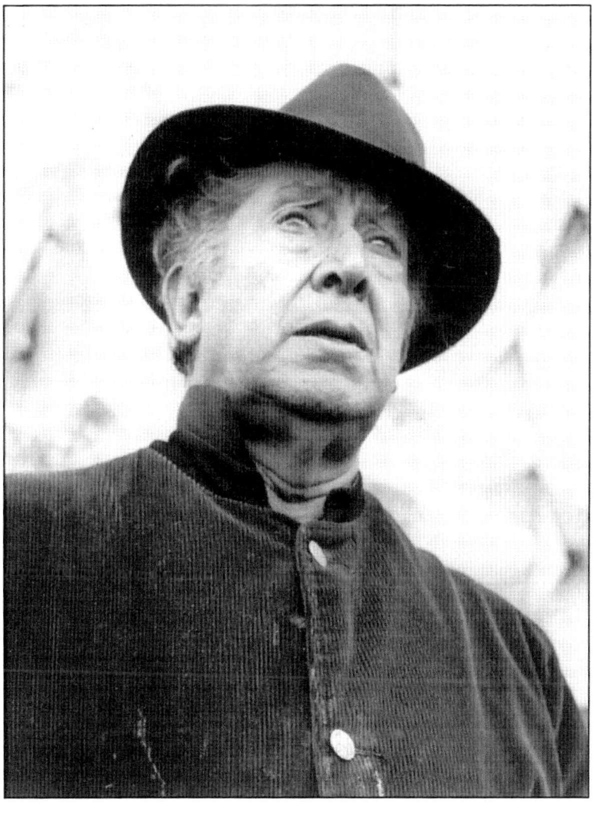

En 1932, el renombrado artista mexicano David Alfaro Siqueiros (1896–1974) vino a Olvera Street para pintar el mural *América Tropical* en una de las paredes exteriores del Italian Hall. Hoy *América Tropical* es considerado un tesoro artístico de Los Angeles y está bajo conservación. (Cortesía de El Pueblo Historical Monument.)

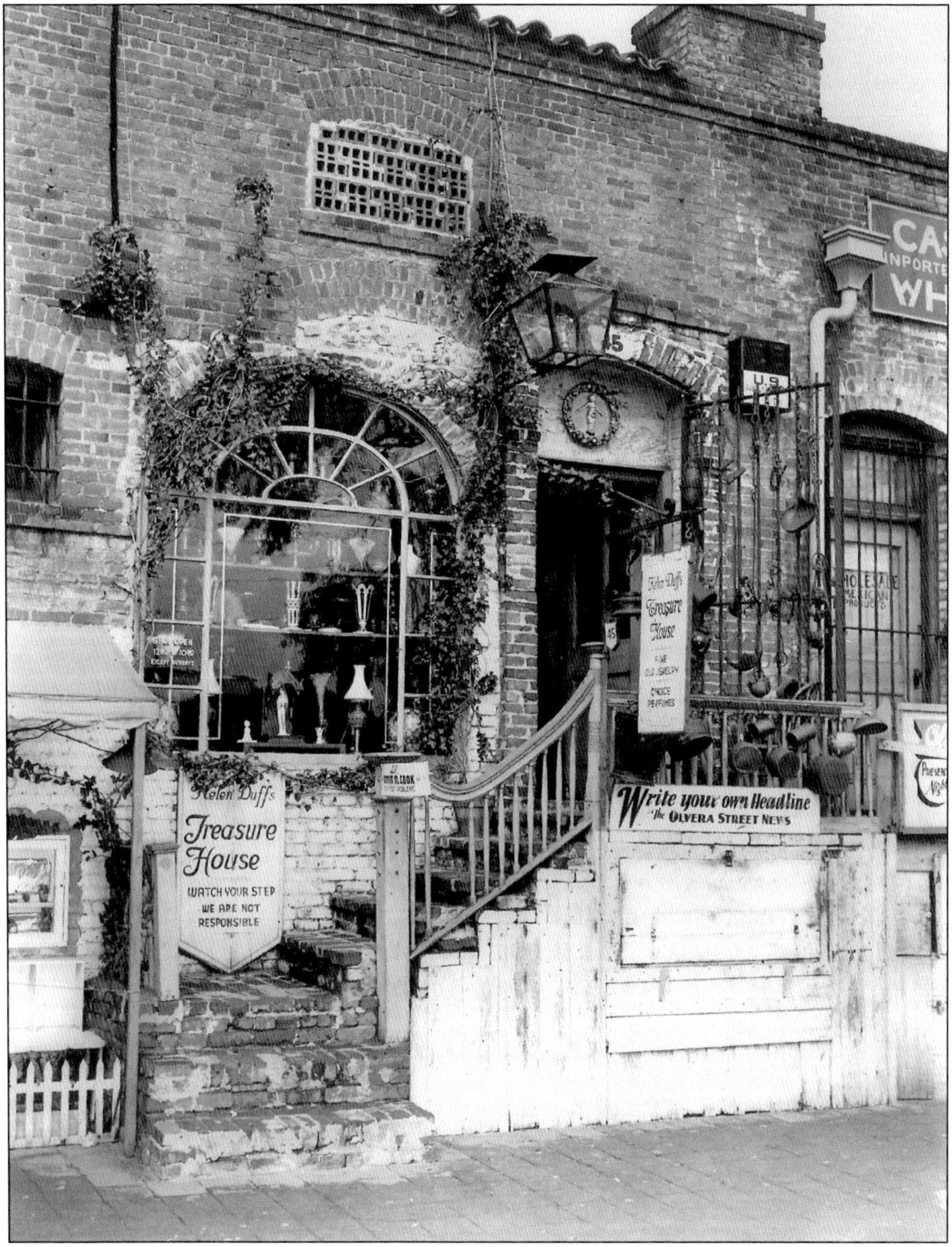

En esta fotografía de 1941 del mismo sitio donde Charlie Chaplin filmó *The Kid* 20 años antes, Treasure House de Helen Duff da la bienvenida a los compradores. En el primer piso está la popular tienda México Shop de Albert Gribbell Velasco, ubicada en W-20 Olvera Street. (Cortesía de El Pueblo Historical Monument.)

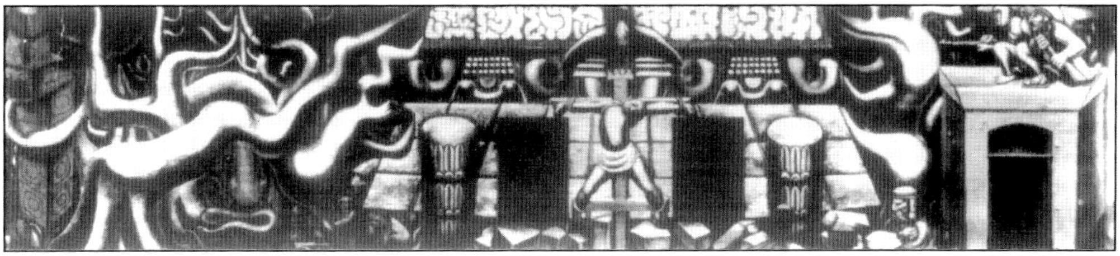

Ésta es una fotografía en blanco y negro de la obra de David Alfaro Siqueiros, *América Tropical*. En la actualidad, Los Angeles es el hogar de la más grande muestra de murales públicos en el mundo, y *América Tropical*, actualmente bajo conservación, es considerada la inspiración para el movimiento muralista Chicano y Chicana. (Cortesía de El Pueblo Historical Monument.)

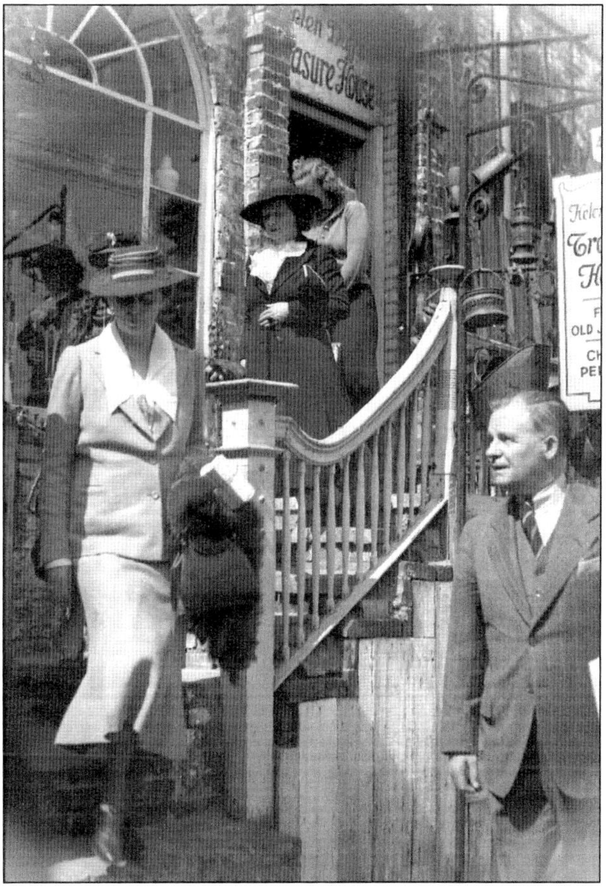

En 1939, la Primera Dama Eleanor Roosevelt realizó una exclusiva visita guiada por Christine Sterling a Olvera Street. Desde los primeros años de la administración de su esposo, ella fue una frecuente visitante de Olvera Street. En esta particular visita a la ciudad, según *Los Angeles Times*, ella regresó al lugar de nacimiento de la ciudad para «hacer unas pequeñas y anticipadas compras de Navidad» y para expresar su gratitud al fabricante de velas de Olvera Street por un regalo hecho anteriormente. (Cortesía de El Pueblo Historical Monument.)

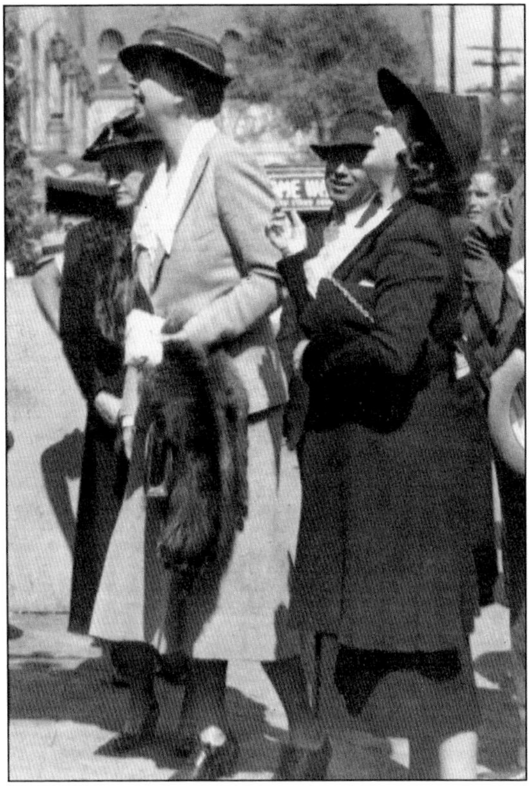

Christine Sterling nunca dejaba escapar la oportunidad para el apoyo del público. En 1939, durante una visita guiada por Olvera Street, ella guió a la primera dama dos cuadras al norte para ver su nuevo proyecto China City, en donde la señora Roosevelt admiró el drama y la «autenticidad» del escenario *The Good Earth*. (Cortesía de El Pueblo Historical Monument.)

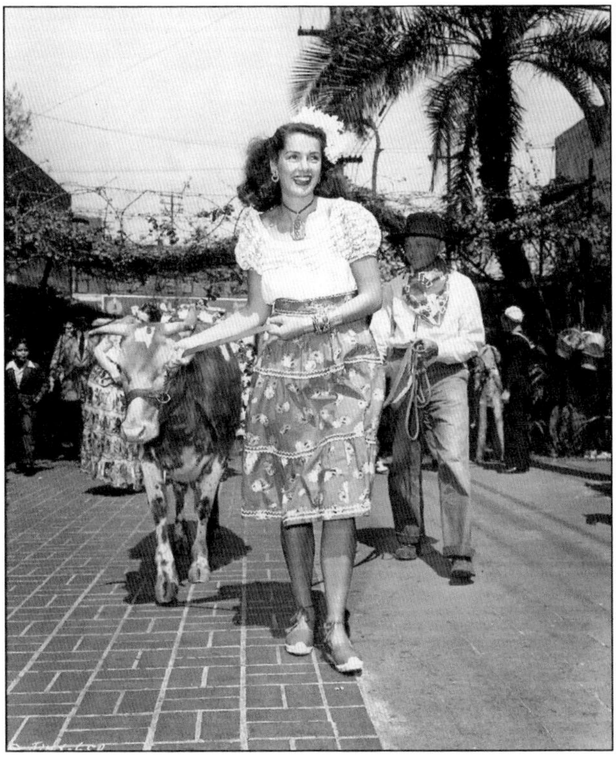

La hermosa Jinx Falkenburg, estrella de la compañía Columbia, que apareció en la película *The Gay Señorita* en 1945, encabeza la procesión en Olvera Street para la Bendición de Animales. (Cortesía de El Pueblo Historical Monument.)

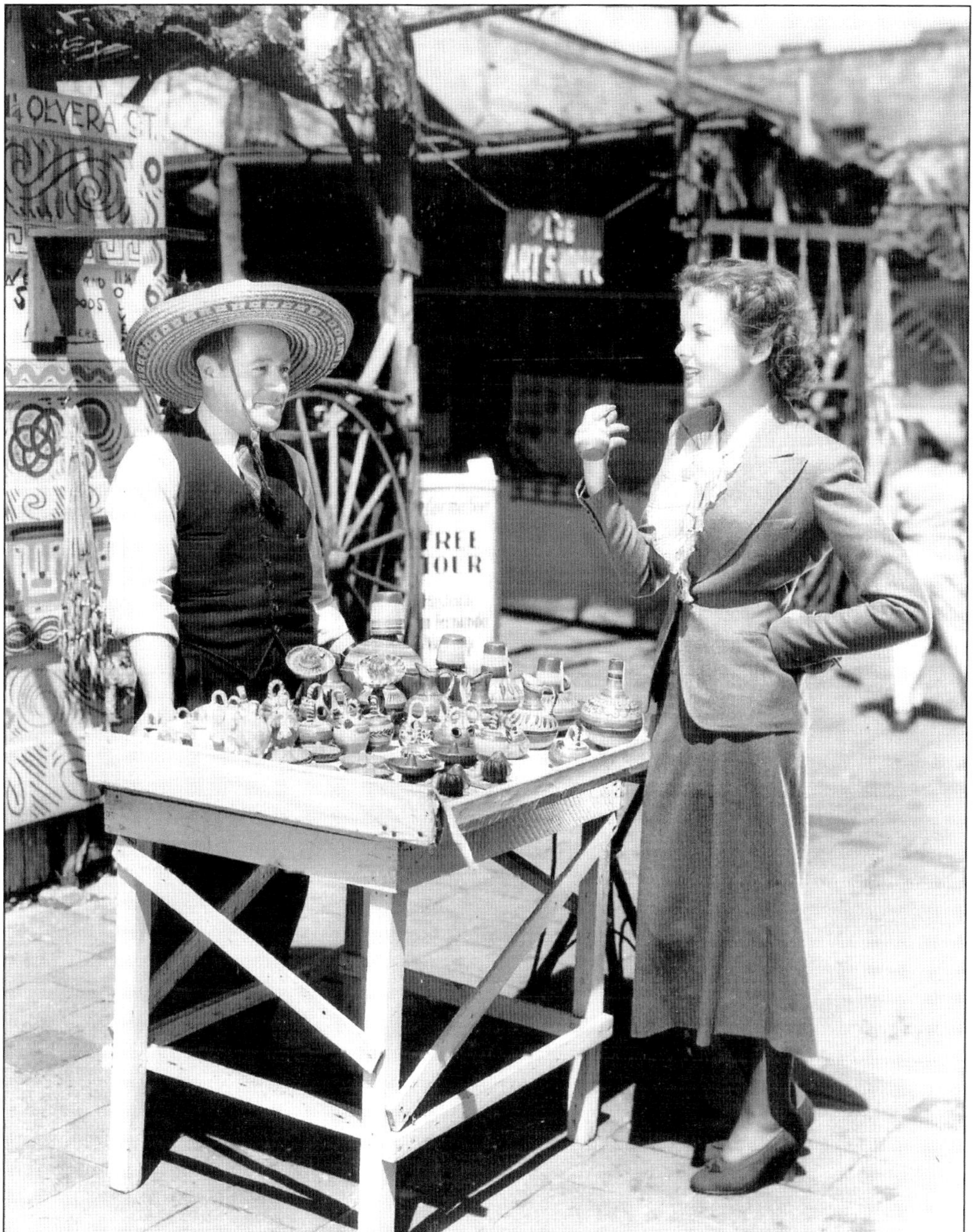

La actriz de Hollywood Ida Lupino nació en Londres, proveniente de una familia dedicada al espectáculo. Su padre fue el afamado comediante británico Stanley Lupino y su madre, la actriz Connie Emerald. En la mayoría de sus películas, a la mujer de cabello blanqueado le daban el papel de una mujer de carácter fuerte, pero comprensible que venia de un vecindario conflictivo. Lupino llegó a ser una directora pionera y fue solamente la segunda mujer en ser admitida en el Directors Guild (Sindicato de Directores). Durante las décadas de 1940 y de 1950, fue una visitante habitual de Olvera Street, donde su hermana menor trabajó como bailarina en el restaurante El Paseo Inn. (Cortesía de Bison Archives).

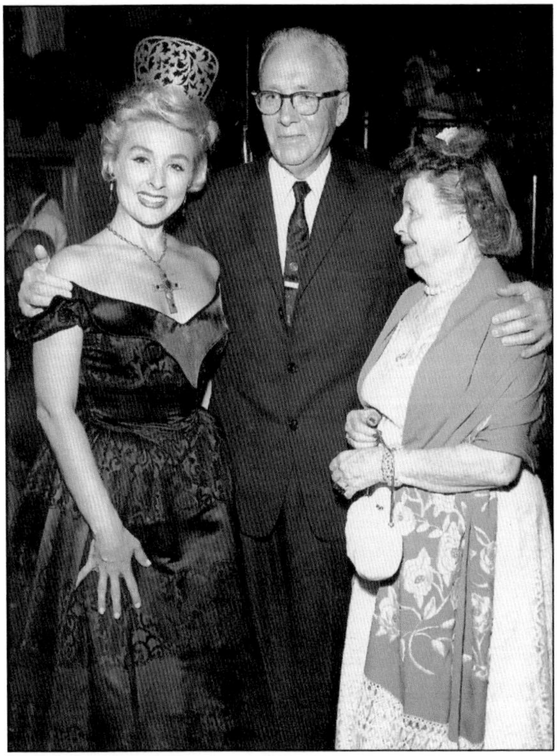

En 1952, la actriz de Hollywood Elena Verdugo, el Juez McIntyre Faries, y Christine Sterling asisten a una fiesta de Olvera Street. Elena Verdugo, quien apareció en su primera película en 1931, más tarde representaría a la enfermera Consuelo López en la popular serie dramática, *Marcus Welby, M.D.*, la cual fue transmitida desde 1969 hasta 1976 y tuvo como protagonista a Robert Young y James Brolin. El talento profesional y la dignidad que Verdugo puso en la caracterización del personaje es considerado un avance para los Latinos en cine y televisión. (Cortesía de El Pueblo Historical Monument.)

En los años 1940, la actriz de Hollywood Betty Furness aprende el arte de la fabricación de velas de parte de Francisco González. Su tienda de velas, donde empezaron las famosas velas aromáticas, es todavía administrada por su familia en el sótano de la antigua Sepúlveda House. (Cortesía de El Pueblo Historical Monument.)

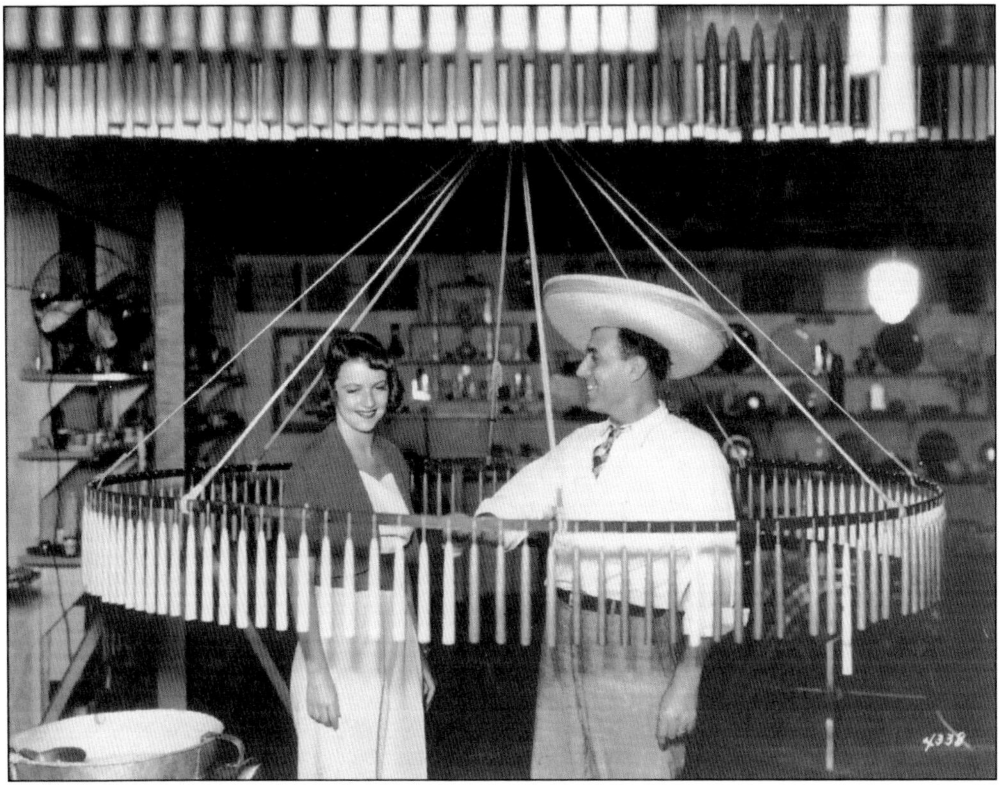

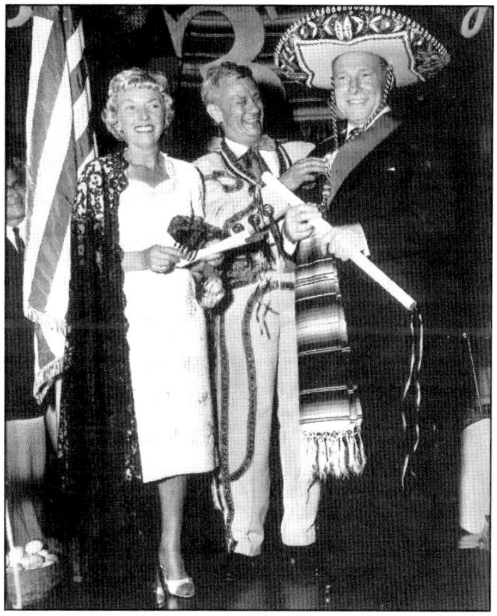

El alcalde de Los Angeles Sam Yorty (1961–1973), originario de Nebraska e hijo de inmigrantes irlandeses, junto con Elizabeth Yorty, siempre disfrutó sus visitas a Olvera Street—especialmente para probar la comida mexicana. En esta fotografía a finales de los años 1960, el siempre colorido y controversial alcalde está recibiendo un sombrero nuevo y un sarape de parte del administrador de Olvera Street Mario Valadez. (Cortesía de El Pueblo Historical Monument.)

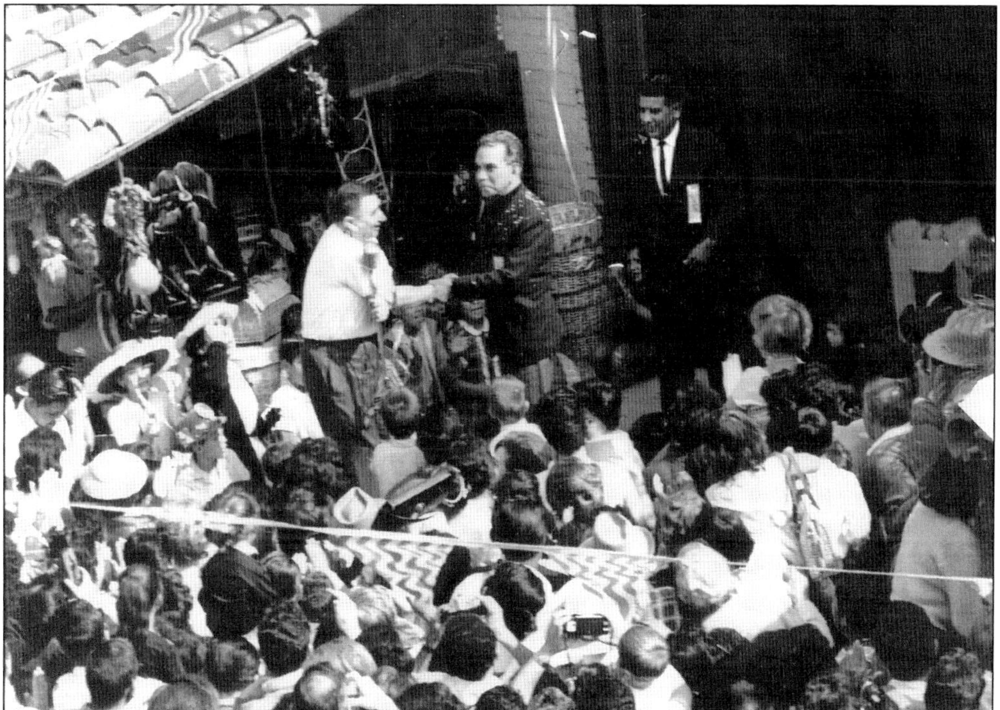

En 1969, el renombrado comediante, actor y productor mexicano Mario Moreno Reyes, también conocido como «Cantinflas», vino a Olvera Street. La estrella que realizó más de 55 películas fue saludado por una gran cantidad de personas, y el comerciante de Olvera Street Joe Ramos actuó como maestro de ceremonias. Cuando murió en 1993, el gobierno mexicano se refirió a Cantinflas como un héroe nacional. A pesar que era un multimillonario, Cantinflas nunca se olvidó de sus orígenes. Mucho de su dinero fue entregado a obras de caridad para ayudar a la gente pobre de la Ciudad de México. Moreno una vez fue descrito por Charlie Chaplin como el mejor comediante del mundo. (Cortesía de El Pueblo Historical Monument.)

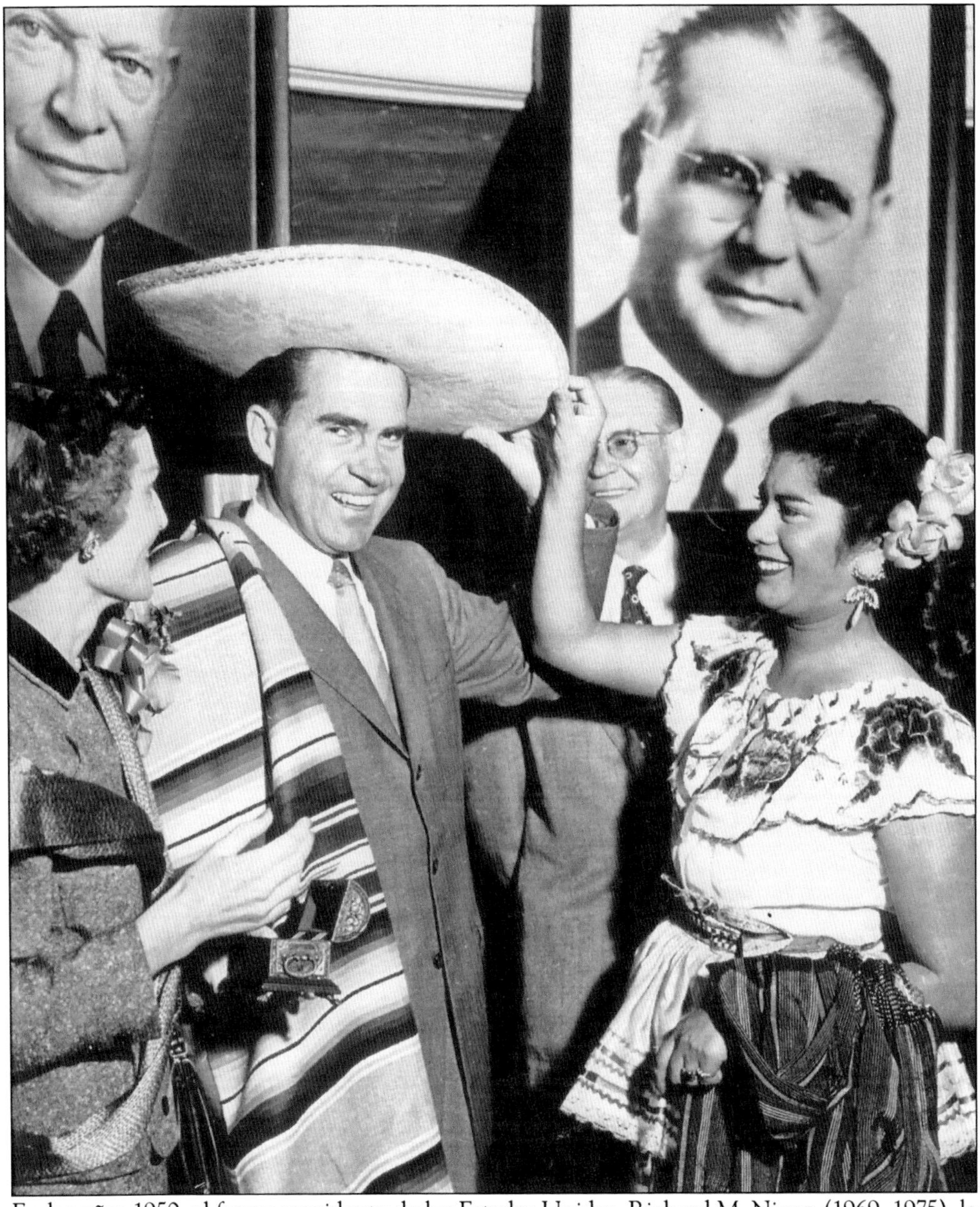

En los años 1950, el futuro presidente de los Estados Unidos, Richard M. Nixon (1969–1975), la futura Primera Dama Pat Nixon, y la comerciante de Olvera Street Margarita García disfrutan un relajado momento durante la campaña electoral. (Cortesía de El Pueblo Historical Monument.)

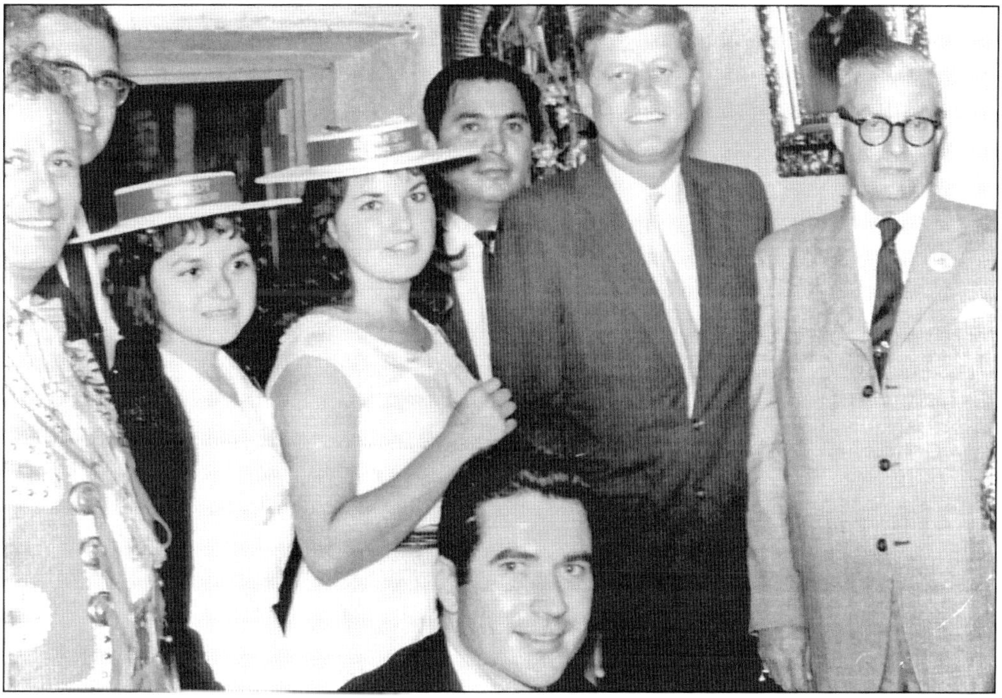

El senador de los Estados Unidos John F. Kennedy visitó Avila Adobe durante su campaña para presidente en 1960. Durante esta visita histórica, el futuro presidente tuvo su primer almuerzo mexicano e incluso tomo una pequeña siesta en el antiguo adobe. Kennedy, el primer presidente Católico Romano de los Estados Unidos (1961–1963), reconoció el apoyo que recibió de la comunidad mexicana-estadounidense como una clave de su victoria—apoyo que comenzó en Olvera Street. (Cortesía de El Pueblo Historical Monument.)

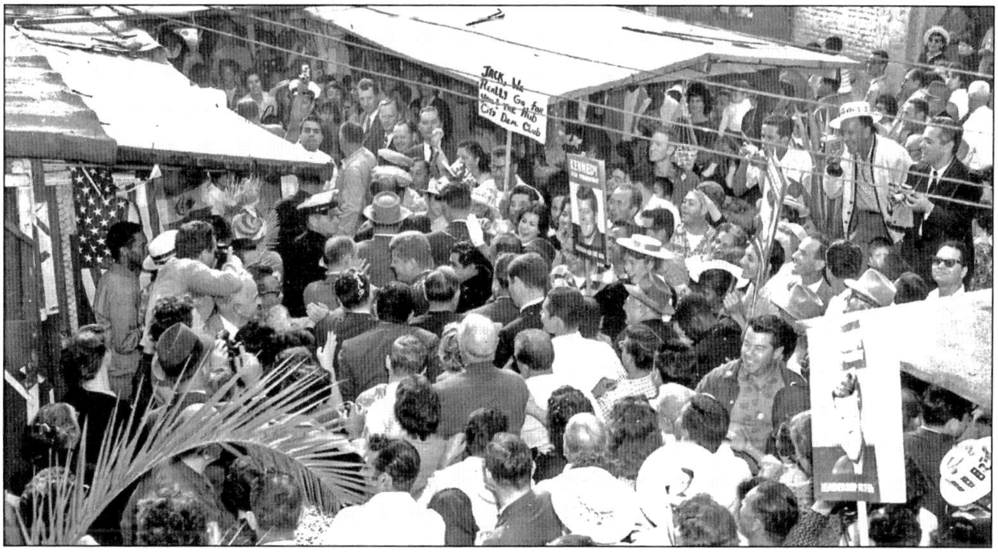

Después de salir de Avila Adobe, el Senador Kennedy (al centro a la izquierda) fue rodeado por un gran grupo de sus partidarios en Olvera Street. Los gritos de «Viva Kennedy» fueron escuchados todo el camino a Washington, D.C., y seguramente por la futura Primera Dama, Jacqueline Kennedy, quien hablaba un fluido español. (Cortesía de El Pueblo Historical Monument.)

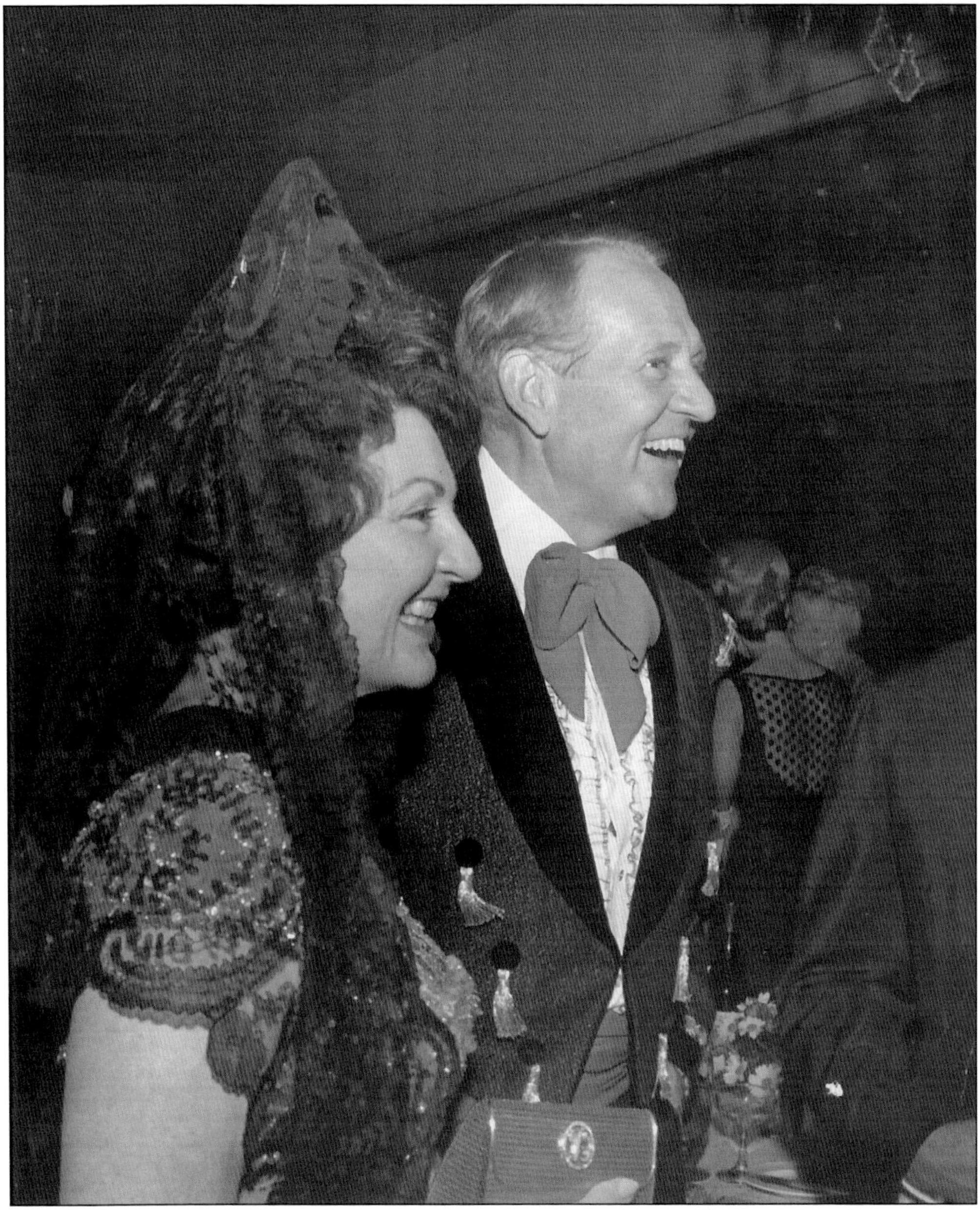

En los años 1960, el popular presentador de televisión y autor Art Linkletter—*People Are Funny, House Party*, y *Kids Say the Darndest Things*—y su esposa, Lois, vistieron sus más finos encajes y rasos españoles para una fiesta de Olvera Street. (Cortesía de El Pueblo Historical Monument.)

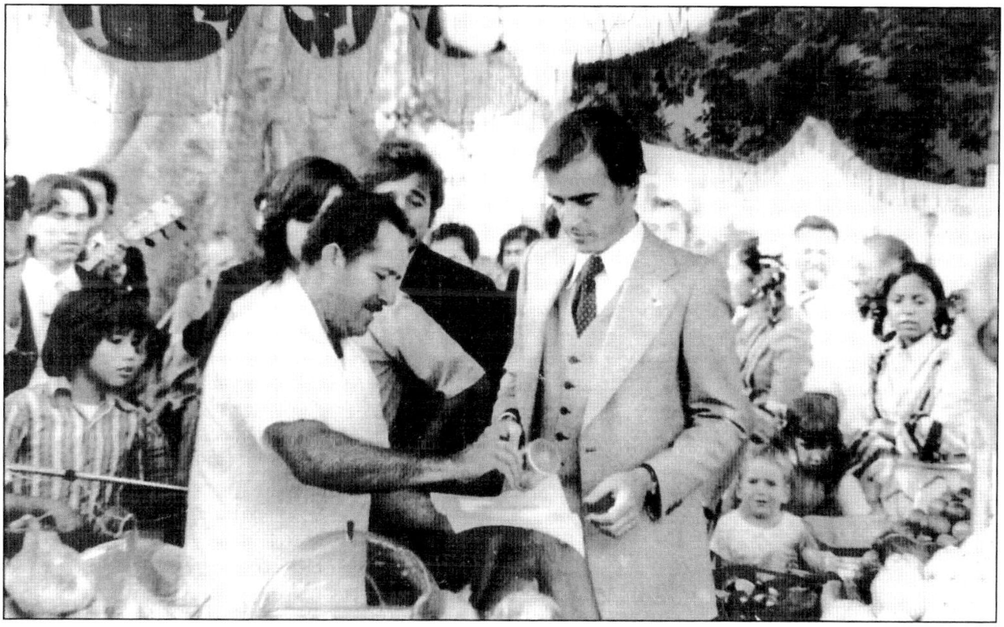

En los años 1970, el gobernador de California Edmund G. Brown visita Olvera Street y degusta la deliciosa fruta preparada por el comerciante Fidel Velarde. (Cortesía de El Pueblo Historical Monument.)

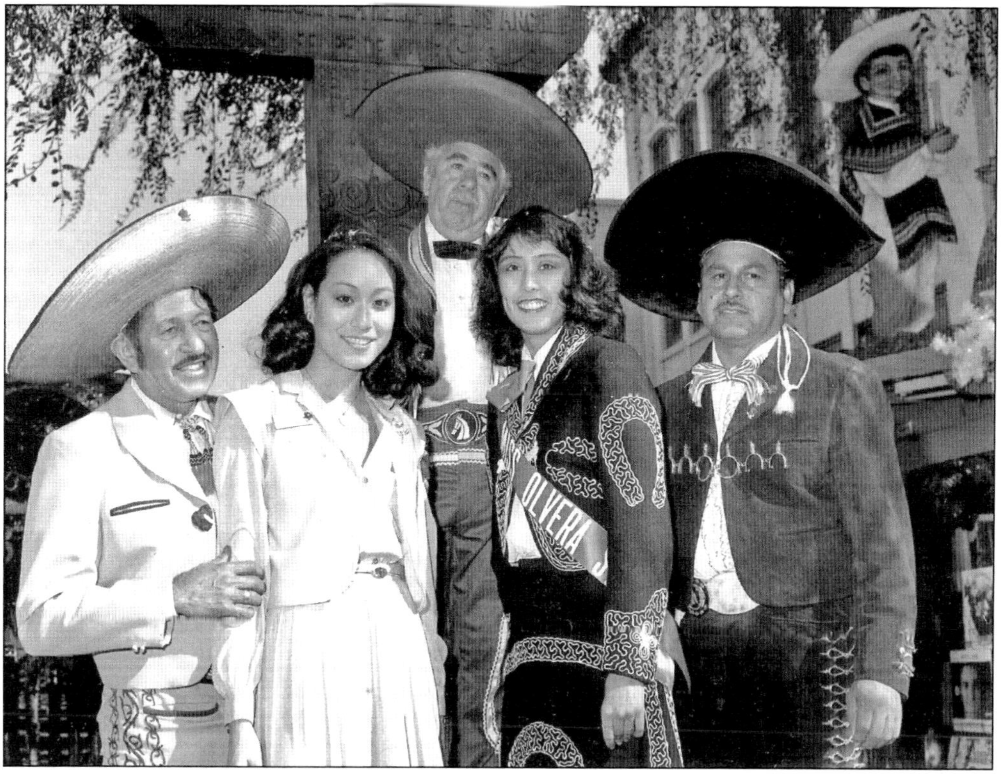

El herrero de Olvera Street Cruz Ledesma posa en 1981 con Rose Queen Leslie Kawai, Lourdes Vega, Manuel Murillo, comerciante en artículos de cuero de Olvera Street; e Isaias Salazar. (Cortesía de El Pueblo Historical Monument.)

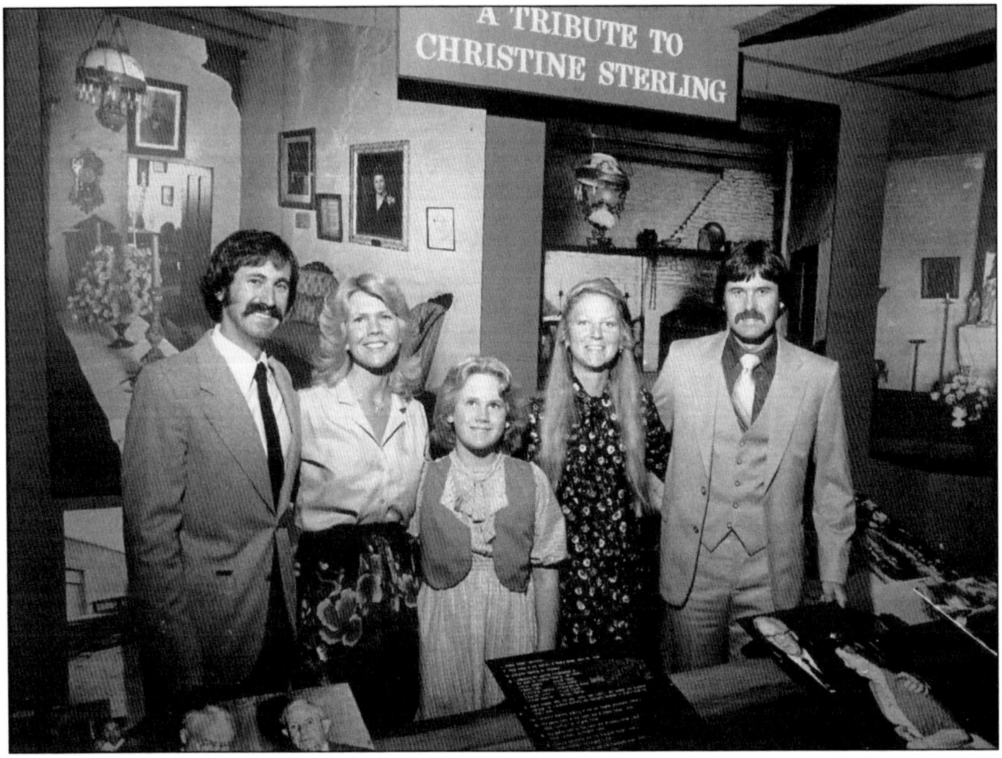

Nietos y bisnietos de Christine Sterling regresaron a Olvera Street en 1981 para la dedicación de la muestra «A Tribute to Christine Sterling». En la actualidad miles de visitantes visitan la muestra ubicada en un lugar anexo de Avila Adobe. (Cortesía de El Pueblo Historical Monument.)

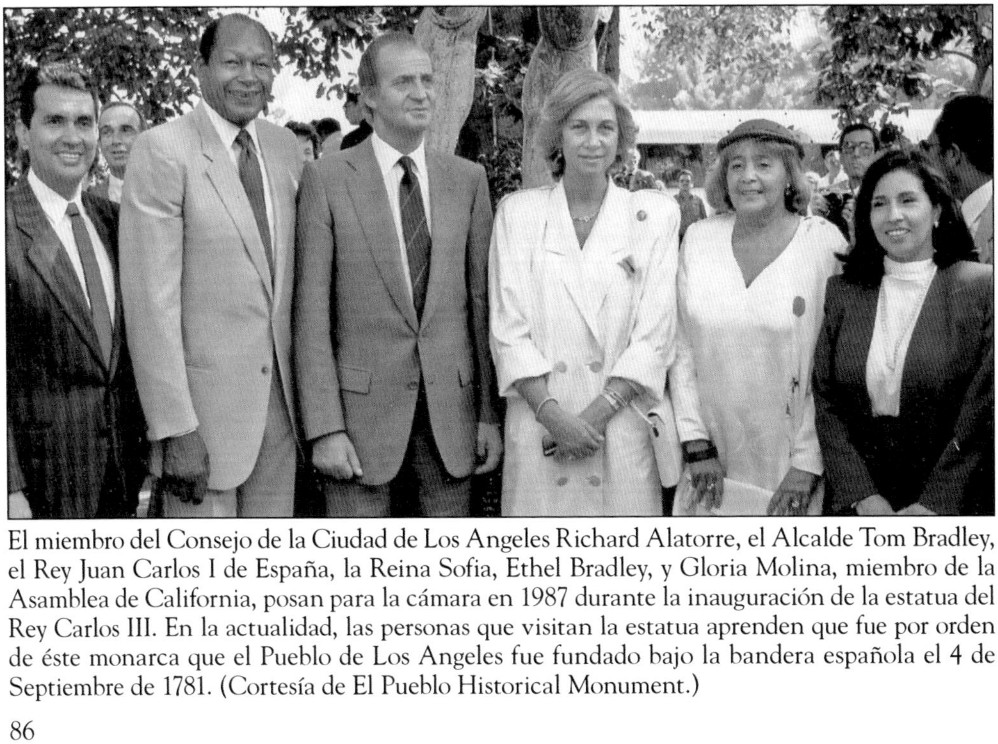

El miembro del Consejo de la Ciudad de Los Angeles Richard Alatorre, el Alcalde Tom Bradley, el Rey Juan Carlos I de España, la Reina Sofia, Ethel Bradley, y Gloria Molina, miembro de la Asamblea de California, posan para la cámara en 1987 durante la inauguración de la estatua del Rey Carlos III. En la actualidad, las personas que visitan la estatua aprenden que fue por orden de éste monarca que el Pueblo de Los Angeles fue fundado bajo la bandera española el 4 de Septiembre de 1781. (Cortesía de El Pueblo Historical Monument.)

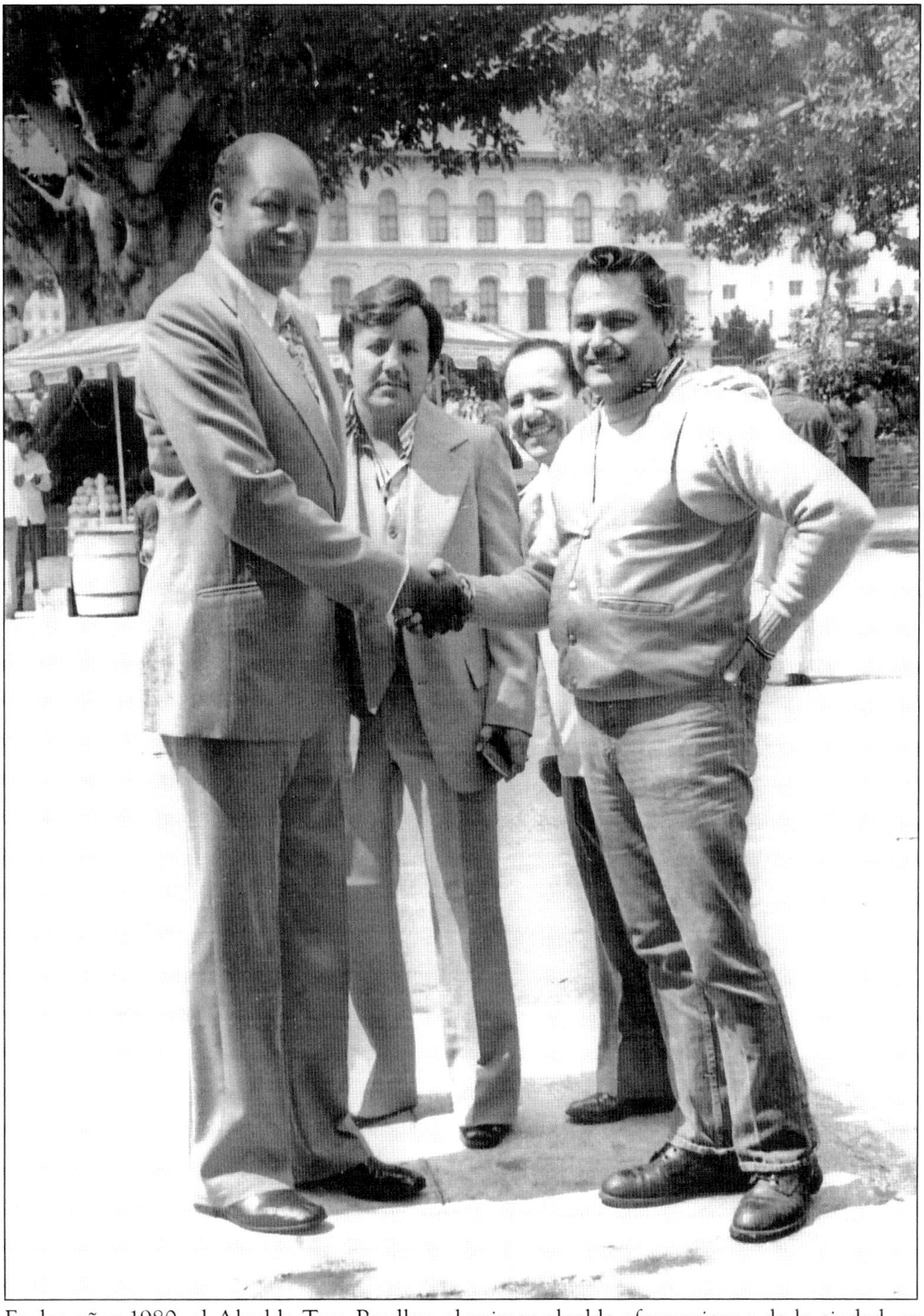

En los años 1980, el Alcalde Tom Bradley, el primer alcalde afromericano de la ciudad, es recibido en Olvera Street por Fidel Velarde de Velarde's Fruit (al centro, a la derecha) y Manuel Murillo de Manuel Murillo Leather Goods (en el extremo derecho). (Cortesía de El Pueblo Historical Monument.)

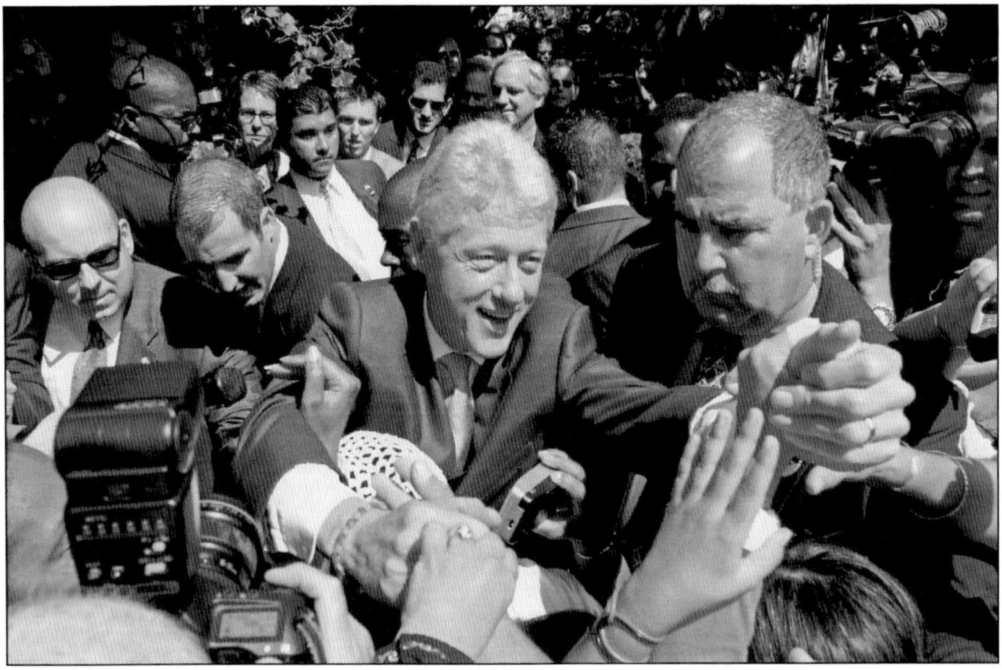

En Septiembre del 2003, el ex-presidente Bill Clinton es saludado por una gran cantidad de admiradores; vino a Olvera Street durante la celebración del Día de la Independencia de México. (Fotografía de Ezequiel Tarango.)

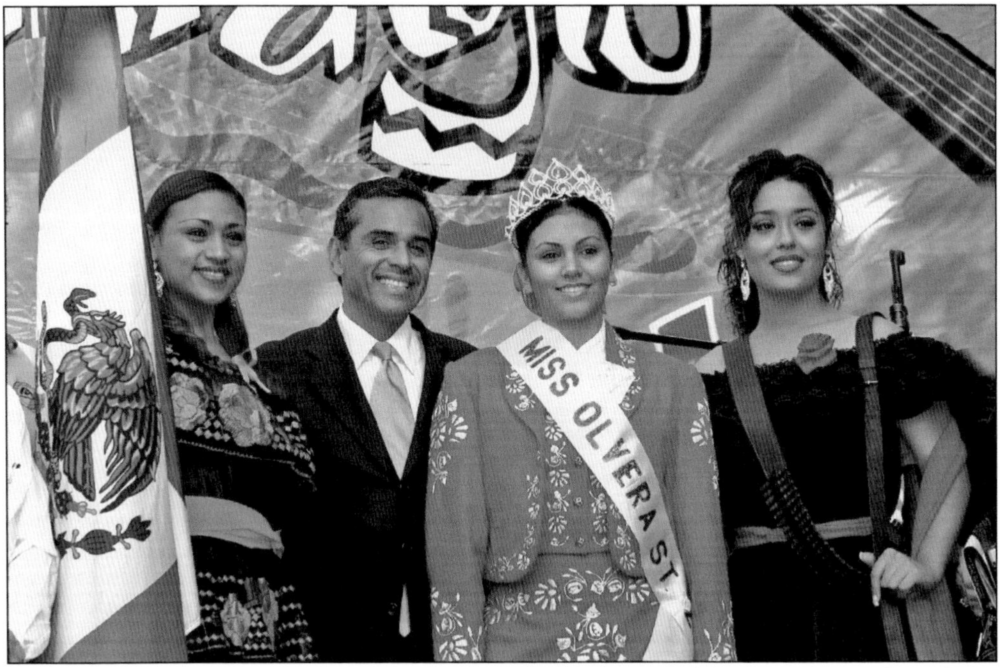

Elegido en el 2005, el Alcalde Antonio Villaraigosa es el primer alcalde mexicano-estadounidense de la ciudad desde el siglo XIX. Siendo niño vendió periódicos en los alrededores de la plaza y Olvera Street. En esta fotografía, aparece junto a Miss Olvera Street y su corte en la celebración anual del Cinco de Mayo. (Fotografía de Ezequiel Tarango.)

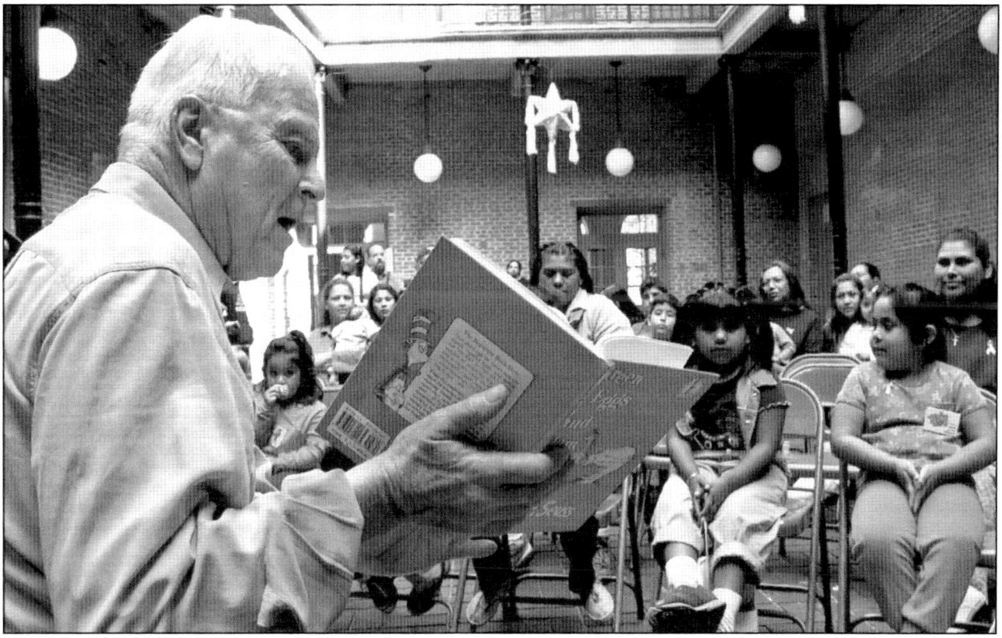

A lo largo de su extensa carrera como hombre de negocios, político y filántropo, el ex-alcalde de Los Angeles Richard J. Riordan (1993–2001) se ha dedicado sin descanso a los programas literarios para los niños. Hoy, Riordan Foundation trabaja para asegurar que todos los niños se conviertan en exitosos lectores y escritores al final del segundo grado. En esta fotografía, el ex-alcalde lee *Green Eggs and Ham* del Dr. Seuss a los niños en el patio de Pico House. Sin lugar a dudas, el Gobernador Pico habría estado orgulloso de ver su hermoso patio siendo utilizado para inspirar a los futuros líderes de Los Angeles. (Fotografía de Ezequiel Tarango.)

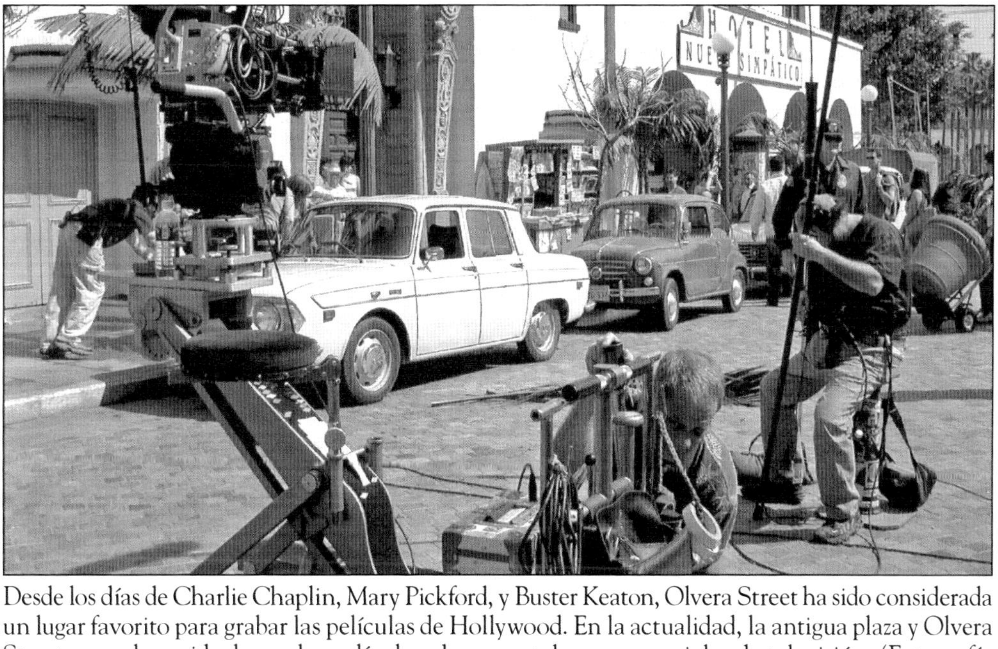

Desde los días de Charlie Chaplin, Mary Pickford, y Buster Keaton, Olvera Street ha sido considerada un lugar favorito para grabar las películas de Hollywood. En la actualidad, la antigua plaza y Olvera Street es un lugar ideal para las películas, documentales, y comerciales de televisión. (Fotografía de Ezequiel Tarango.)

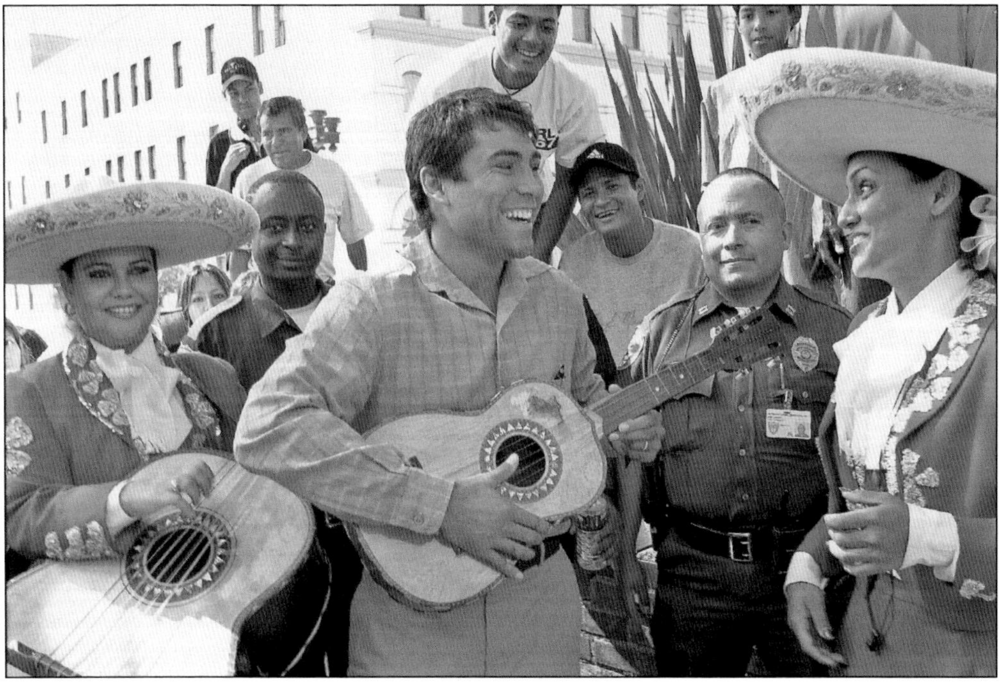

Hijo de inmigrantes mexicanos, el campeón profesional de boxeo Oscar de la Hoya creció a solo unas cuadras de Olvera Street. En esta ocasión el demostró su talento fuera del cuadrilátero cantando una tradicional balada mexicana a sus admiradores, canciones que actualmente están disponibles en un disco compacto. (Fotografía de Ezequiel Tarango.)

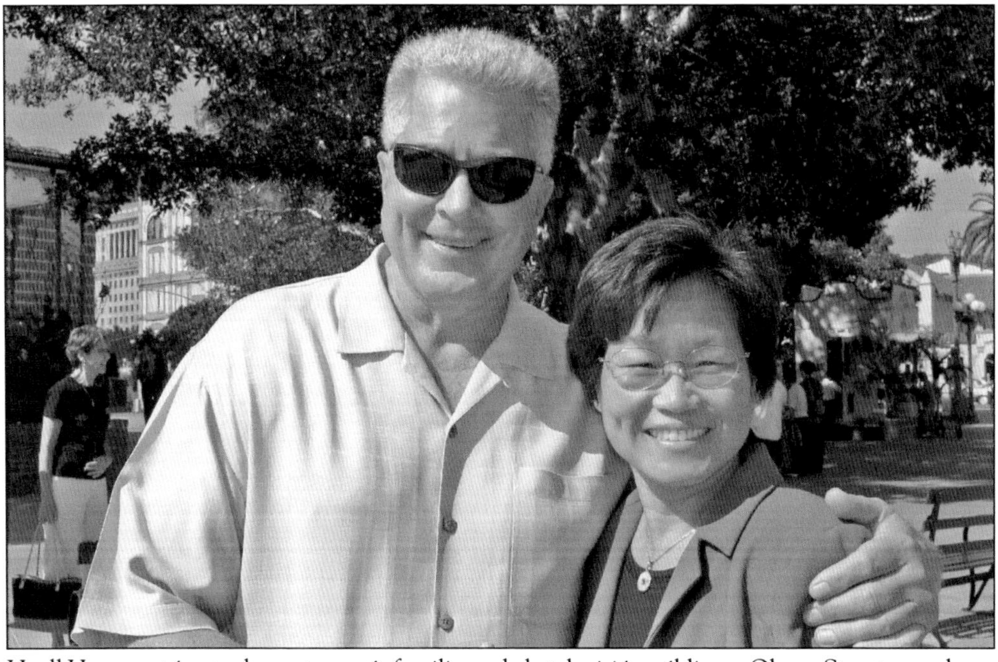

Huell Houser está entre los rostros más familiares de la televisión pública, y Olvera Street es un lugar favorito para su popular programa sobre la historia de California. En esta fotografía, posa para la cámara con la conservadora/historiadora de El Pueblo, Seullen Cheng. (Fotografía de Ezequiel Tarango.)

Cinco

Olvera Street, hoy y mañana

En los años 1960 se continuó viendo la transformación de Los Angeles que comenzó después de la Segunda Guerra Mundial. Las nuevas autopistas y un gran aumento de viviendas en la periferia, centros comerciales, y parques de diversiones lo que significó que las personas comenzaron a gastar menos tiempo en diversión y negocios en el centro de la ciudad. Aun así, Olvera Street continuó manteniendo un profundo sentimiento por los Angelenos que se mudaron hace mucho tiempo de los antiguos vecindarios del centro de la ciudad. Esto fue particularmente cierto para los mexicano-estadounidenses, quienes para 1960, llegaron a ser el grupo minoritario más grande de la ciudad—un hecho del cual se dio cuenta John F. Kennedy, quien vino a Olvera Street para buscar el apoyo de los mexicano-estadounidenses en su campaña para ser presidente.

Después de la muerte de Christine Sterling en 1963, la estructura administrativa de Olvera Street también cambió durante este periodo. El 1o de diciembre de 1965, un nuevo acuerdo de junta de poderes fue firmado, en el cual se estableció una comisión de 11 miembros para presidir El Pueblo, con cinco miembros designados por el gobernador, tres miembros por el Consejo de Supervisores del Condado y tres por el Alcalde de Los Angeles. El funcionamiento del mercado de Olvera Street continúo siendo subcontratado por El Pueblo de los Angeles Corporation.

A finales de las décadas de 1960 y de 1970 hubo un agitado período para Los Angeles y para toda la nación. La guerra de Vietnam, un nuevo período de inmigración, y un cambio de la economía mundial afectó a todos los sectores de la población. Las décadas de 1970 y de 1980 vieron la transformación de Los Angeles y sus alrededores como resultado de una inmigración a gran escala desde México, América Central, y Asia. Muchos de estos inmigrantes establecieron negocios en la ciudad y jugaron un papel importante en el renacimiento del centro de la ciudad. Para los latinos, quienes llegaron a ser la población mayoritaria, el área de la plaza y Olvera Street, ahora conocidas como El Pueblo de Los Angeles Historical Monument, creció en su trascendencia como un importante símbolo histórico y cultural, y también como un área vital de recreación y de vida religiosa.

Cambios en la administración de la plaza y de Olvera Street también ocurrieron durante este tiempo. En 1972, el acuerdo de junta de poderes y el contrato fueron revocados. Un nuevo acuerdo fue firmado el 1o de Abril de 1974, por el cual la Ciudad de Los Angeles, a través de su Departamento de Recreación y Parques, administraría el parque. Este acuerdo duró hasta que los legisladores del estado decidieron darle el parque a la Ciudad de Los Angeles y votaron para aprobar el Proyecto Senatorial No. 53 el 29 de Septiembre de 1987. Bajo ésta legislación, el traspaso debía ser logrado en el transcurso o antes del 1o de Enero de 1989, y el parque debía ser dirigido bajo las directrices expuestas en su Plan General para El Pueblo en 1981. El 12 de Febrero de 1990, el Departamento de Recreación y Parques oficialmente aceptó la propiedad de El Pueblo de Los Ángeles Historic Park.

Sin embargo, después de mucha discusión, se decidió que El Pueblo Park estaría mejor como un departamento separado de la ciudad, fuera del cuidado de Recreación y Parques. El Alcalde Tom Bradley nombró una comisión para El Pueblo, pero los miembros no fueron asignados debido al periodo de elecciones que afectaba a toda la ciudad. Richard J. Riordan fue elegido como alcalde en 1993 y procedió a designar una nueva comisión, la cual fue renombrada como El Pueblo de Los Ángeles Historical Monument Authority Comisión—Comisión Encargada del Monumento Histórico de Los Angeles. La primera reunión de la comisión tomó lugar el 30 de Agosto de 1994. En obediencia con la ordenanza institucional de El Pueblo como un nuevo departamento de la ciudad, se formó también un Comité Consejero de los Comerciantes, con cinco personas elegidas para tratar los diversos asuntos que afectan a los negocios y al turismo en Olvera Street.

Hoy mientras Olvera Street celebra su 75o aniversario, la nueva comisión y el comité consejero se reúnen regularmente para tratar los asuntos críticos que afectan a Olvera Street y al gran monumento. Juntos—con muchos empleados de la ciudad, voluntarios, familias comerciantes, y grupos de adherentes quienes componen la familia de El Pueblo—ellos están llevando hacia delante la visión de Christine Sterling mientras ellos planean el futuro para el lugar de nacimiento de Los Angeles.

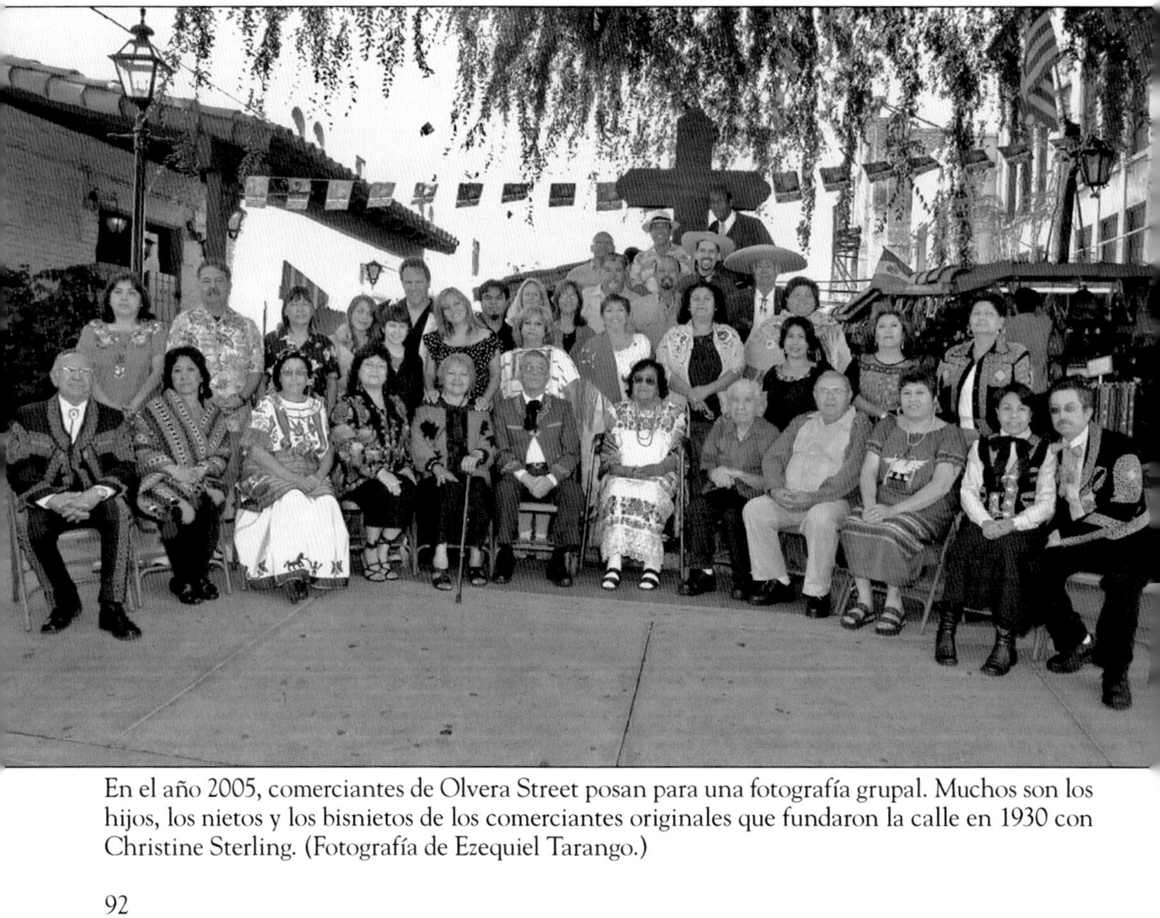

En el año 2005, comerciantes de Olvera Street posan para una fotografía grupal. Muchos son los hijos, los nietos y los bisnietos de los comerciantes originales que fundaron la calle en 1930 con Christine Sterling. (Fotografía de Ezequiel Tarango.)

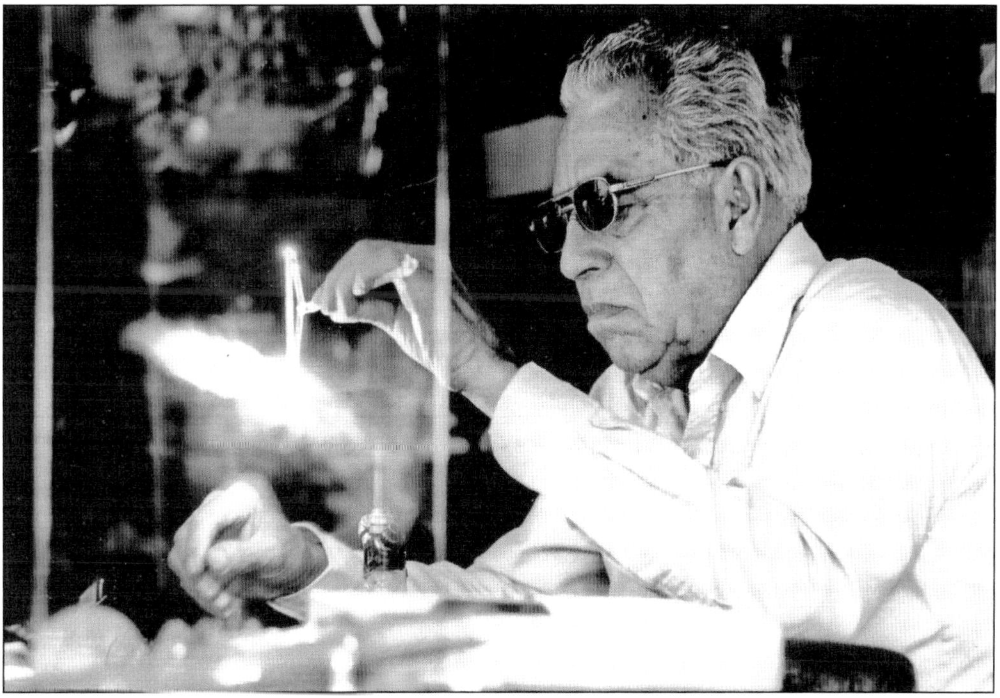

Por muchos años los visitantes de Olvera Street han sido deleitados por las hermosas creaciones de vidrio del artista Louis G. Díaz y su hijo Albert. Esta única forma de arte seguramente asombra a visitantes de todas las edades. (Cortesía de El Pueblo Historical Monument.)

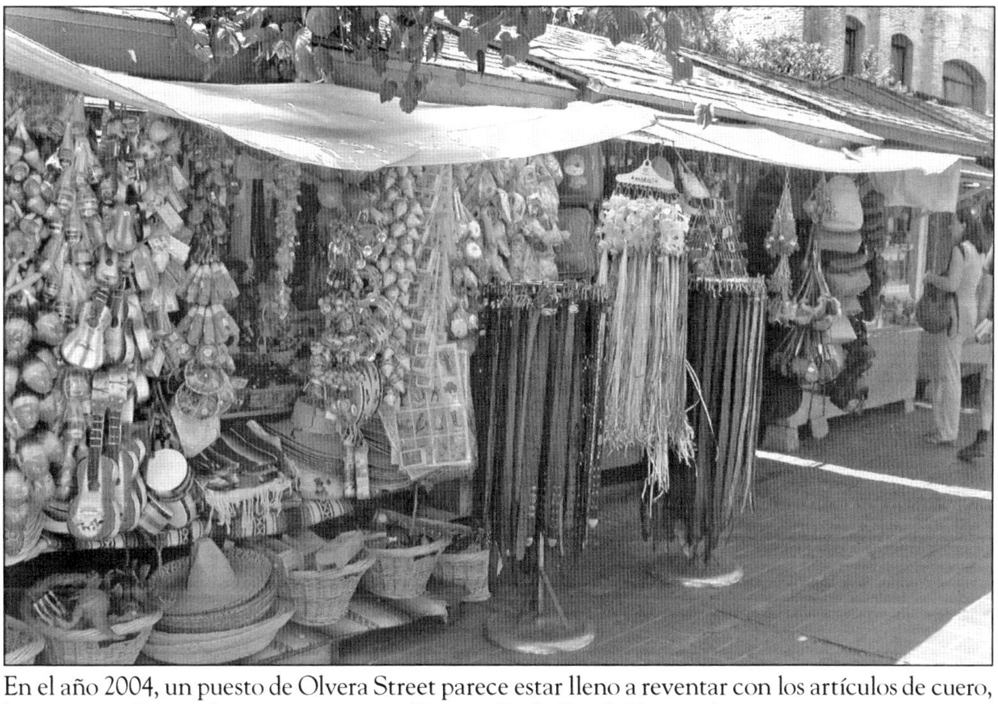

En el año 2004, un puesto de Olvera Street parece estar lleno a reventar con los artículos de cuero, los juguetes, los sombreros mexicanos. (Fotografía de Frank Damon.)

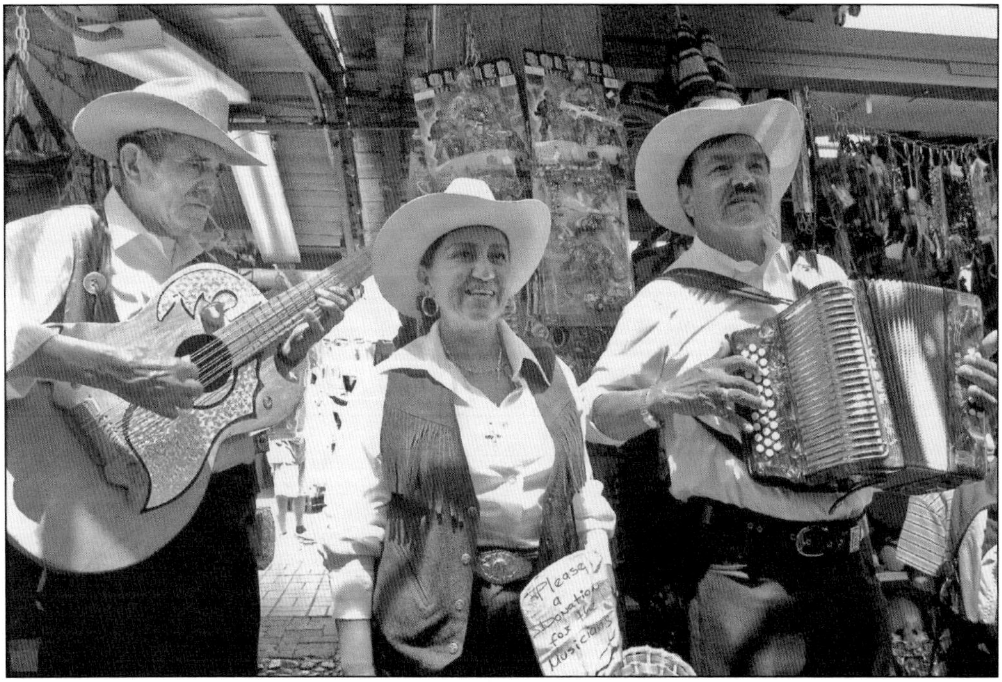

En cualquier día, la música de México puede ser escuchada en Olvera Street, sumando un sabor especial a la deliciosa comida que los visitantes disfrutan en muchos restaurantes estilo patio que hay en la calle. (Fotografía de Ezequiel Tarango.)

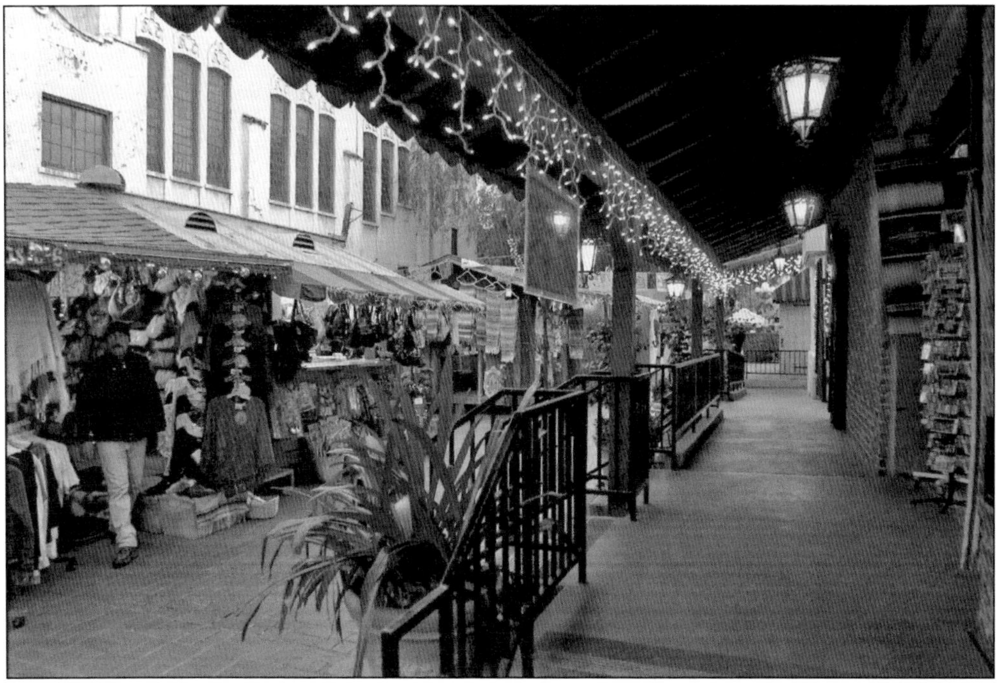

Bien temprano en la mañana, Olvera Street es un lugar especial para beber una tranquila taza de chocolate caliente mexicano y para reflexionar sobre la rica historia del lugar de nacimiento de Los Angeles. (Fotografía de Ezequiel Tarango.)

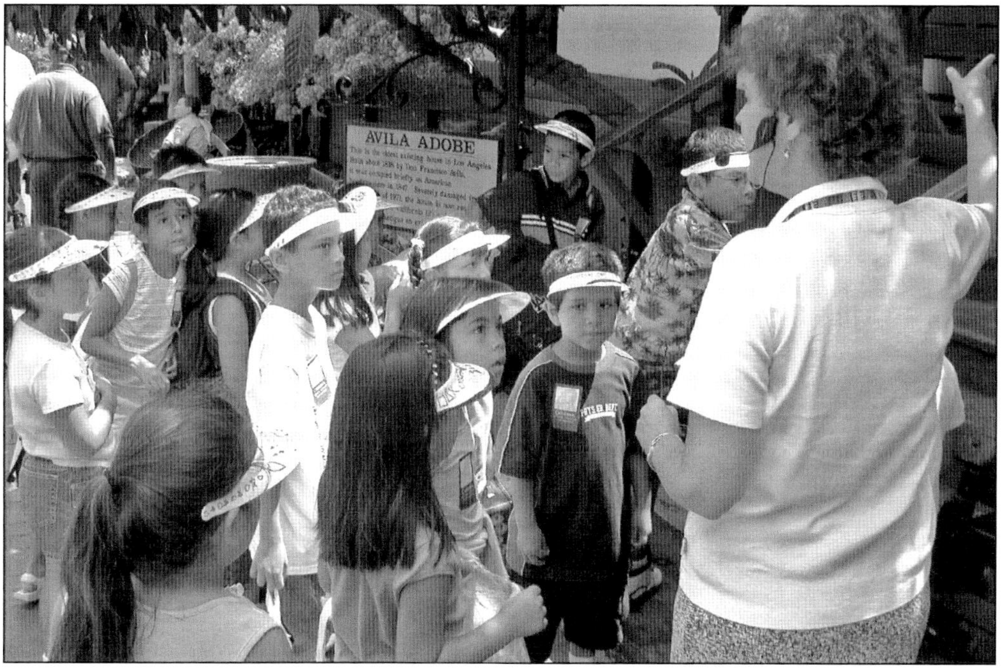

Marilyn Lee de Las Angelitas del Pueblo es una entre las muchas voluntarias docentes que proveen gratuitamente educativas visitas guiadas de El Pueblo. Una abogada jubilada del centro de la ciudad, que por muchos años estaba en medio de las acaloradas batallas legales en el juzgado a solo una cuadra de distancia, Marilyn se enamoró de la historia y de la gente de la antigua plaza y Olvera Street. Hoy ella comparte ese amor durante sus especiales visitas guiadas para los visitantes, especialmente para los niños de la escuela local. (Fotografía de Ezequiel Tarango.)

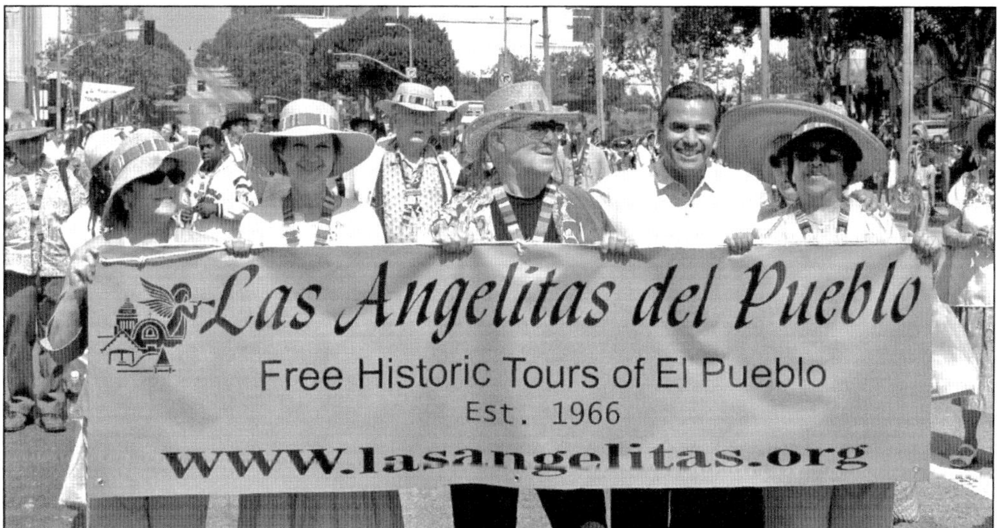

En el 2005, el Alcalde Villaraigosa se une a Las Angelitas del Pueblo en la celebración del 75o aniversario. El evento fue coronado con un desfile y una ceremonia formal en donde se reconocieron las contribuciones de Christine Sterling y de los comerciantes de Olvera Street en la preservación del lugar de nacimiento de Los Angeles. (Fotografía de Frank Damon.)

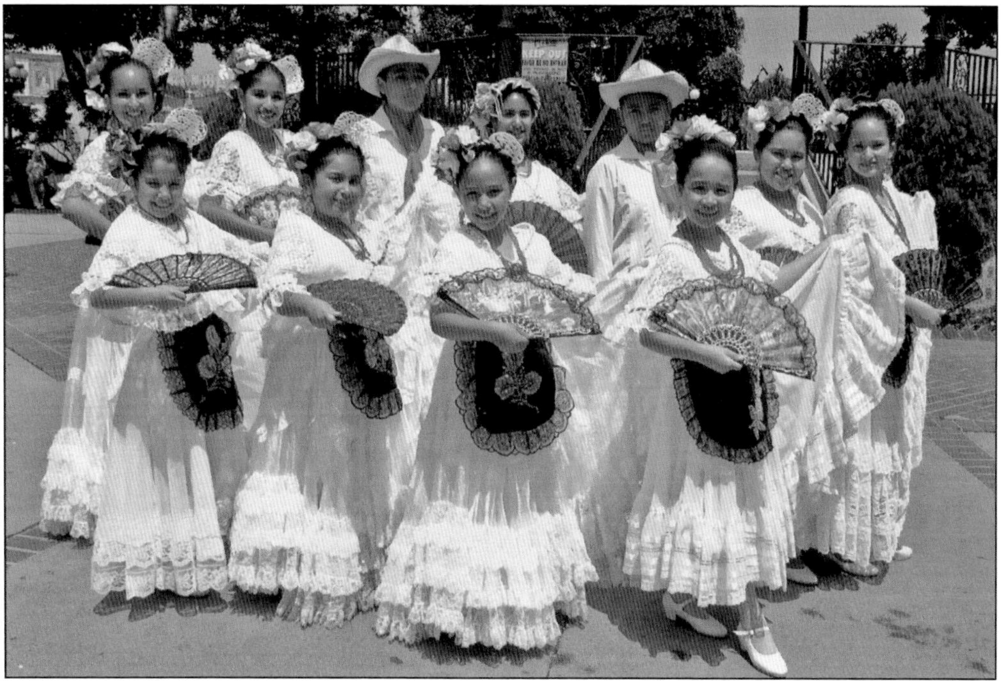

En Olvera Street, jóvenes bailarinas, vestidas en hermosos vestidos de encaje blanco, perpetúan las tradiciones de Veracruz, México. (Fotografía de Ezequiel Tarango.)

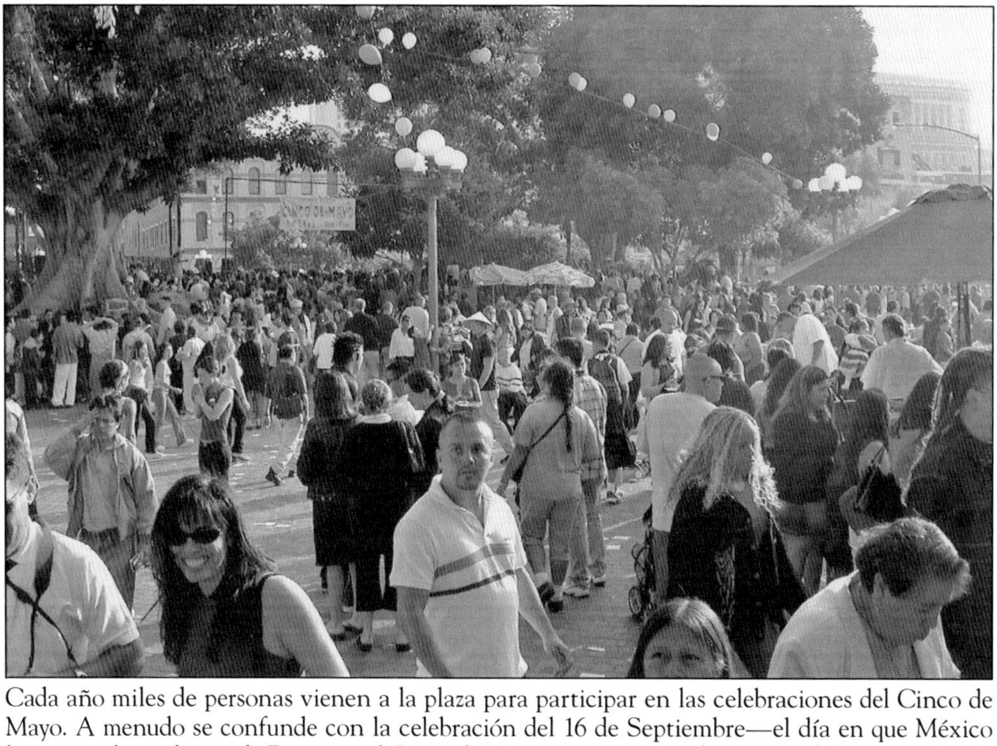

Cada año miles de personas vienen a la plaza para participar en las celebraciones del Cinco de Mayo. A menudo se confunde con la celebración del 16 de Septiembre—el día en que México logra su independencia de España—el Cinco de Mayo se conmemora la victoria de México sobre la ocupación francesa en la batalla de Puebla el 5 de Mayo de 1862. (Fotografía de Frank Damon.)

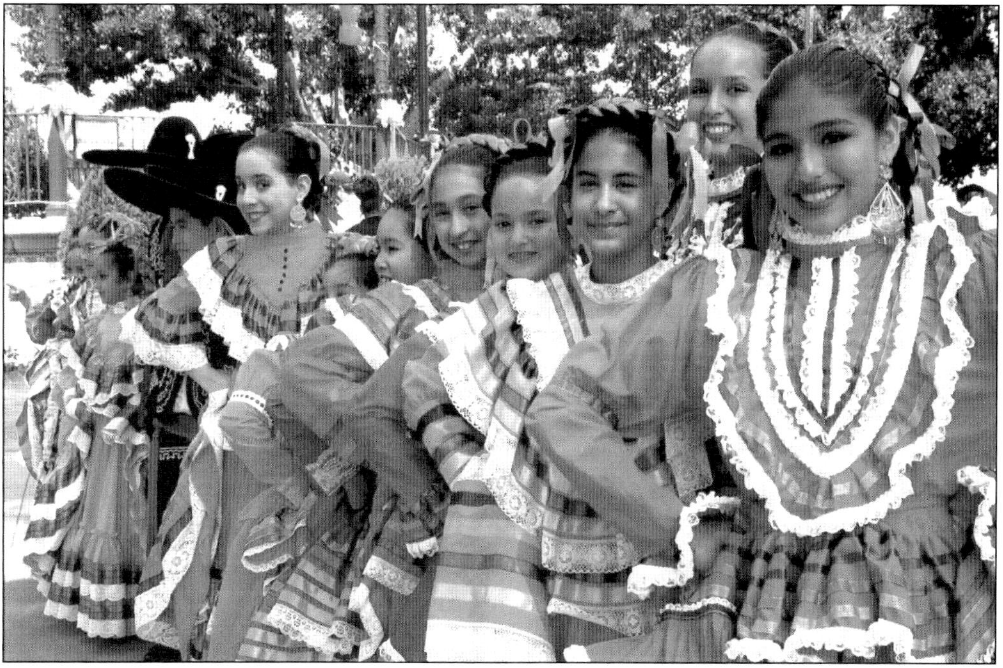

Jóvenes bailarines folklóricos mexicanos posan en la plaza para la cámara. (Fotografía de Ezequiel Tarango.)

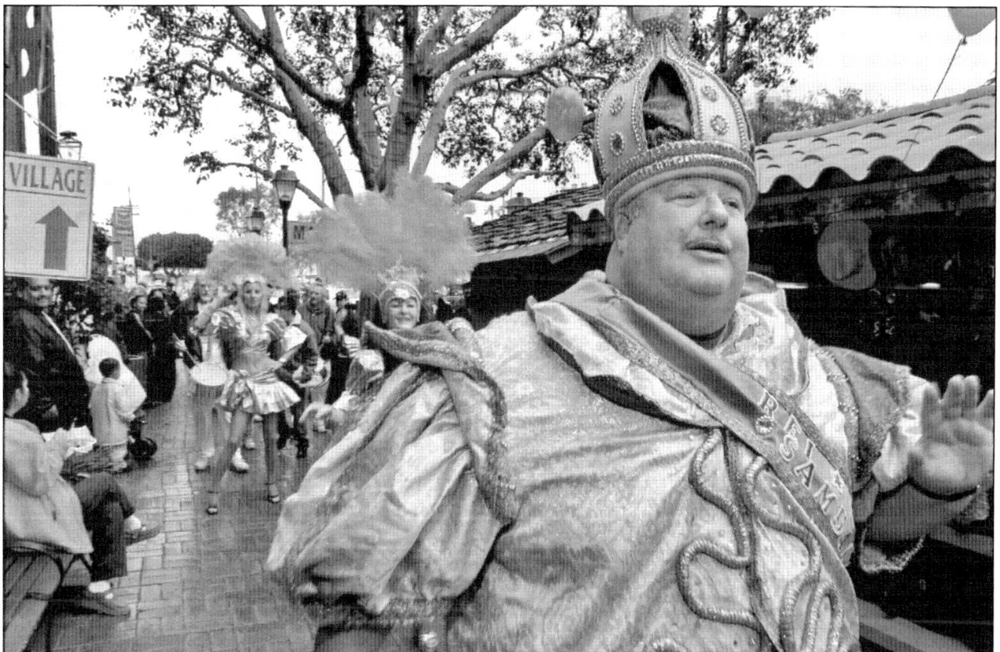

Desde los días de Christine Sterling y Consuelo de Bonzo, Mardi Gras ha sido anualmente un evento favorito en Olvera Street. (Fotografía de Ezequiel Tarango.)

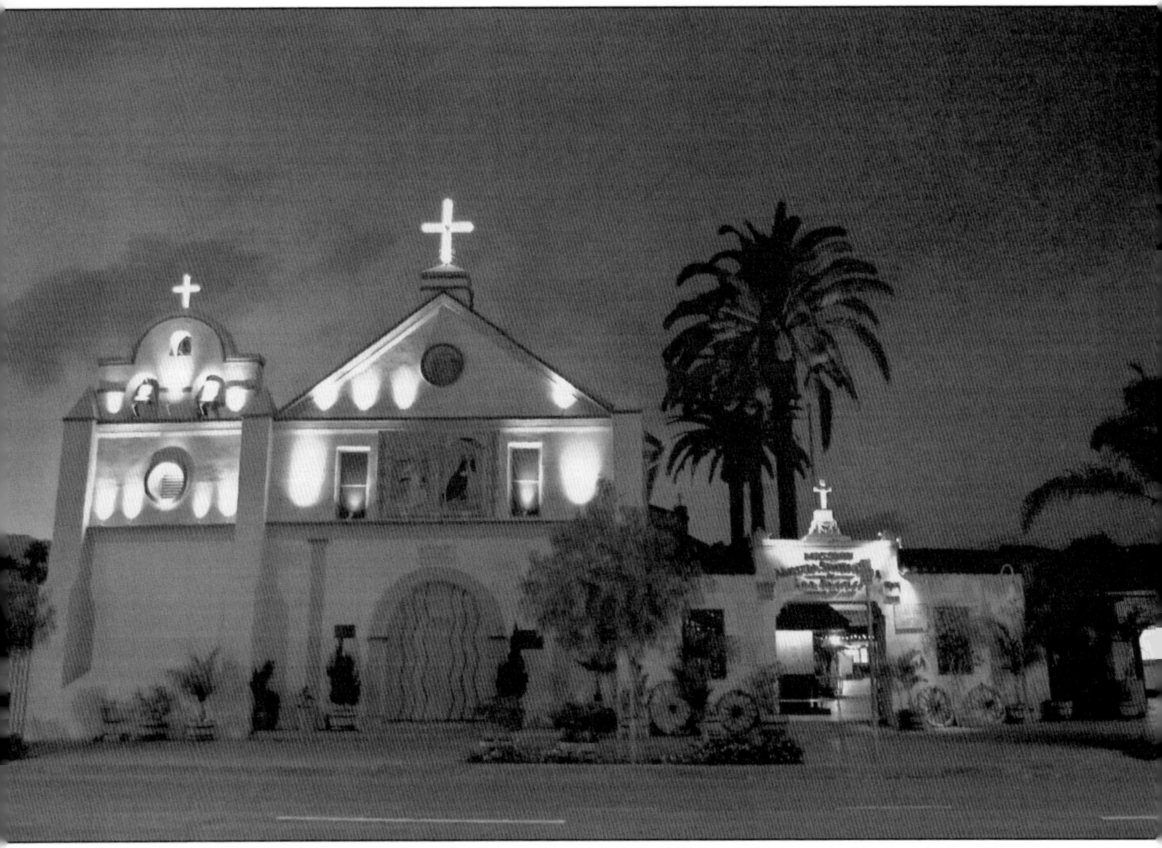

Our Lady Queen of Los Angeles Church—La Iglesia de Nuestra Señora la Reina de Los Angeles—vigila mientras la antigua plaza y Olvera Street duermen. (Fotografía de Ezequiel Tarango.)

La estatua del Gobernador Felipe de Neve (1727–1784), fundador de Los Angeles, está ubicada al oeste, al final de la plaza. Neve era el Gobernador de las Californias de Nueva España desde 1775 hasta 1783. En 1777, rumbo a la capital territorial de Monterey, Neve pasó por la cuenca de Los Angeles y la encontró un prometedor sitio para establecer un pueblo civil. El pueblo sería una comunidad agrícola que apoyaría las misiones y los presidios militares. Neve organizó la expedición desde el noroeste de México que trajo a los 44 pobladores que fundaron El Pueblo de la Reina de Los Angeles el 4 de Septiembre de 1781. (Fotografía de Ezequiel Tarango.)

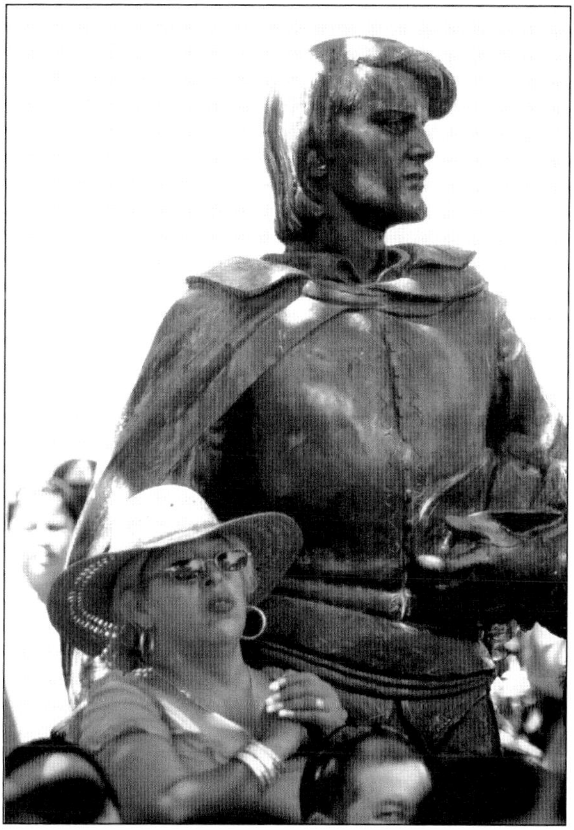

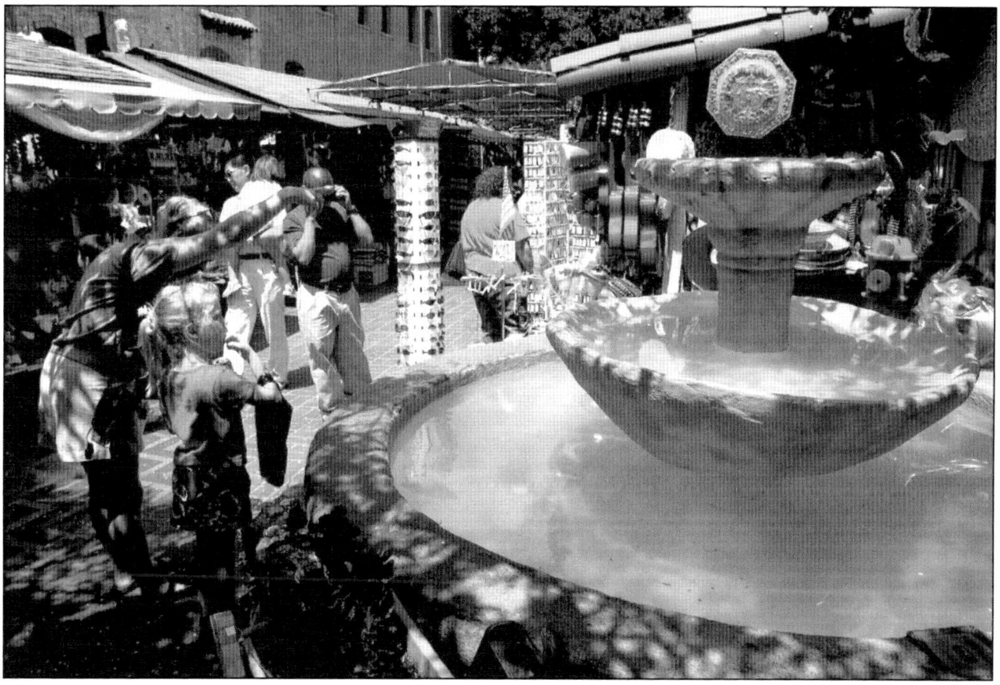

Los turistas estan pidiendo un deseo en la fuente de Olvera Street. (Fotografía de Ezequiel Tarango.)

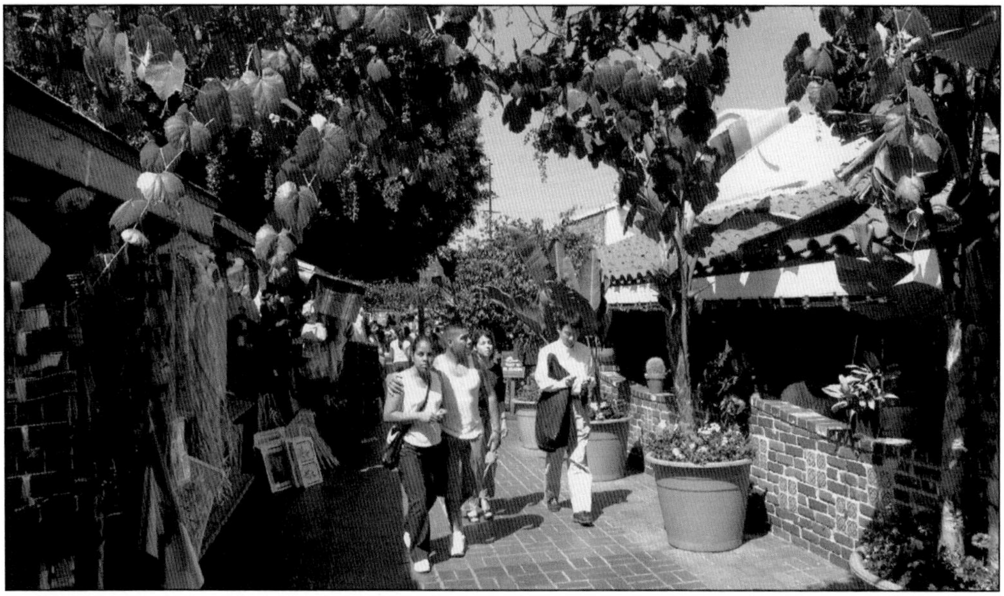

Mientras están de compras a lo largo de Olvera Street, los turistas pueden disfrutar una gran comida mexicana en El Paseo Inn. El restaurante esta ubicado en el antiguo Winery Building (1870–1914), el cual data del siglo XIX cuando Olvera Street era la capital de los productores de vino del sur de California. (Fotografía de Ezequiel Tarango.)

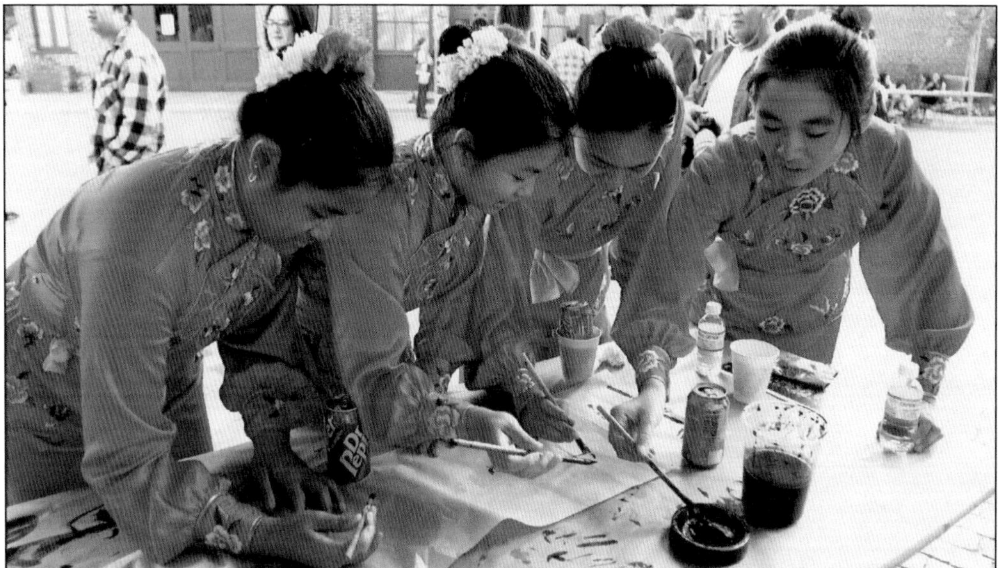

Chinese Lantern Festival es anualmente un evento en la plaza (fotografía del 2004). Distinto al día de Año Nuevo de Occidente, la celebración del Año Nuevo Chino consiste en 15 días de festividades, las cuales comienzan en la primera luna nueva del calendario lunar. En la Víspera del Año Nuevo Chino, las familias limpian sus ancestrales sepulcros y cementerios para invitar respetuosamente a que sus ancestros regresen a casa para las festividades. La señal que indica el término de la celebración del año nuevo es la primera luna llena. Los faroles representan la finalización de este periodo de armonía y «unión» porque ellos señalan el camino a casa para los invitados del festival y sus ancestros. (Fotografía de Ezequiel Tarango.)

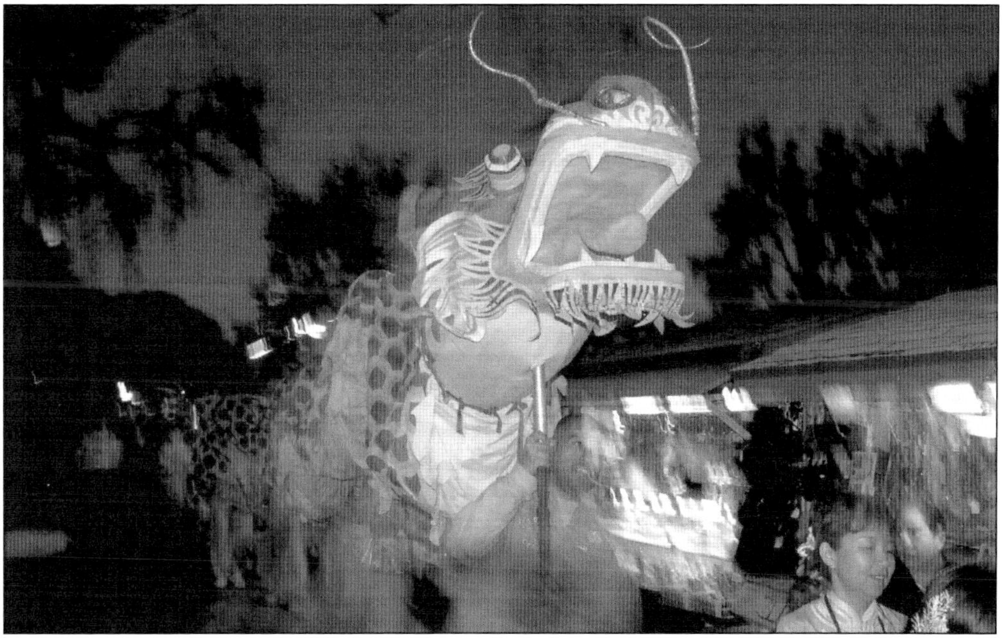

El día de faroles envía la bendición de armonía, orden, y unidad para permanecer con todos el resto del año. Como las encendidas esferas de los faroles del festival, el comer arroz envuelto en masa llamado «tang yuan», una pegajosa bola de arroz con un relleno dulce, también simboliza el deseo de que la vida corre dulce y suavemente. En esta fotografía del 2004, un dragón chino serpentea en su camino por Olvera Street durante el Lantern Festival. (Fotografía de Ezequiel Tarango.)

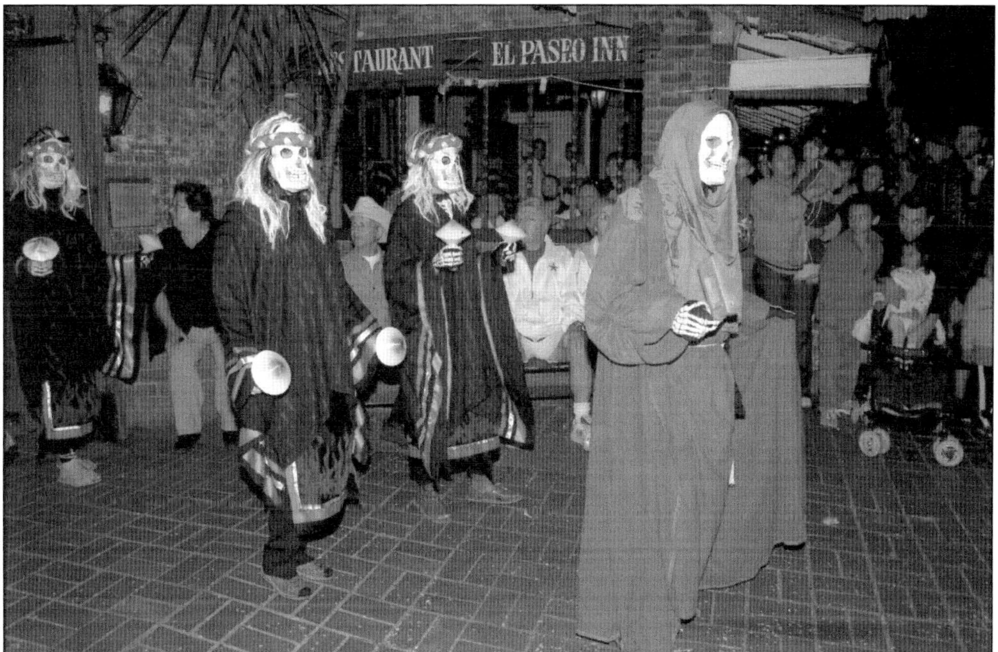

El Día de Los Muertos en Olvera Street es la manera tradicional en que los mexicanos se reconectan con los seres queridos que han fallecido. (Fotografía de Ezequiel Tarango.)

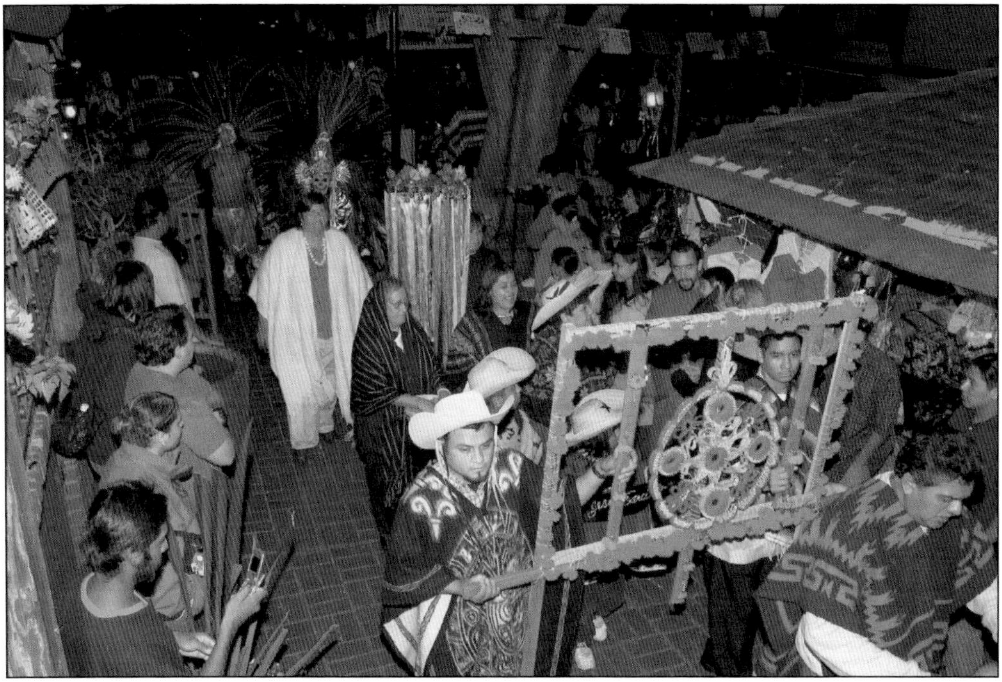

Las comerciantes de Olvera Street Norma García, Rosa Flores, y Diana Robertson (de blanco) encabezan la procesión del Día de Los Muertos en el 2004. (Fotografía de Ezequiel Tarango.)

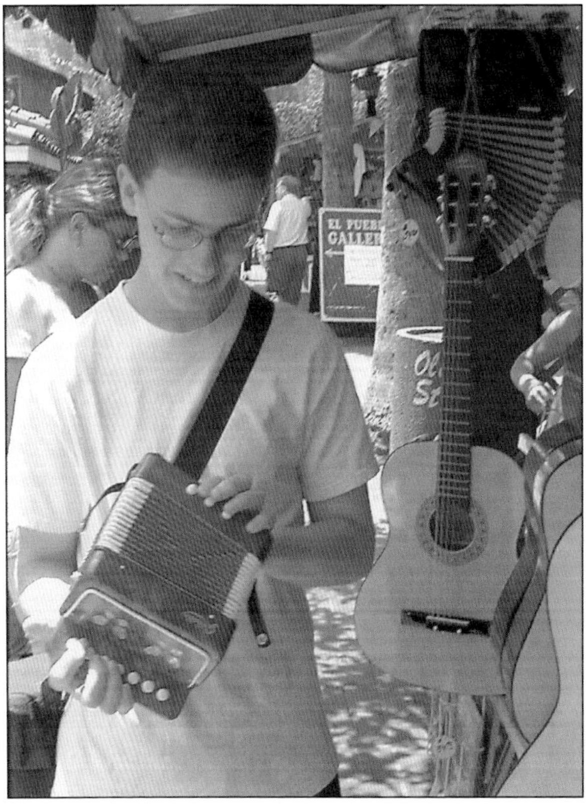

Tomar una difícil decisión en Olvera Street es si ¿comprar un acordeón o una guitarra? La mayoría de los comerciantes recomendaría, «¿Por qué no compra los dos instrumentos?» (Fotografía de Frank Damon.)

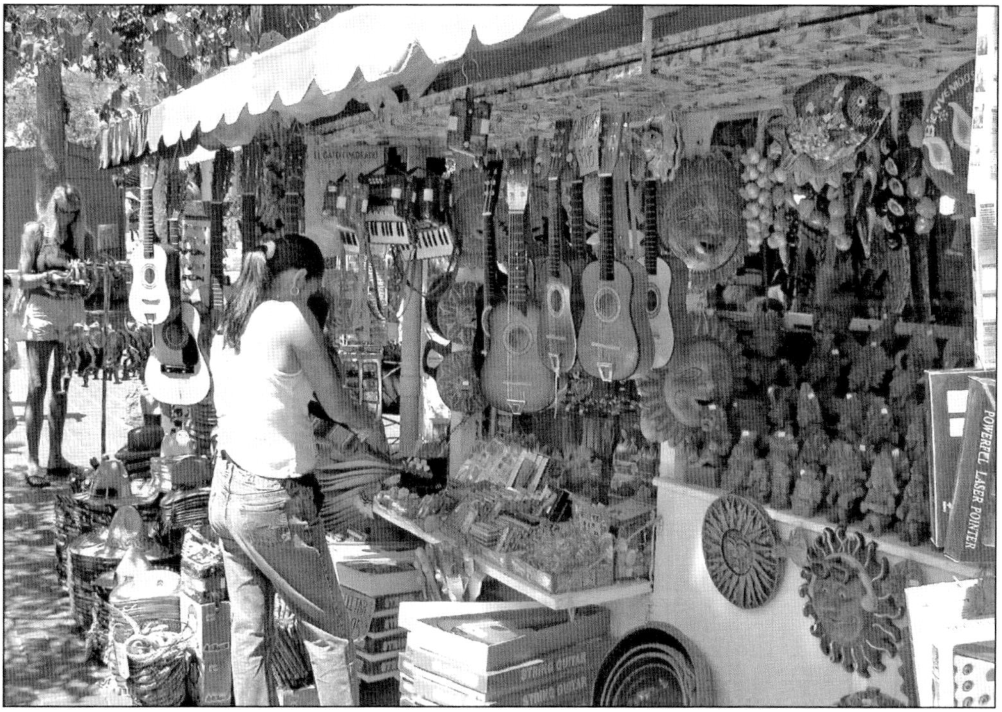

Aquí está un típico puesto de madera en Olvera Street. Los primeros puestos comenzaron a ser construidos a mediados de los años 1930 y sus aspectos no han cambiado con el paso de los años. (Fotografía de Frank Damon.)

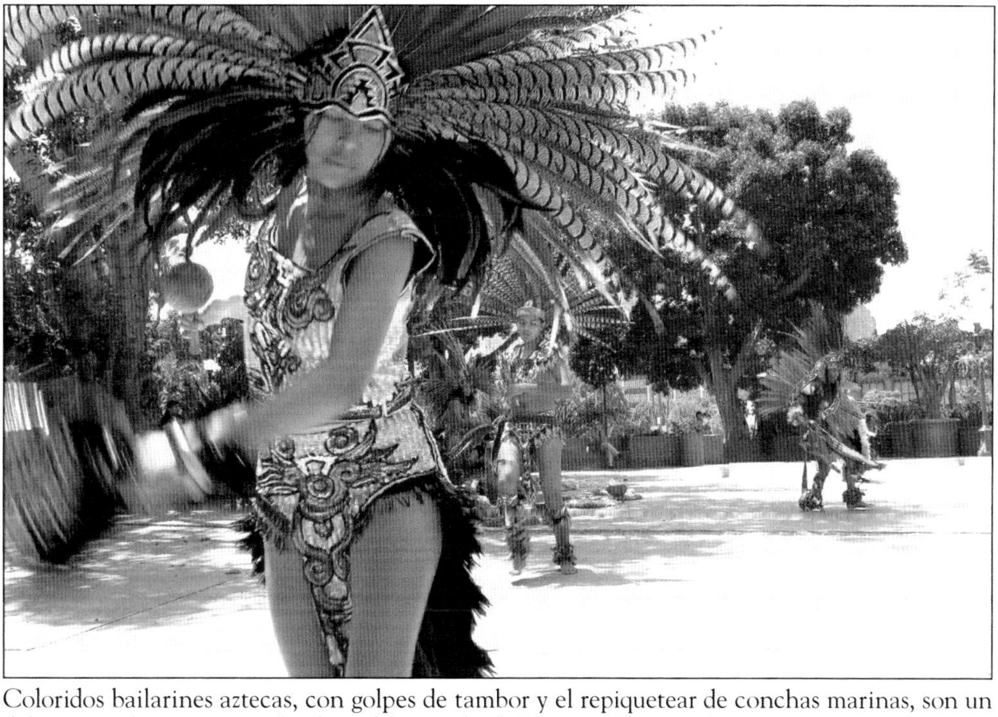

Coloridos bailarines aztecas, con golpes de tambor y el repiquetear de conchas marinas, son un deleite para los turistas en la plaza. (Fotografía de Ezequiel Tarango.)

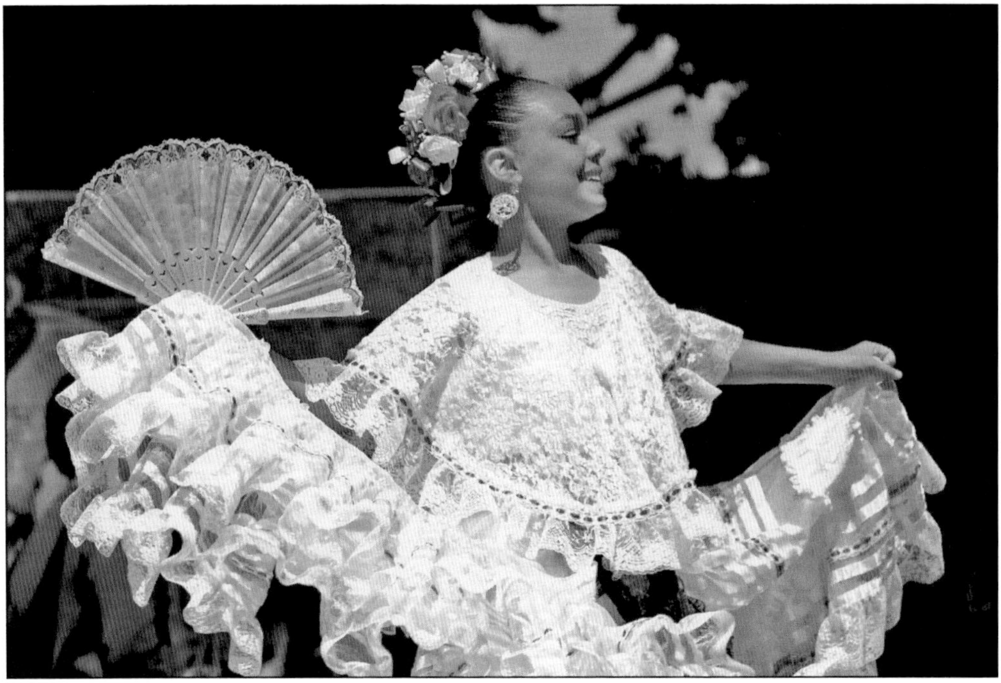

Con un solo click de la cámara, el talentoso fotógrafo Ezequiel Tarango ha conseguido la belleza del baile y la cultura mexicana. (Fotografía de Ezequiel Tarango.)

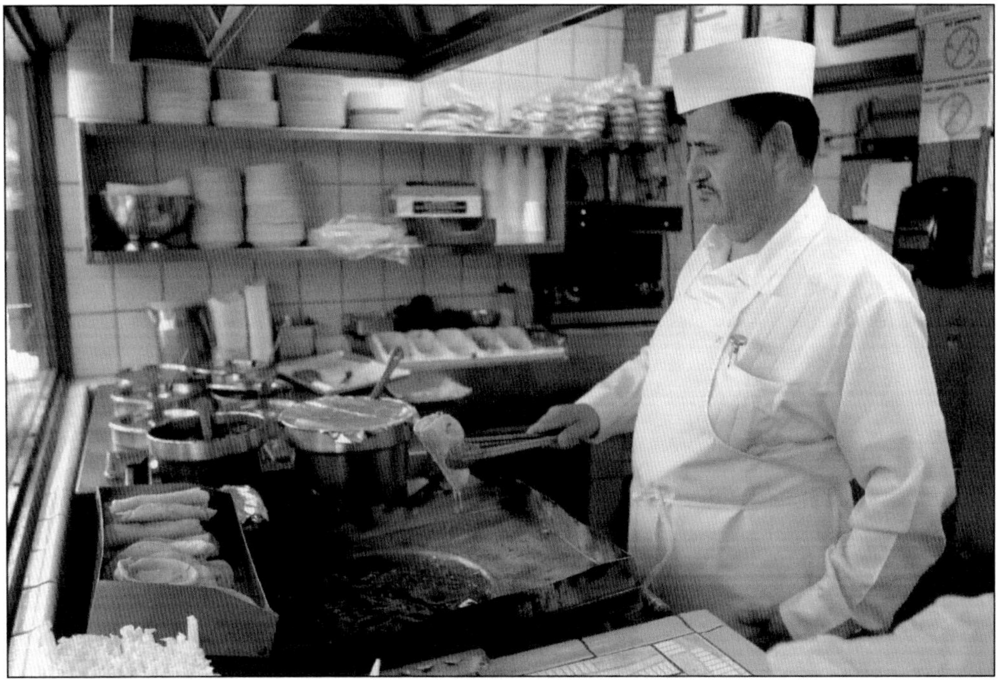

El comerciante de Olvera Street Guillermo «Memo» García, propietario del siempre concurrido La Noche Buena en el E-8 Olvera Street, prepara sus deliciosos tacos. (Fotografía de Ezequiel Tarango.)

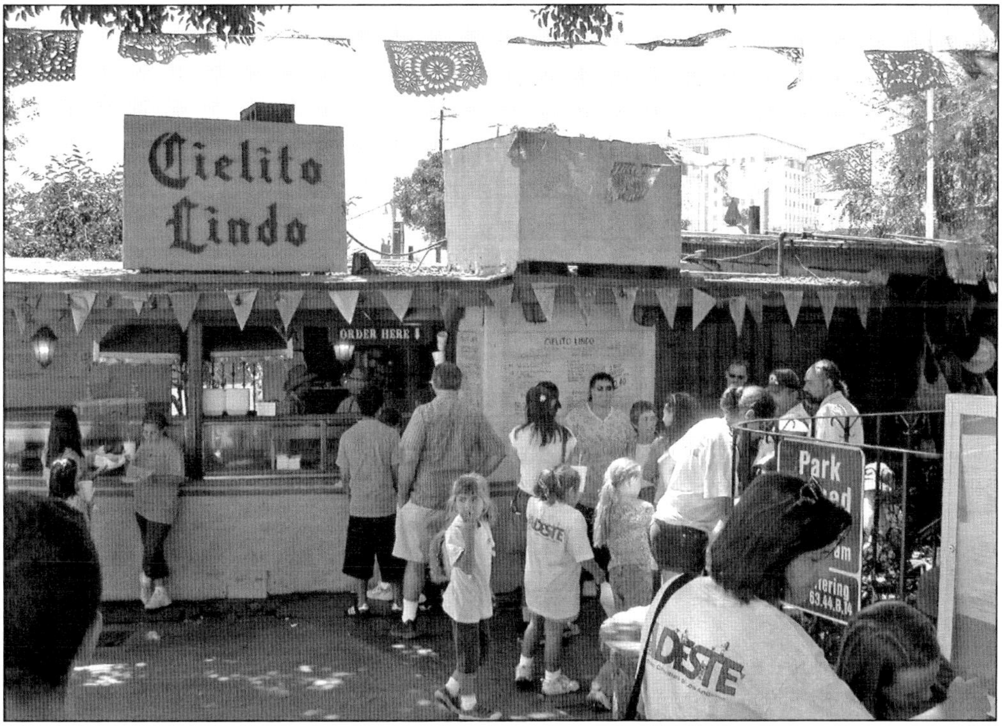

Una tradicional parada en Olvera Street para los turistas es Cielito Lindo, para probar sus famosos taquitos. (Fotografía de Frank Damon.)

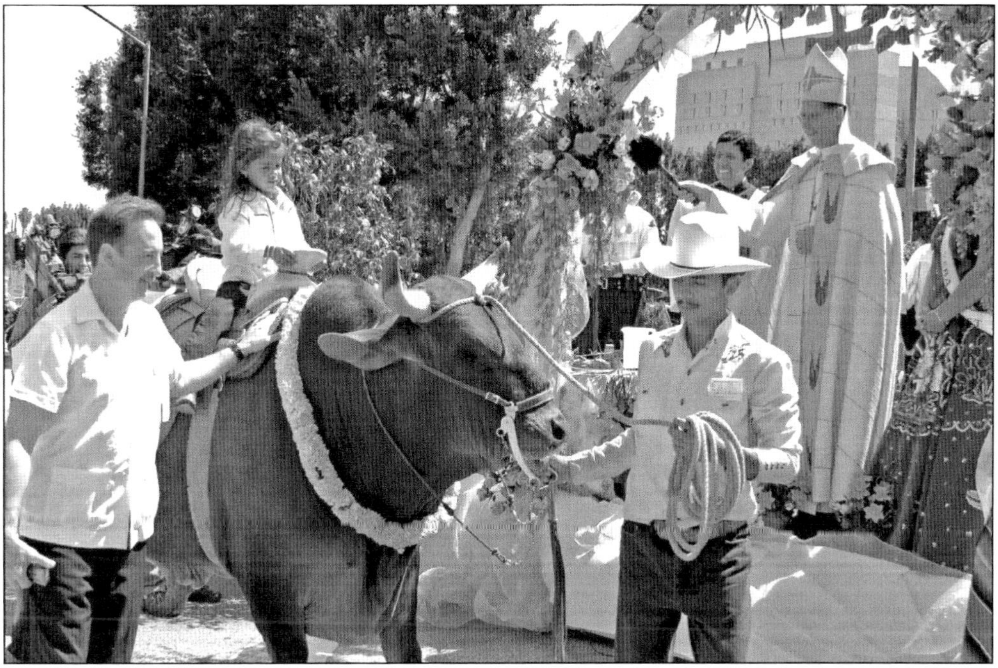
La Bendición de Animales ha sido organizada por los comerciantes de Olvera Street desde los años 1930, y ningún animal es demasiado grande o pequeño para la bendición anual del Cardenal Roger Mahoney. (Fotografía de Frank Damon.)

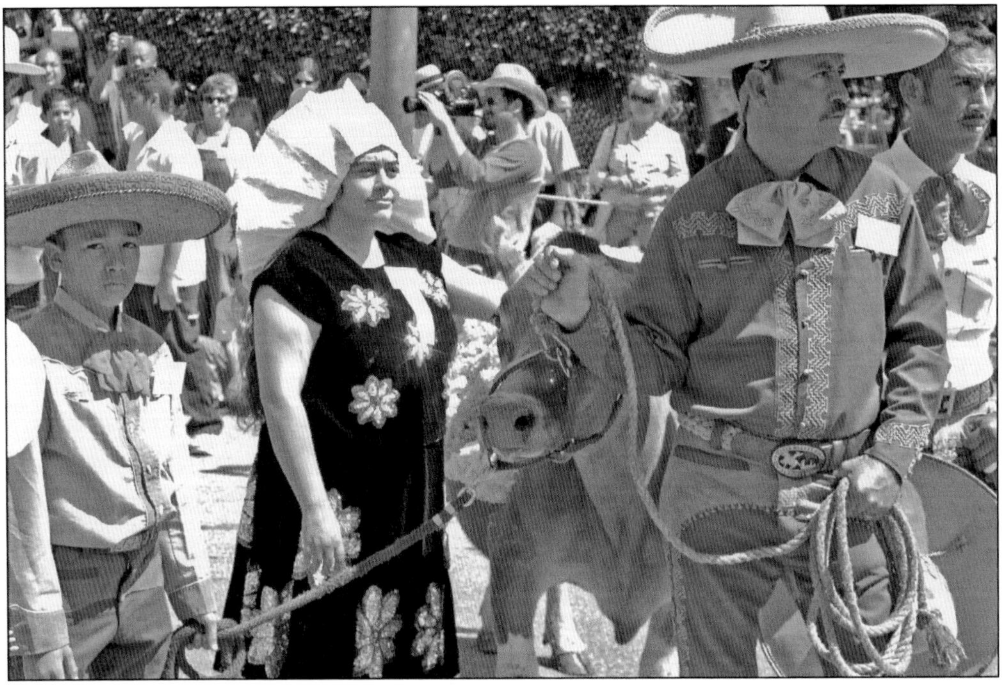

Valeria García Hanley (al centro) es hija de Mike y Norma García, dueños de Casa California. Actualmente, ella es la tercera generación de comerciantes y ha participado en la Bendición de los Animales desde que era una niña. (Fotografía de Frank Damon.)

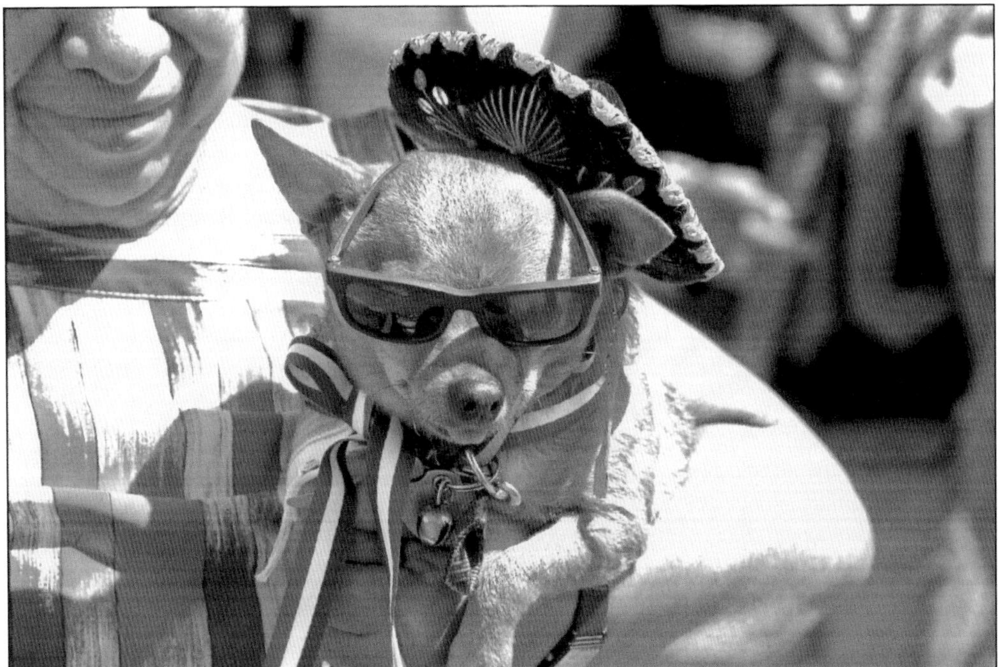

¡El travieso Chihuahua está bendecido y listo para otro año! (Fotografía de Frank Damon.)

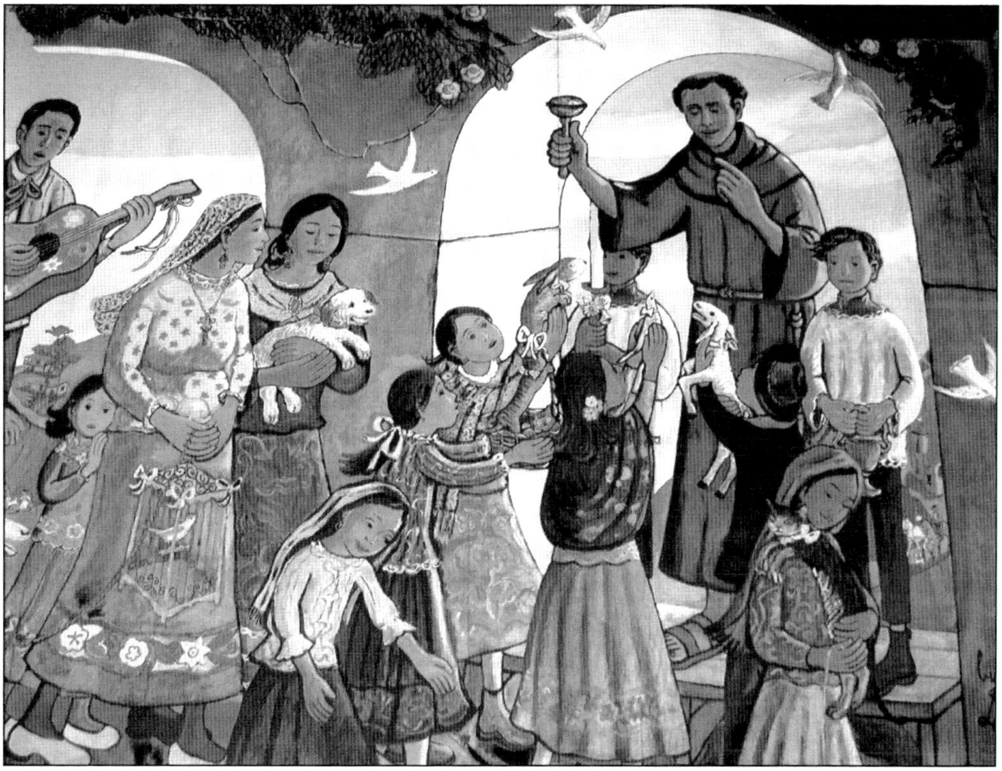

El mural *Blessing of the Animals* del renombrado artista italiano-estadounidense Leo Politi (1910–1996) es uno de los favoritos entre los niños y puede ser visto delante del Biscailuz Building. Politi empezó pintado sus famosas obras en los años 1940, muchos de los cuales se convirtieron en populares libros infantiles. Hoy, es considerado como el artista de Olvera Street. (Fotografía de Frank Damon.)

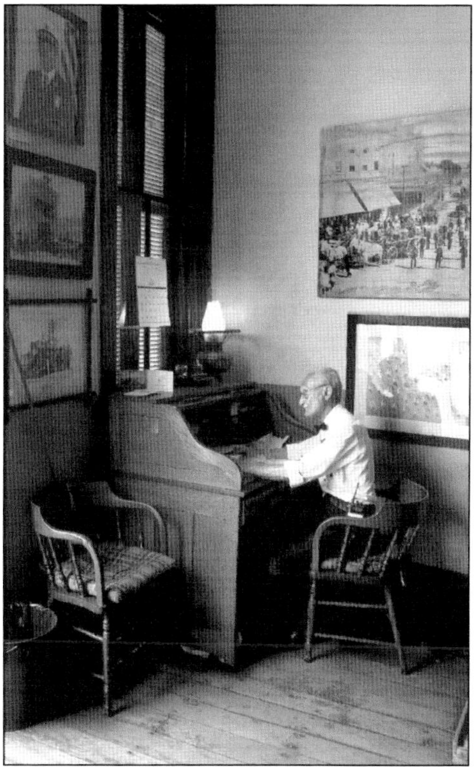

Elmo Gambarrana, guía del museo El Pueblo y originario de New York, toma notas al final de otro agotador día en Old Firehouse, donde sus charlas encantan a los visitantes. (Fotografía de Ezequiel Tarango.)

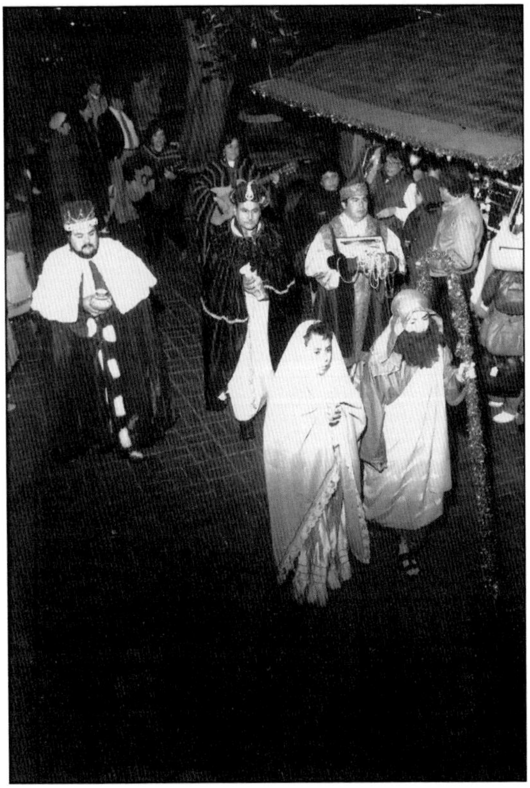

Mike y Rosa Mariscal encabezan la solemne procesión durante Las Posadas en Olvera Street, la que se realiza cada Diciembre, mientras los comerciantes Archie Santana, Manuel Murillo, y Rafael Caballero los siguen como los tres reyes magos. (Cortesía de El Pueblo Historical Monument.)

El Italian Hall fue construido entre 1907 y 1908 por la francesa Marie Ruellan Hammel, y es el futuro hogar para el Italian Hall Museum. (Cortesía de El Pueblo Historical Monument.)

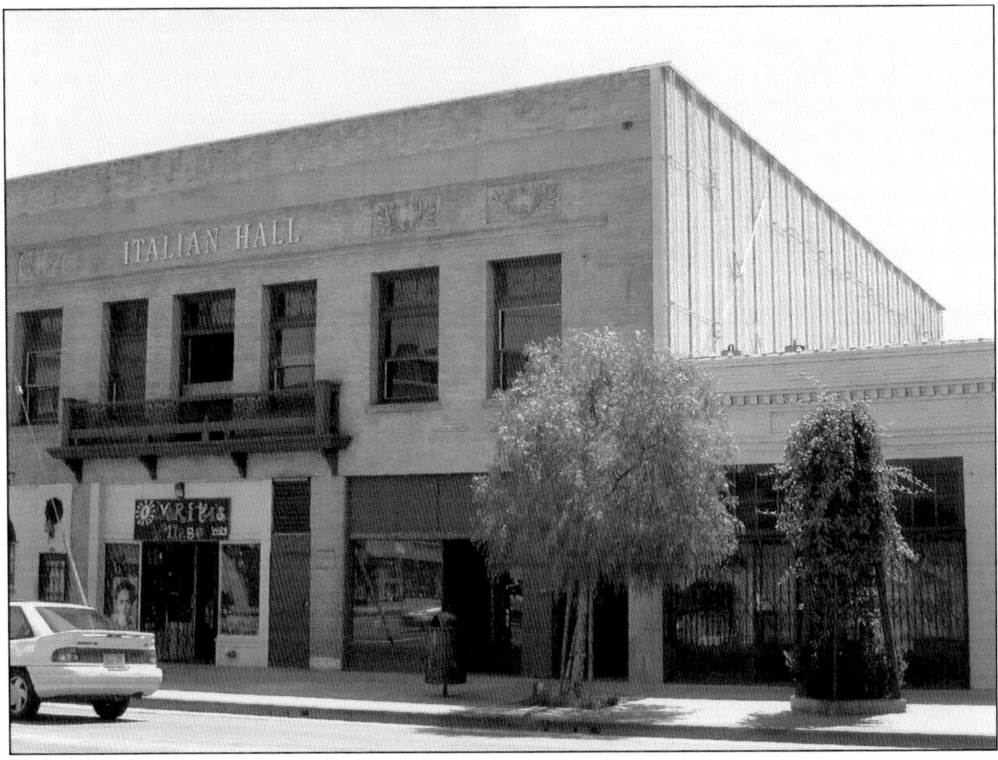

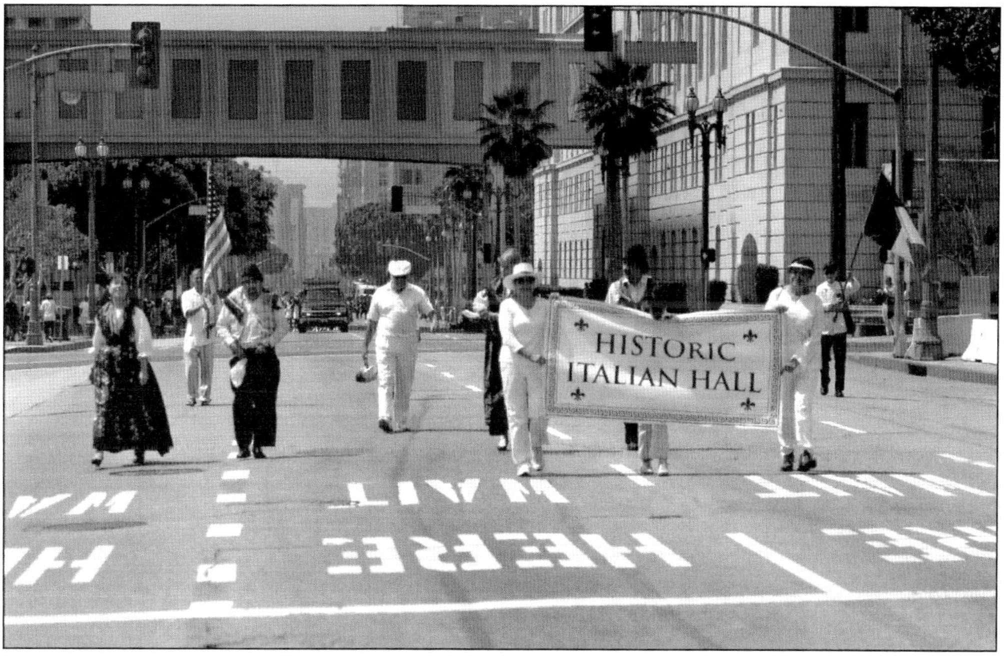

En el 2005, miembros del Historic Italian Hall Foundation marchan en conmemoración del 75o aniversario de la inauguración de Olvera Street. (Fotografía de Ezequiel Tarango.)

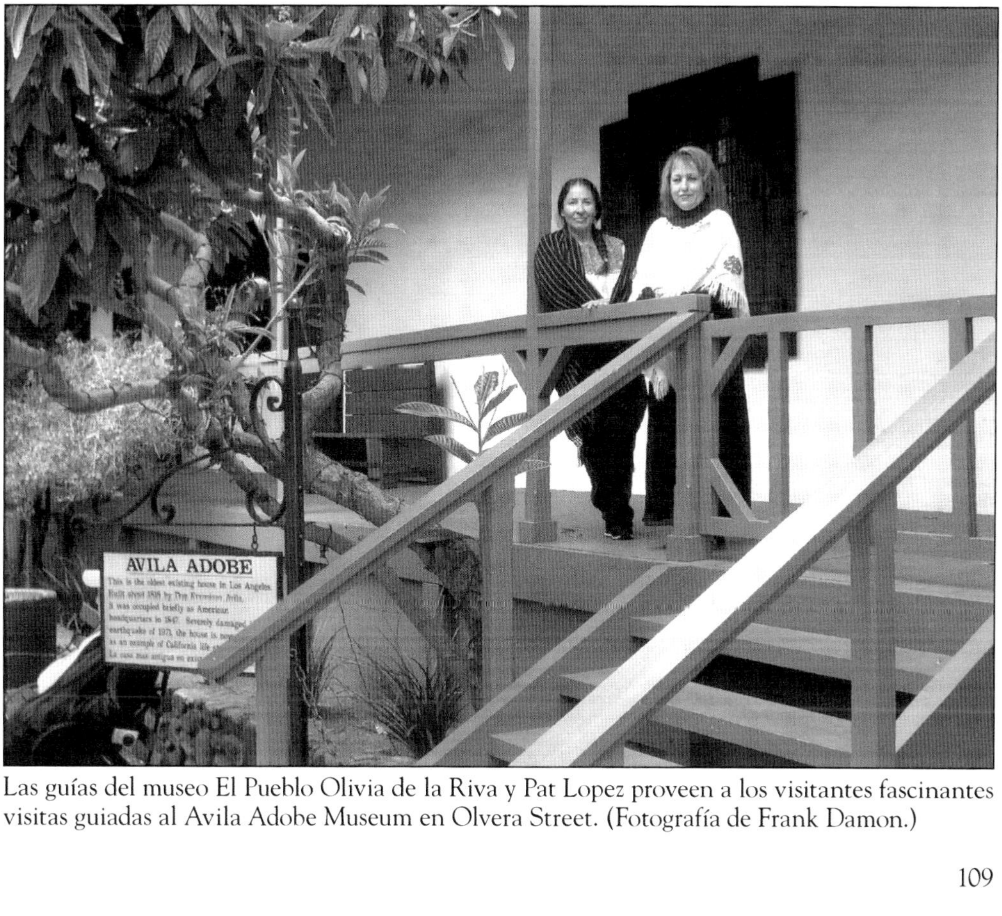

Las guías del museo El Pueblo Olivia de la Riva y Pat Lopez proveen a los visitantes fascinantes visitas guiadas al Avila Adobe Museum en Olvera Street. (Fotografía de Frank Damon.)

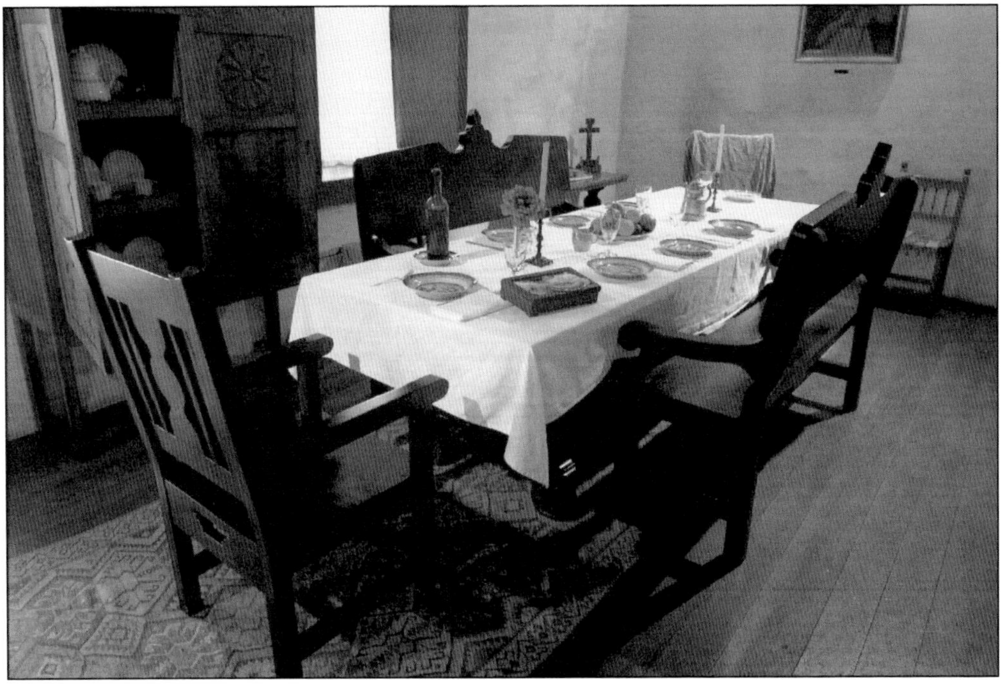

Una vista interior del comedor de Avila Adobe muestra como podría haber sido alrededor del año 1840. Los Avilas fueron una prospera familia de rancheros de la época mexicana en Los Angeles y fueron los propietarios del Rancho La Cienaga. Su casa de adobe construida en 1818 en Olvera Street es la casa más antigua existente en Los Angeles. (Fotografía de Ezequiel Tarango.)

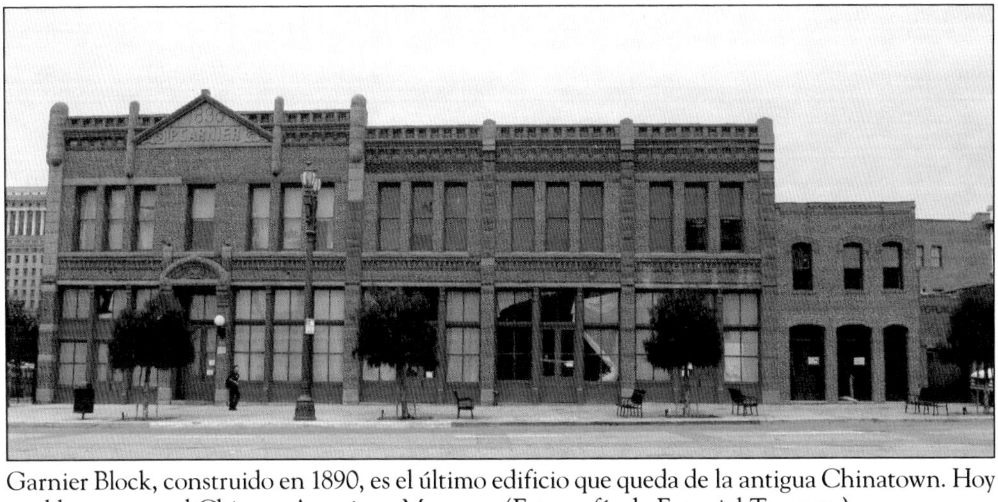

Garnier Block, construido en 1890, es el último edificio que queda de la antigua Chinatown. Hoy es el hogar para el Chinese American Museum. (Fotografía de Ezequiel Tarango.)

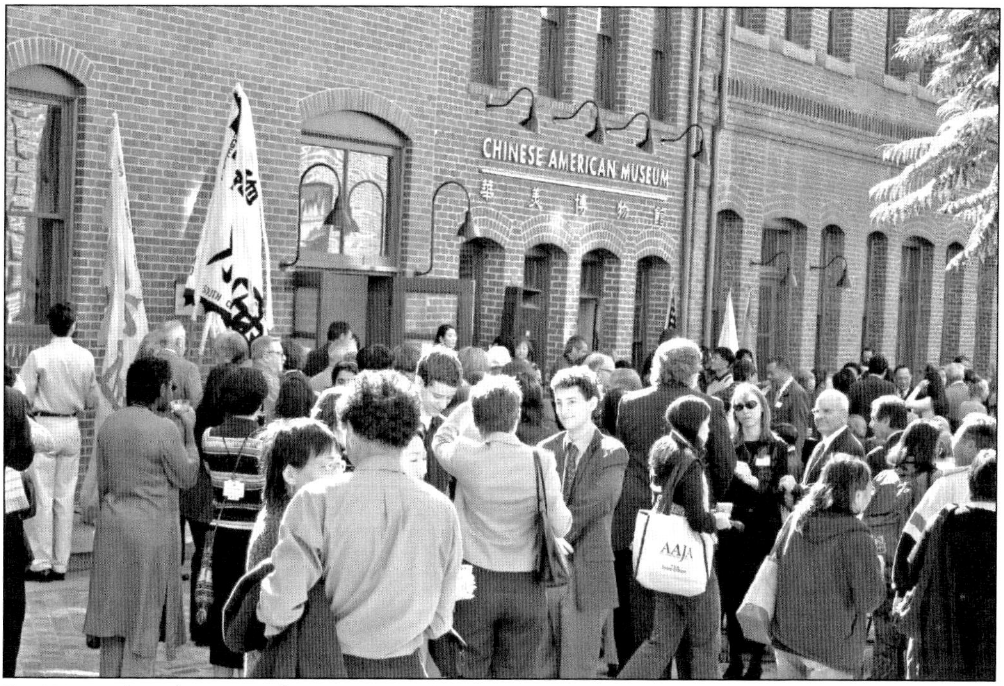

En Diciembre de 2003, fue inaugurado el Chinese American Museum. (Fotografía de Frank Damon.)

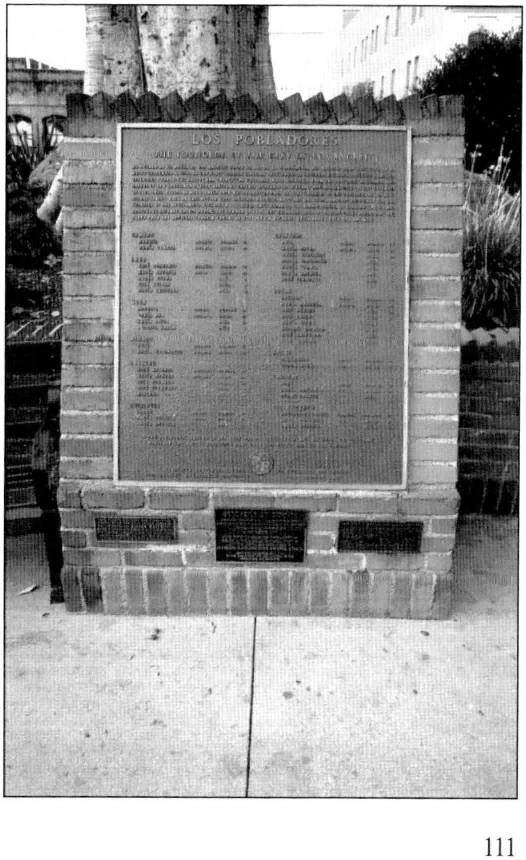

La placa que recuerda a los fundadores está donde todas las visitas guiadas comienzan. En la placa está el listado con los nombres de los 44 pobladores originales (fundadores) de Los Angeles. Ellos eran de 11 familias, con 22 adultos y 22 niños y eran de descendencia indígena, africana, y europea. Hoy muchos de sus descendientes marchan desde San Gabriel Mission a la plaza el 4 de Septiembre para conmemorar el día de la fundación de la ciudad. (Fotografía de Ezequiel Tarango.)

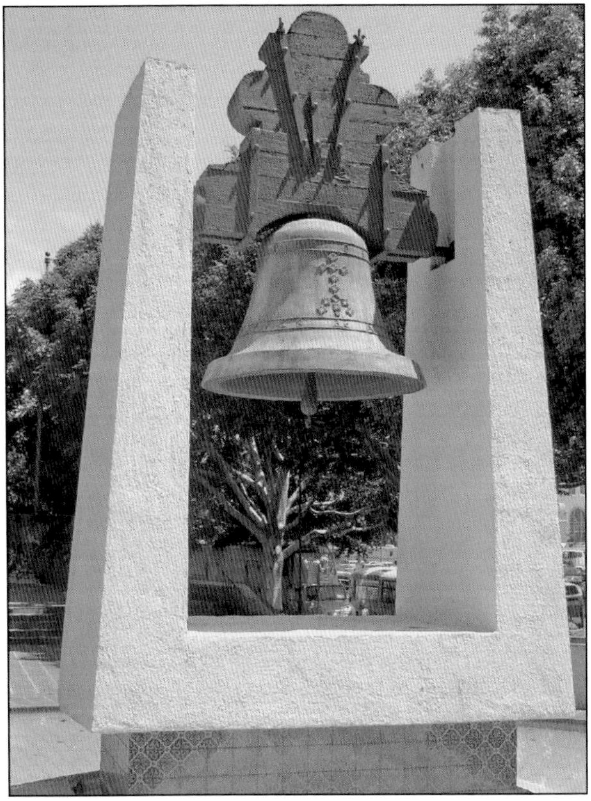

Una replica de la Campana de Dolores, el símbolo que representa la pelea de México por su independencia de España (1810–1821), está fotografiada aquí. (Fotografía de Frank Damon.)

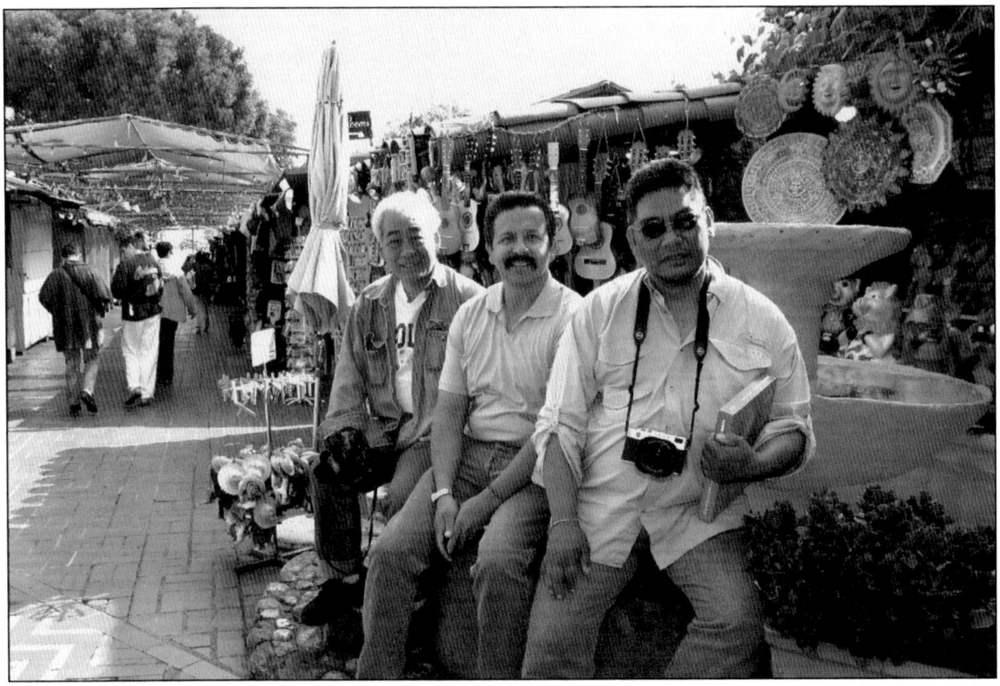

Olvera Street es un tesoro de oportunidades fotográficas. Aquí están retratados los fotógrafos profesionales de Olvera Street Kaz Majima (a la izquierda), Ezequiel Tarango, y Larry Abellera.

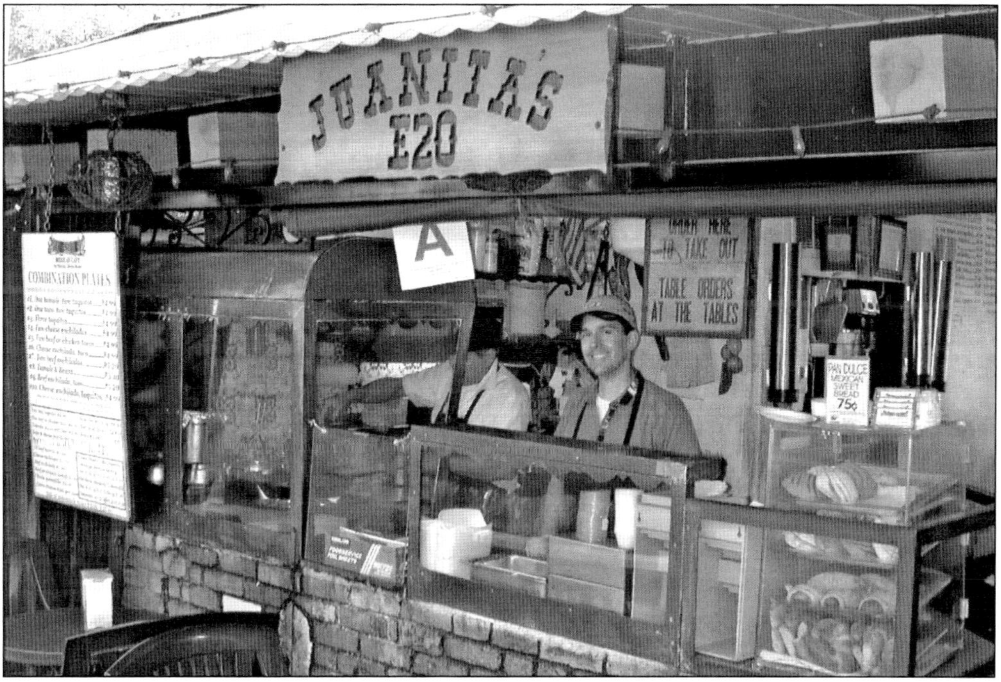

En el concurrido Juanita's de Olvera Street, propiedad de las familias Flores y Guerrero, están siempre para atenderlo con una sonrisa. (Fotografía de Frank Damon.)

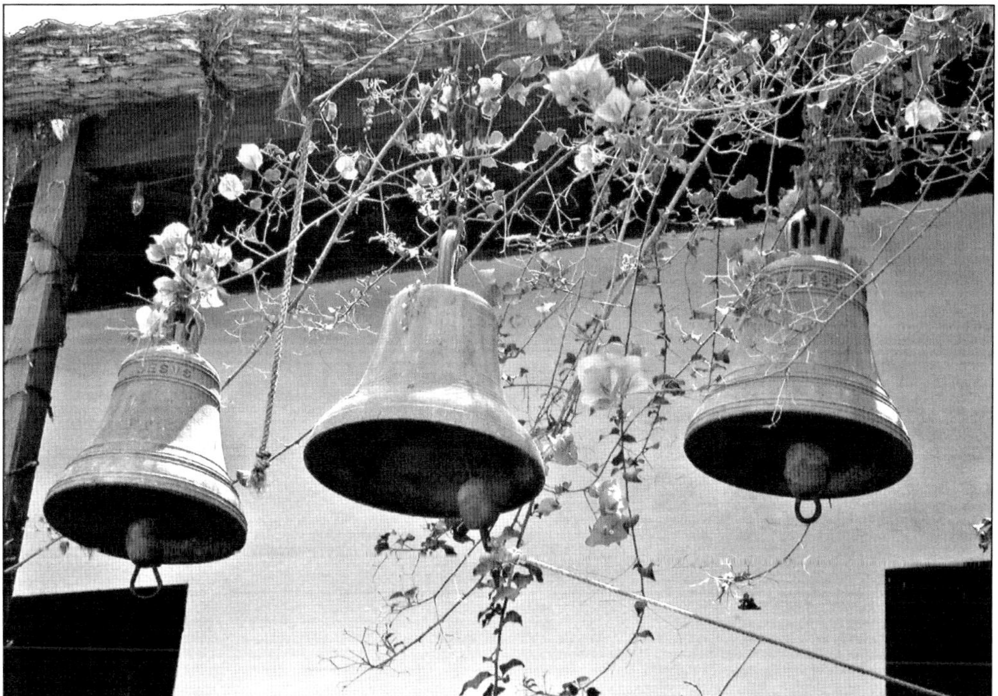

Las campanas delante de la antigua Avila Adobe traen el recuerdo de cuando los caballos y los carruajes transitaban en Olvera Street. (Fotografía de Frank Damon.)

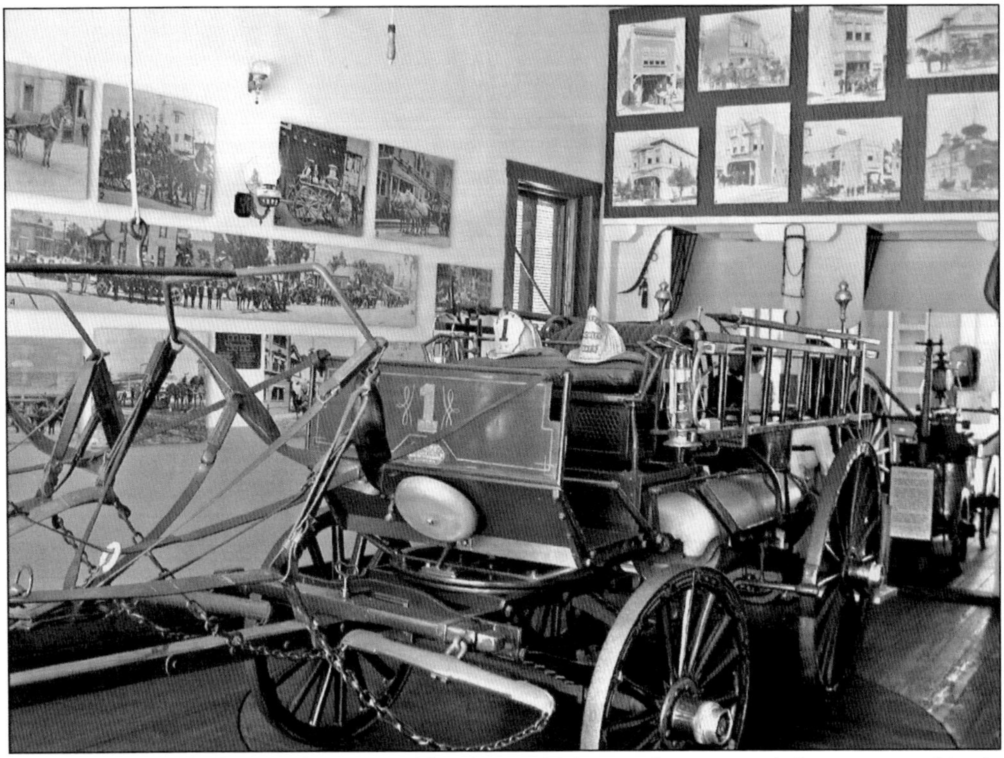

Al interior de Old Plaza Firehouse, establecido en 1884, están los tesoros de los primeros días de Firehouse No. 1. (Fotografía de Frank Damon.)

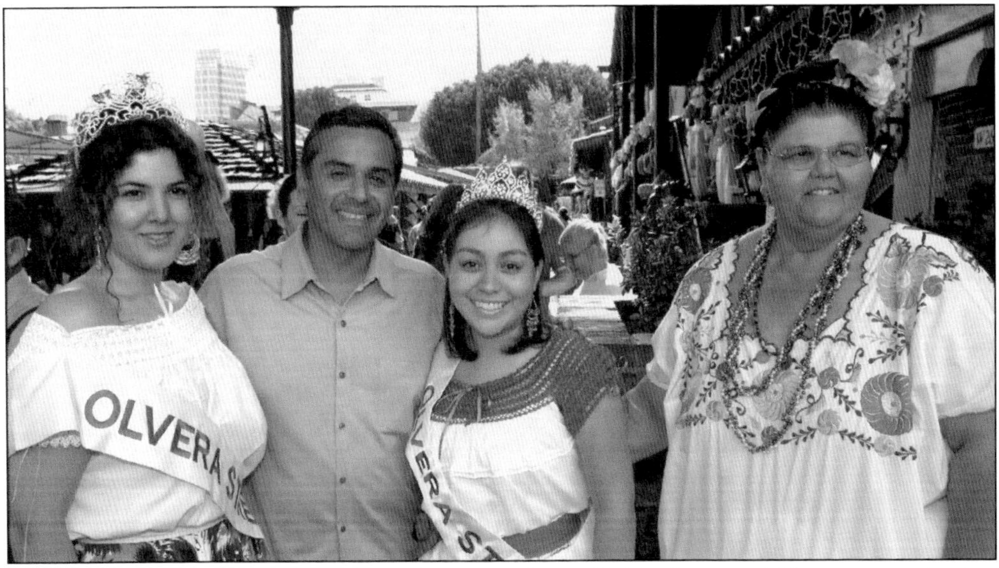

Adriana Aguirre-Robles (Miss Olvera Street en el año 2003), Antonio Villaraigosa, miembro del Consejo de la Ciudad de Los Angeles y futuro alcalde de la ciudad; Christina Mariscal (Miss Olvera Street en el año 2001), y la comerciante de Olvera Street Diana Robertson posan para esta fotografía en el 2004 delante del popular Las Anita's Café de Diana Robertson, ubicado en W-26 Olvera Street. (Fotografía de Ezequiel Tarango.)

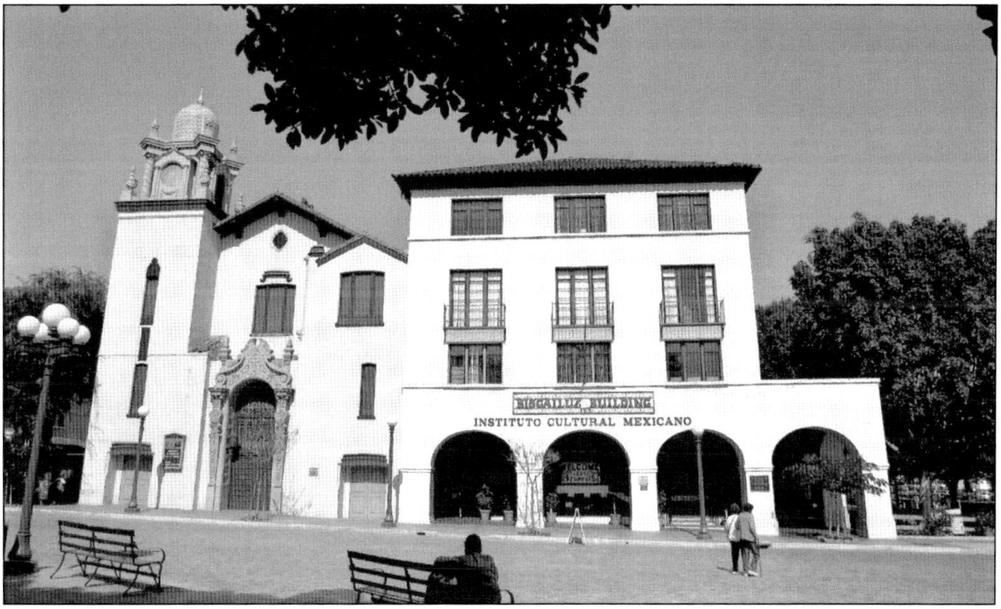

Construido en 1926 en el sitio donde el adobe del Juez Agustín Olvera estuvo una vez, la Plaza Methodist Church y Biscailuz Building son los más recientes edificios en El Pueblo. La galería, las exhibiciones del Mexican Cultural Institute, y las oficinas administrativas de El Pueblo de Los Angeles Historical Monument pueden ser encontradas en su interior. (Fotografía de Ezequiel Tarango.)

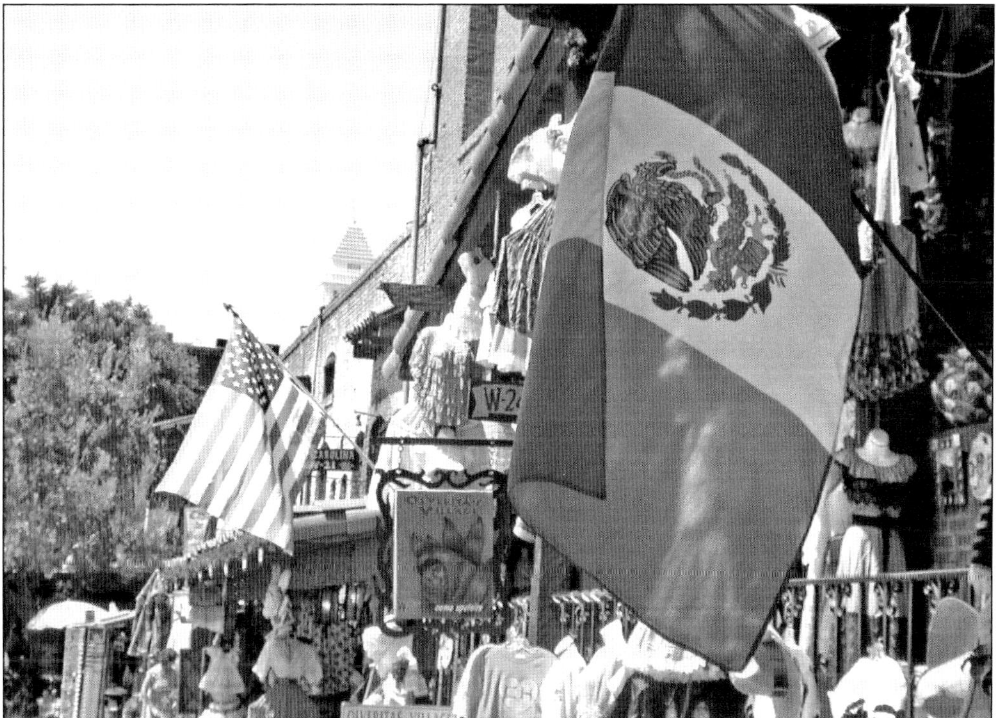

Las banderas de los Estados Unidos y de México transmiten a los visitantes la rica historia de Olvera Street y de la Ciudad de Los Angeles. (Fotografía de Frank Damon.)

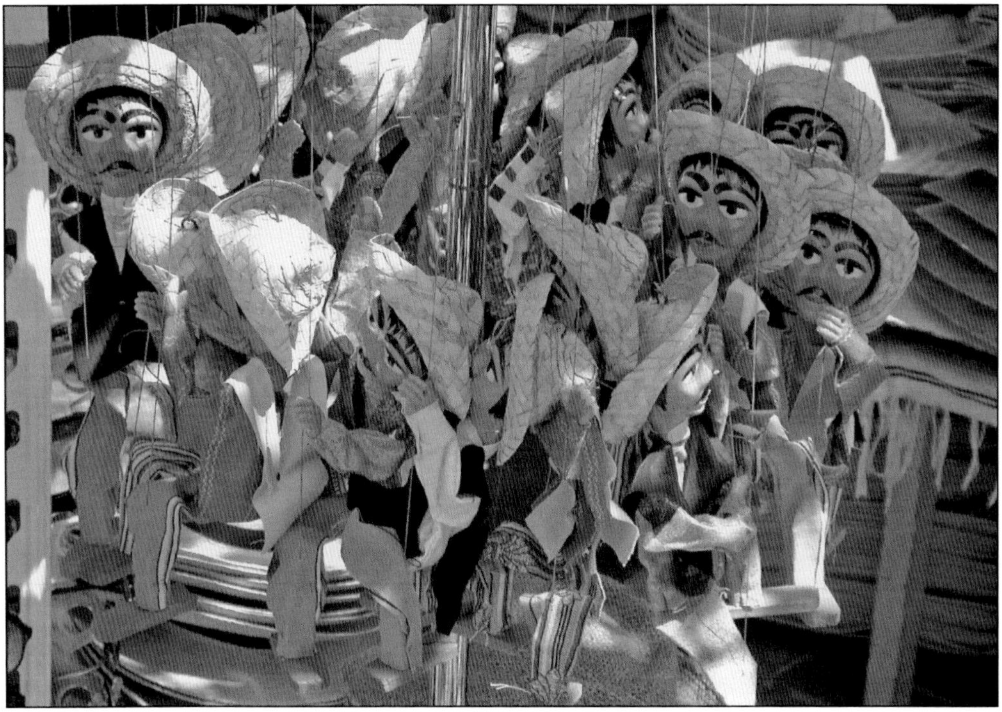

Los tradicionales juguetes mexicanos han sido por largo tiempo un artículo favorito en Olvera Street. (Fotografía de Frank Damon.)

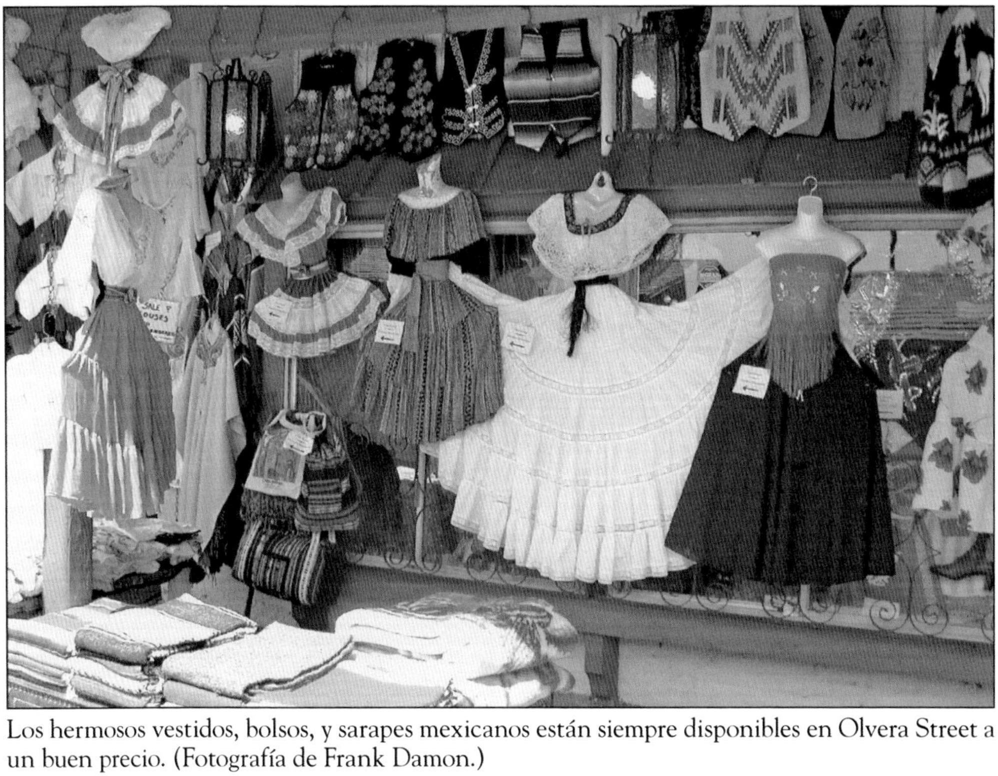

Los hermosos vestidos, bolsos, y sarapes mexicanos están siempre disponibles en Olvera Street a un buen precio. (Fotografía de Frank Damon.)

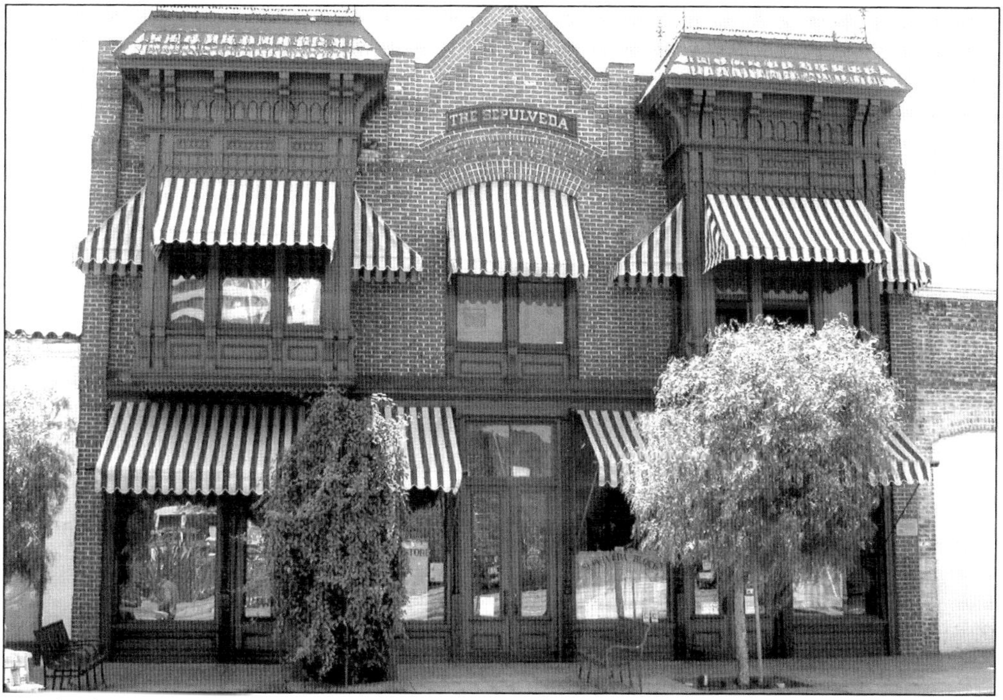

Sepúlveda House, construida en 1887, es una popular casa museo y es el hogar para El Pueblo Visitors Center. (Fotografía de Frank Damon.)

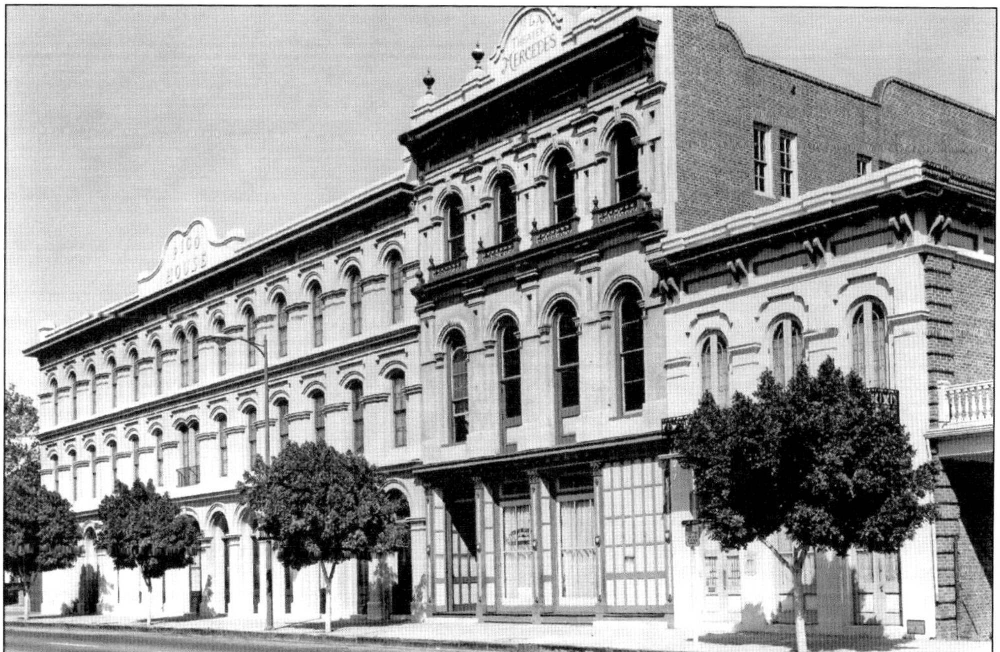

Fotografiados de izquierda a derecha están Pico House (1870), Merced Theatre (1870) y el Masonic Hall (1858), los cuales están entre los tesoros arquitectónicos de El Pueblo de Los Angeles Historical Monument. Junto con otros cuatro edificios en El Pueblo, están enlistados en el Nacional Registrar of Historic places. (Cortesía de El Pueblo de Los Angeles Historical Monument.)

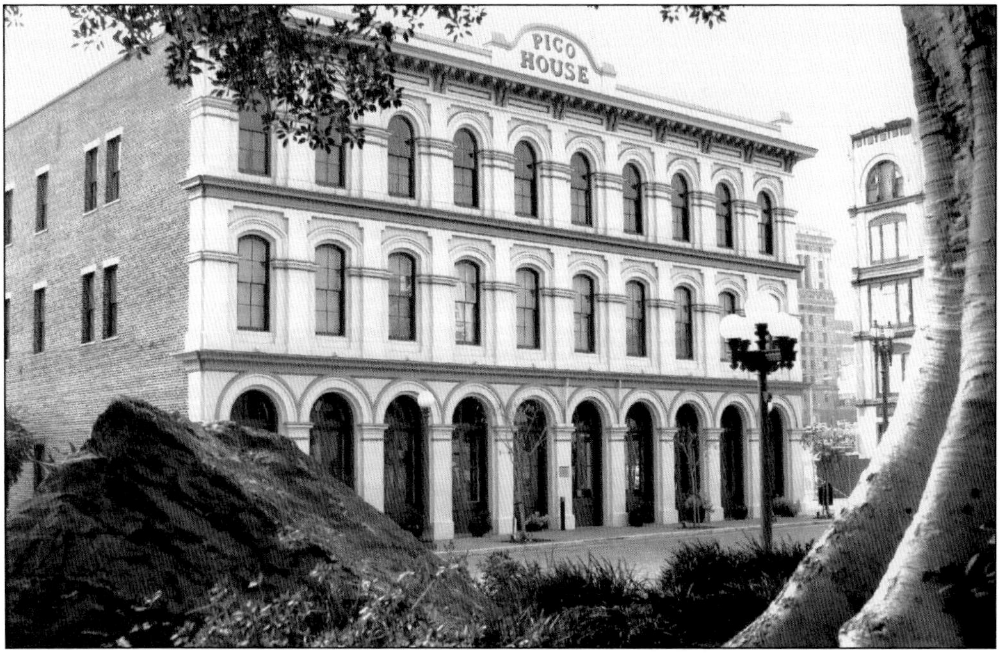

Una vista desde la plaza de la antigua Pico House. (Fotografía de Frank Damon.)

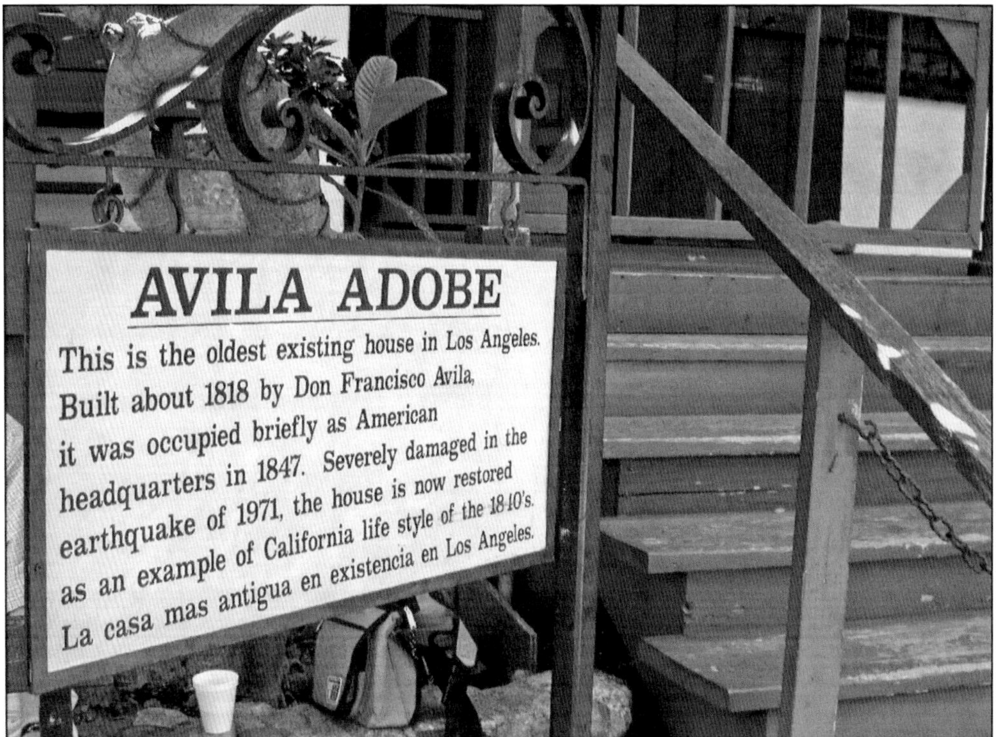

Avila Adobe construido en 1818 en Olvera Street es la casa museo más popular de El Pueblo. (Fotografía de Frank Damon.)

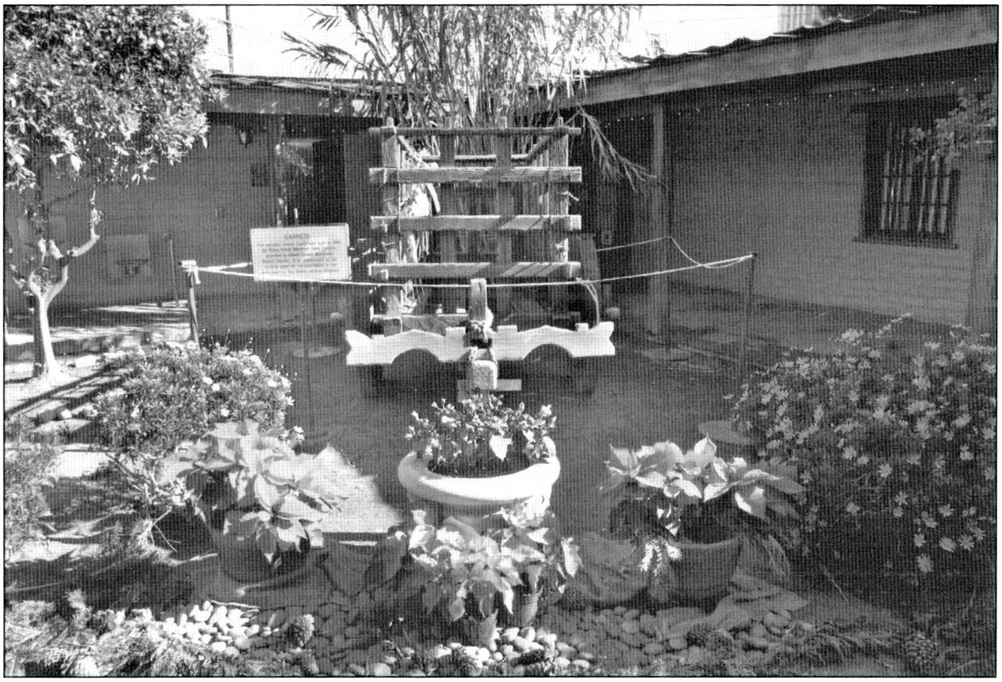

Una carreta mexicana está en el patio de Avila Adobe. (Fotografía de Ezequiel Tarango.)

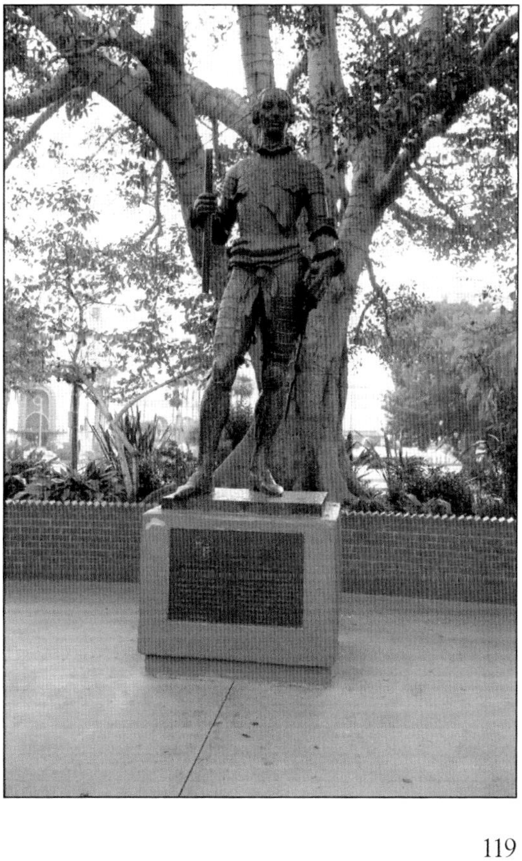

Esta estatua del Rey Carlos III de España en la plaza fue dedicada en 1987 por el Rey Juan Carlos I y la Reina Sofía de España. Los visitantes de El Pueblo Historical Monument, especialmente los niños de las escuelas, aprenden que la Ciudad de Los Angeles fue gobernada por tres países: La España Colonial (1781–1821), México (1821–1848) y los Estados Unidos (1848–hasta hoy). (Fotografía de Ezequiel Tarango.)

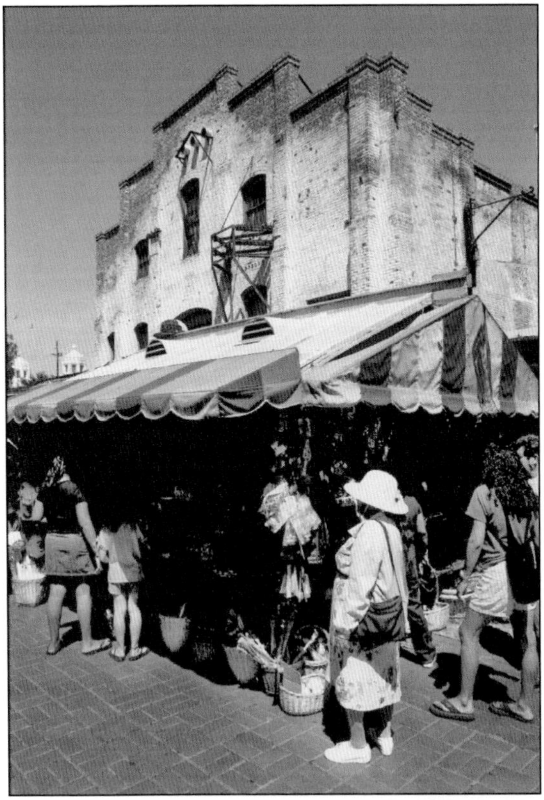

La antigua Plaza Substation, fue construida en 1908 para los tranvías de la empresa Pacific Electric Railway de Henry Huntington, observa a los compradores que transitan por Olvera Street. La Plaza Substation será el hogar para el futuro museo del transporte. (Fotografía de Ezequiel Tarango.)

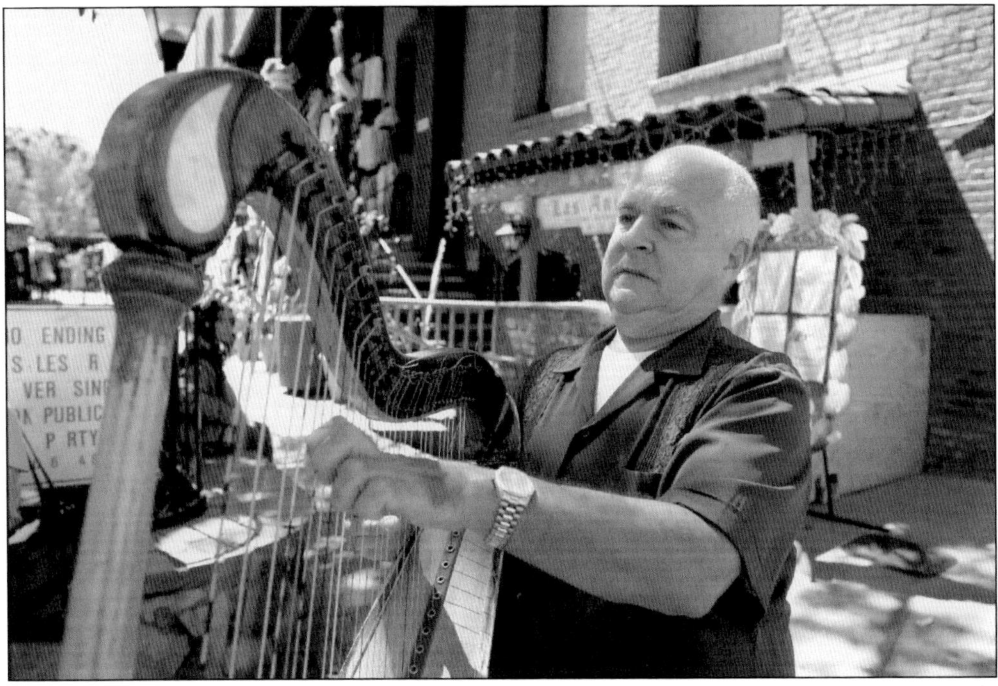

Un arpista mexicano toca su instrumento en 2005 en Olvera Street. (Fotografía de Ezequiel Tarango.)

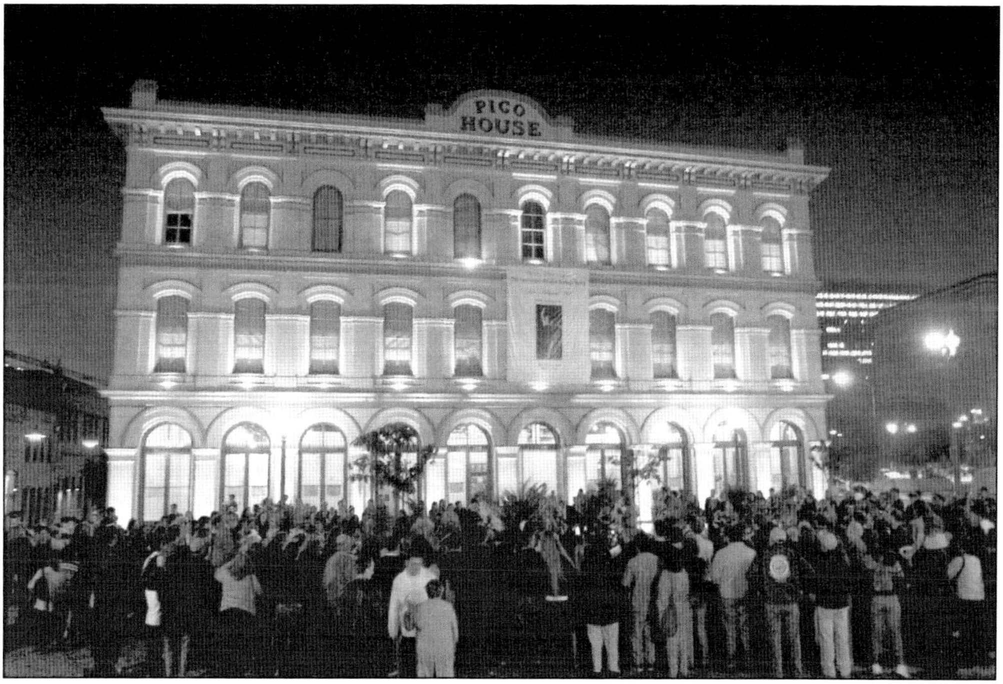

En una escena que sin duda también ocurrió en el siglo XIX, Pico House, en la noche, es el anfitrión para un evento social de Los Ángeles. (Fotografía de Ezequiel Tarango.)

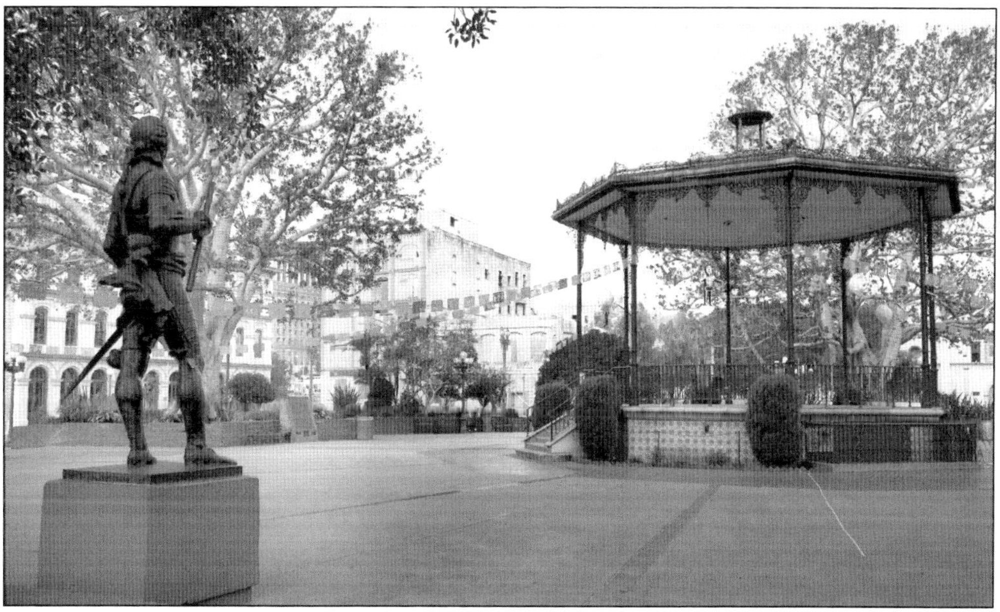

La estatua del Rey Carlos III mira hacia el kiosko en la plaza. (Fotografía de Ezequiel Tarango.)

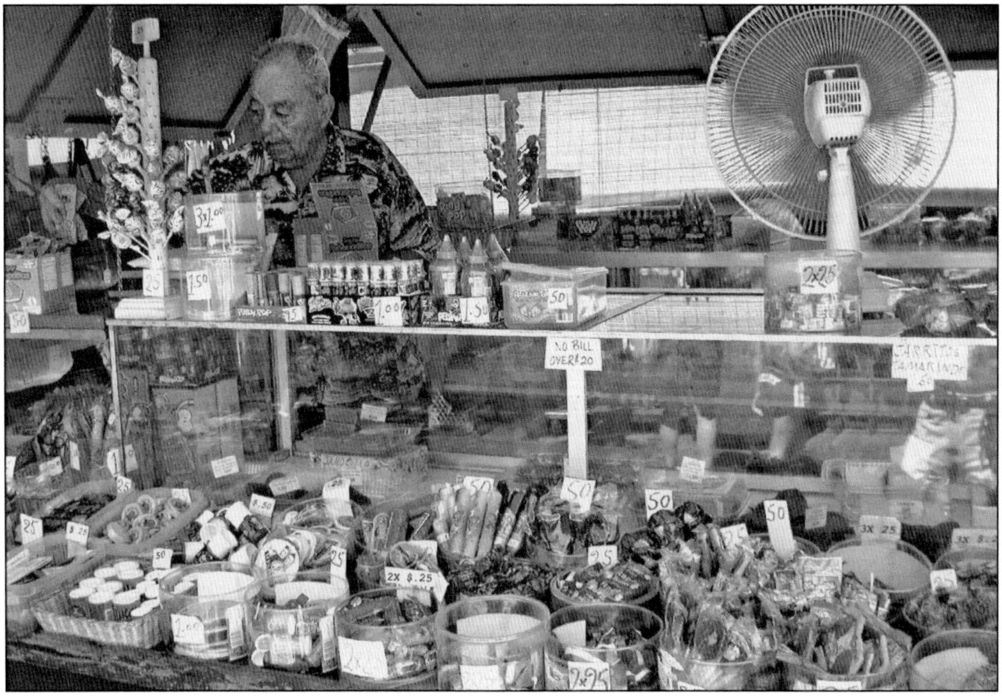

La tradicional golosina mexicana, vendida por el comerciante de Olvera Street Rosendo Quezada, es una de las favoritas entre los niños. (Fotografía de Frank Damon.)

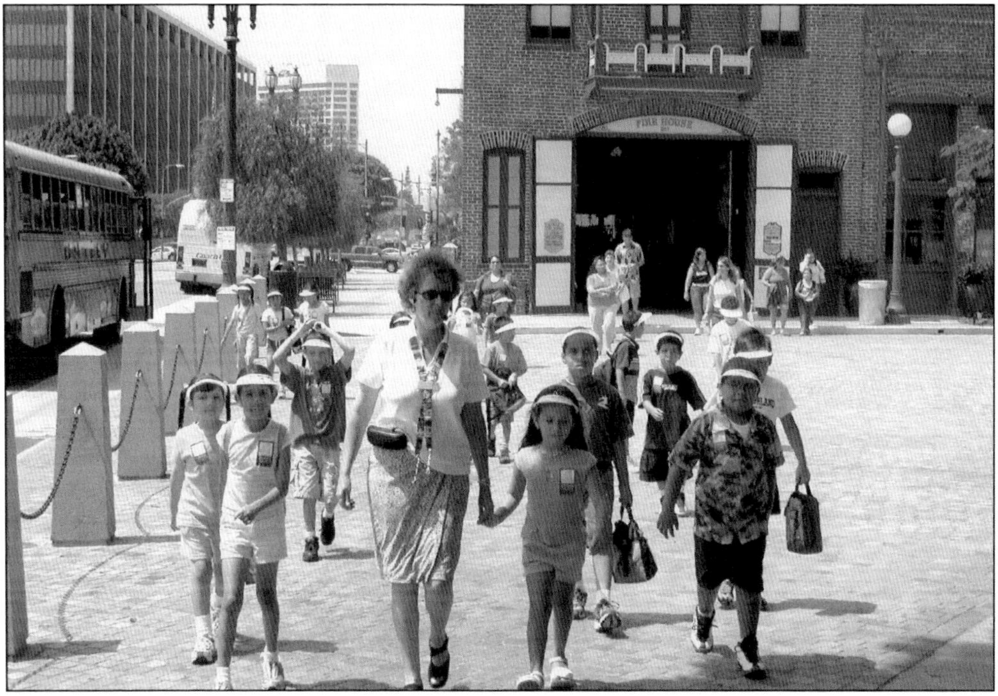

Las educativas visitas guiadas para los niños de la escuela son conducidas por Las Angelitas del Pueblo y la diversión está garantizada, especialmente cuando Marilyn Lee es su guía. (Fotografía de Frank Damon.)

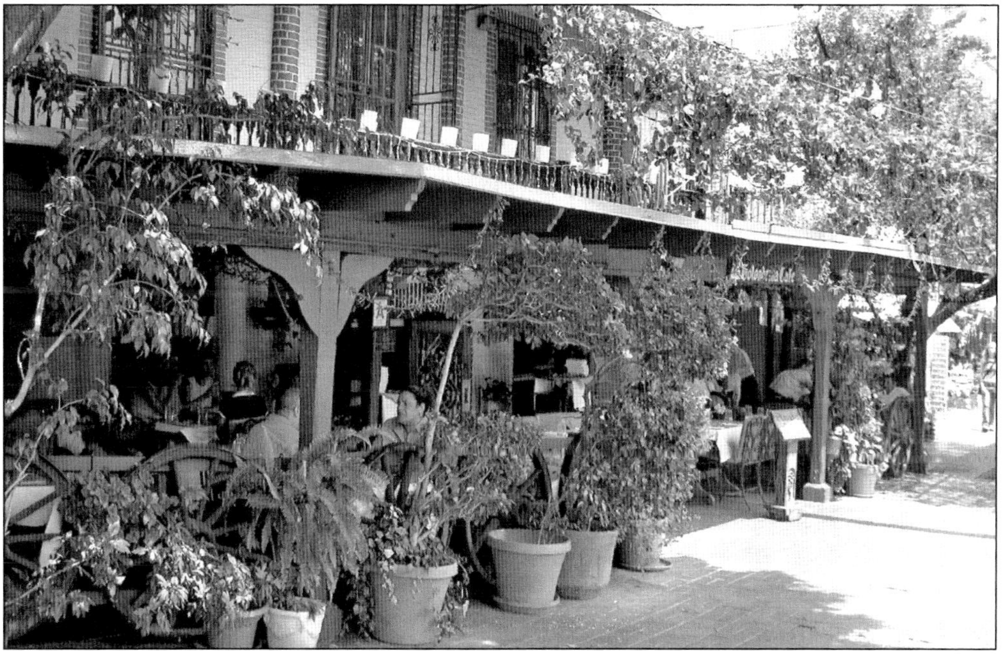

La Golondrina Café, ubicada en la antigua Pelanconi House (1855)—el más antiguo edificio de ladrillos en la ciudad—es un lugar favorito para la gran comida mexicana. ¡Y no olvide sus famosas margaritas! (Fotografía de Frank Damon.)

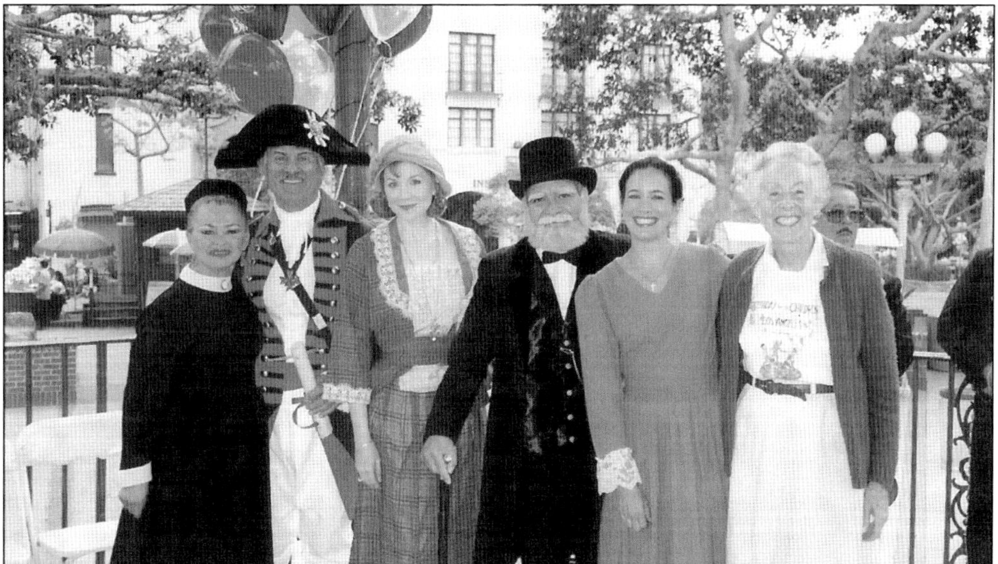

La fundación de Los Angeles el 4 de Septiembre de 1781 es celebrada cada año por la ciudad. Entre los eventos más destacados está una recreación de la histórica caminata desde San Gabriel Mission hasta la plaza por los 44 pobladores (fundadores). Actores profesionales, de izquierda a derecha, representan importantes figuras de los primeros años de El Pueblo: Eloisa Martínez de Sepúlveda, el Gobernador Felipe de Neve, Christine Sterling, el Gobernador Pío Pico, y Encarnación Sepúlveda de Avila. Ellos están junto a la conservadora superior emérita de El Pueblo, Jean Bruce Poole, en el extremo derecho. (Cortesía de El Pueblo de Los Angeles Historical Monument.)

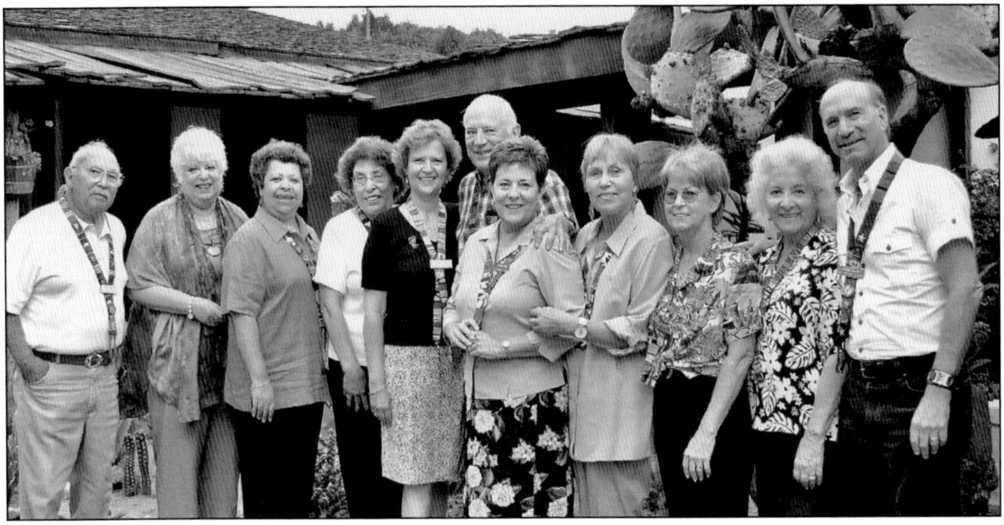

El grupo de Las Angelitas del Pueblo fue establecido en 1996 y provee gratuitamente educativas visitas guiadas a más de 14,000 personas cada año. Consta de personas que tienen un profundo interés en la historia de Los Angeles y un deseo de compartir esa historia con la comunidad. A causa de su dedicación por la historia local, en 2004 la organización docente fue premiada con el primer Save Our History Preservation Award (Premio por Salvar Nuestra Preservación Histórica) por el canal de televisión History Channel. En esta fotografía, el Consejo de Directores de Las Angelitas del Pueblo posa para la cámara en el patio de Avila Adobe. Fotografiados de izquierda a derecha estan Bob Aguirre, Marlene Gordon Pfeiffer, Elizabeth Rojas-Maya, Mary Louise Uranga, Marilyn R. Lee, Don Sloper, Barbara Fisher, Anne Ingram, Jeanne Conklin, Alicia Brown, y Frank Damon. (Cortesía de Frank Damon.)

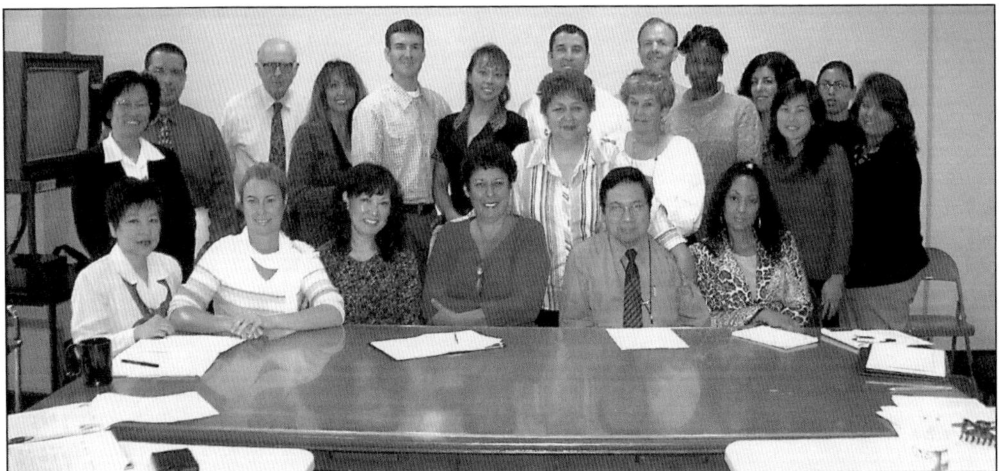

Como departamento de la Ciudad de Los Angeles, los 44 acres de El Pueblo de Los Ángeles Historical Monument, el cual incluye Olvera Street, está en manos de un talentoso grupo de personas que administran todos los aspectos de preservación histórica, turismo, estacionamiento, finanzas, eventos tradicionales, relaciones publicas, planificación de largo plazo para el lugar de nacimiento de Los Ángeles. El personal, fotografiados de izquierda a derecha están (sentados) Kanda Law, Julie Sandoval, Sharon Chow, Caroline Asencio, Leo Limqueco, y Angelique Smith; (parados) Suellen Cheng, Hector Morales, Steve O'Hare, Gloria Giangiuli, John Kopczynski, Jeannie Kepler, Linda Duran, El Pueblo general manager Rushmore D. Cervantes, Marlene Mall, John Forland, Sharon Douglas, Mariann Gatto, Loanne Truong, Jessica Herrera, y Cynthia Vallejo. (Cortesía de El Pueblo Historical Monument.)

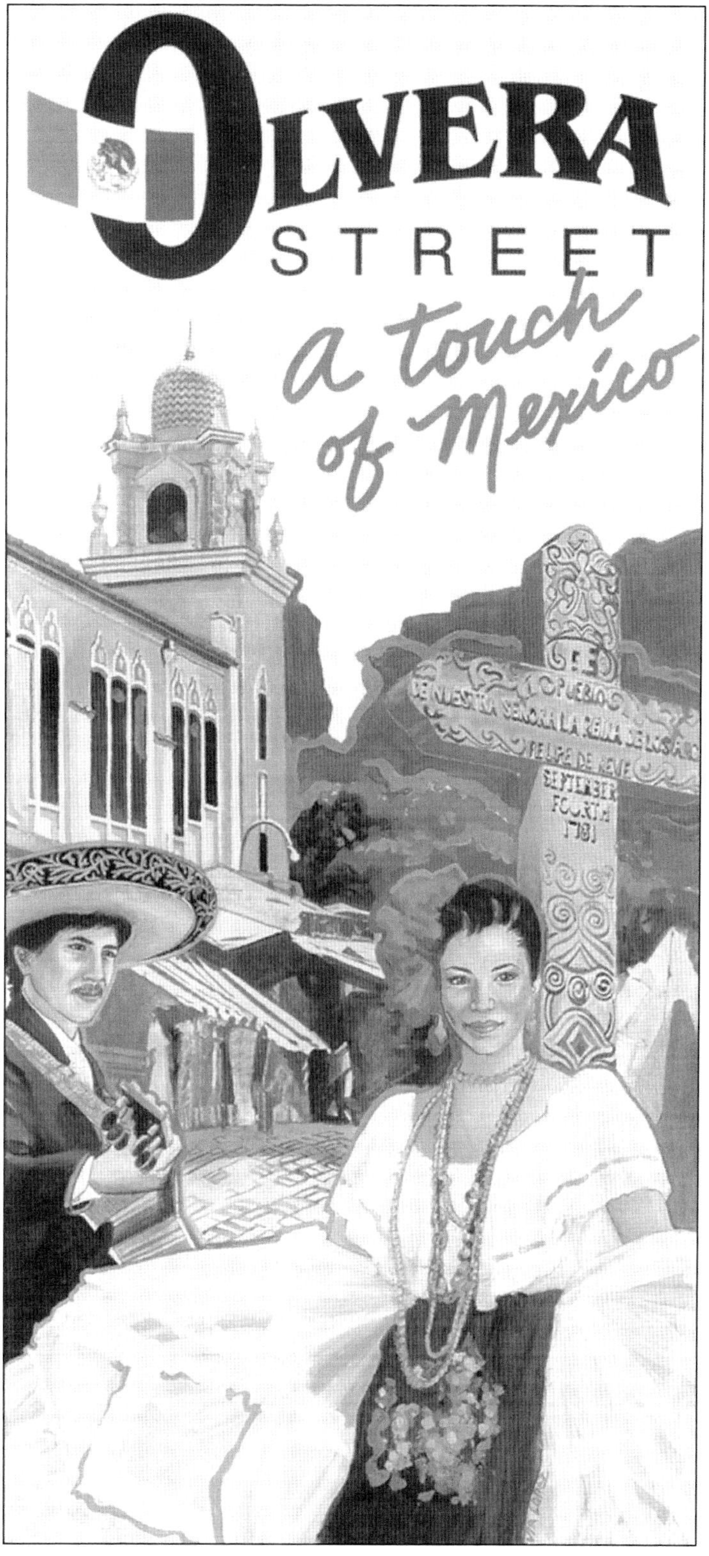

Este folleto de Olvera Street de los años 1980 lo dice todo. (Cortesía de El Pueblo Historical Monument.)

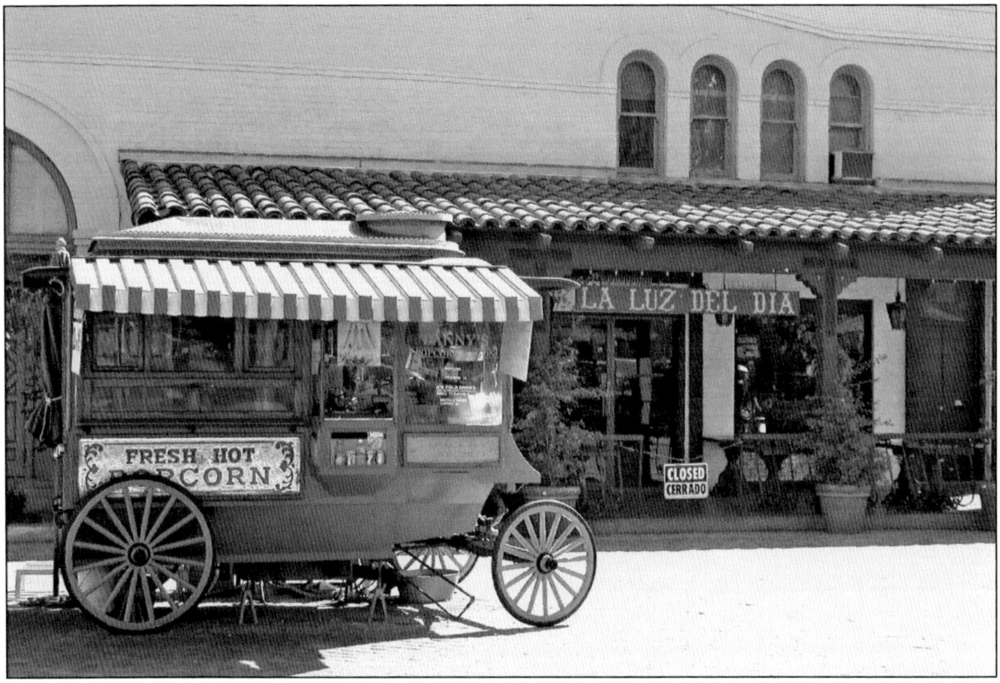

El vagón de las palomitas de maíz y el restaurante mexicano La Luz del Día son lugares populares para satisfacer cualquier apetito. (Fotografía de Frank Damon.)

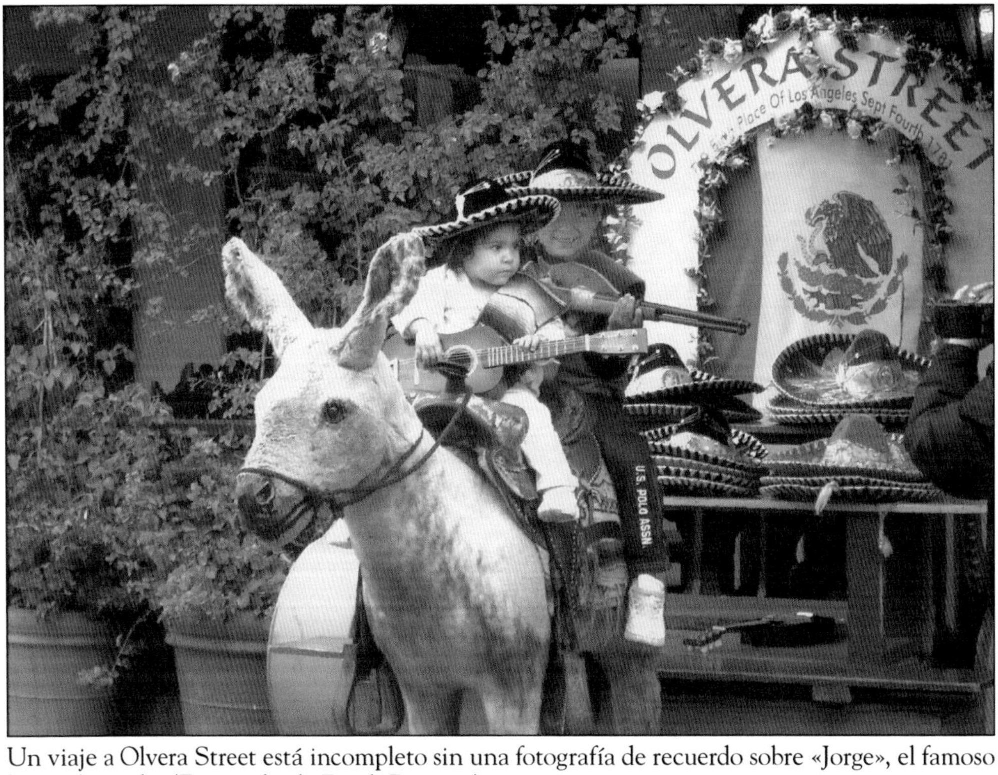

Un viaje a Olvera Street está incompleto sin una fotografía de recuerdo sobre «Jorge», el famoso burro disecado. (Fotografía de Frank Damon.)

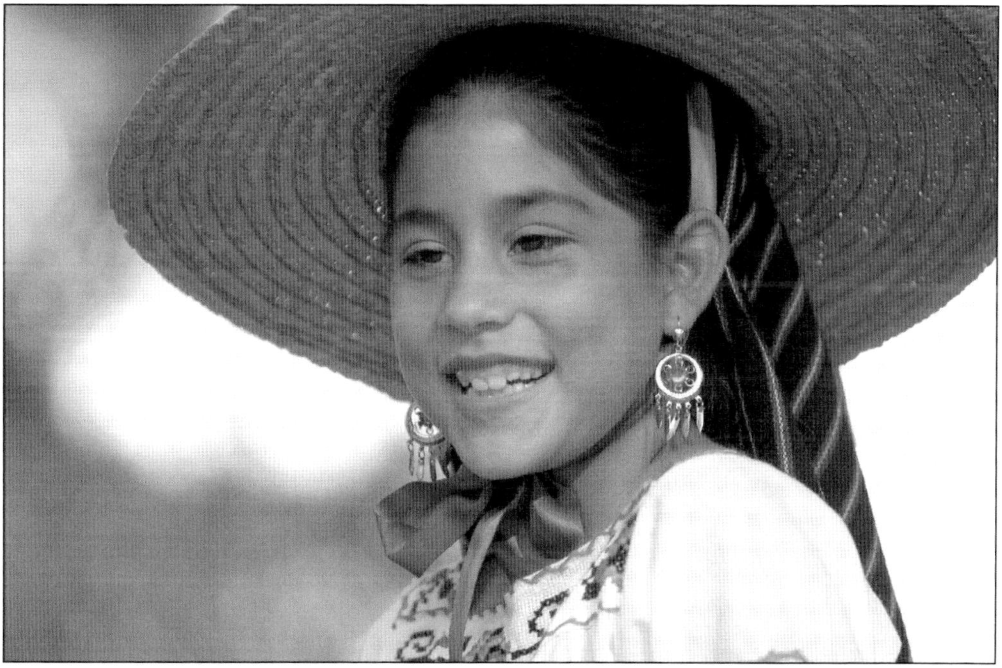

En las caras de los niños, el fotógrafo Ezequiel Tarango ha capturado las esperanzas, los sueños, y la belleza del mercado mexicano de Olvera Street. (Fotografía de Ezequiel Tarango.)

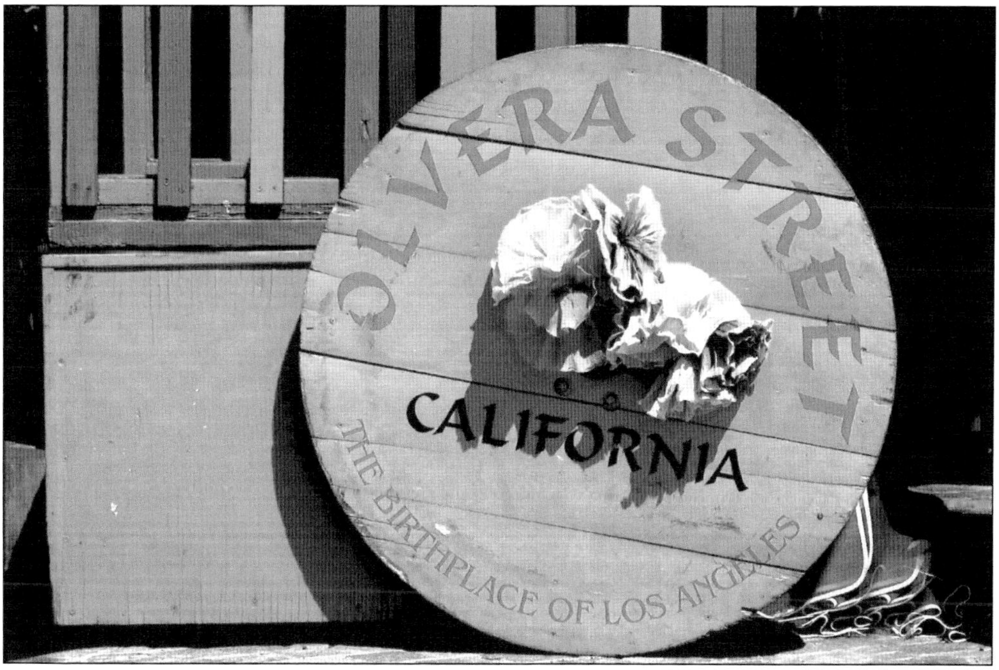

Olvera Street, o Calle Olvera, es el lugar de nacimiento de Los Angeles. (Fotografía de Ezequiel Tarango.)

BIBLIOGRAPHÍA

Bruce Poole, Jean, y Tevvy Ball. *El Pueblo: The Historic Heart of Los Angeles*. Los Angeles: The Getty Conservation Institute y J. Paul Getty Museum, 2002.

Estrada, William D. "Los Angeles's Old Plaza and Olvera Street: Imagined and Contested Space." *Western Folklore*, 58 (2), California Folklore Society, 1999.

Kelsey, Harry. "A New Look at the Founding of Los Angeles." *California Historical Quarterly*, Winter 1976.

Kroop, Pheobe S. "Citizens of the Past? Olvera Street and the Construction of Race and Memory in 1930s Los Angeles." *Radical History Review* (81) 2001: 35–60.

Lothrop, Gloria Ricci. "Italians of Los Angeles." Southern California Quarterly, 85 (3), Fall 2003.

Robinson, William Wilcox. *Los Angeles from the Days of the Pueblo: A Brief History and Guide to the Plaza Area*. San Francisco: California Historical Society, 1981.

See, Lisa. *On Gold Mountain: The One-Hundred-Year Odyssey of a Chinese-American Family*. New York: St. Martin's Press, 1995.

Sterling, Christine. *Olvera Street: Its History and Restoration*. Long Beach, California: June Sterling Park, 1947.